# 政治社团的发展与
社会主义民主政治建设

ZHENGZHI SHETUAN DE FAZHAN YU
SHEHUIZHUYI MINZHU ZHENGZHI JIANSHE

梁丽萍／著

图书在版编目（CIP）数据

政治社团的发展与社会主义民主政治建设／梁丽萍著．—北京：中央编译出版社，2015.12
ISBN 978-7-5117-2867-8

Ⅰ．①政…
Ⅱ．①梁…
Ⅲ．①政治组织 - 社会团体 - 关系 - 社会主义民主 - 民主政治 - 政治建设 - 研究 - 中国
Ⅳ．①D621

中国版本图书馆 CIP 数据核字（2015）第 281755 号

政治社团的发展与社会主义民主政治建设

出 版 人：	刘明清
出版统筹：	董　巍
策划编辑：	黄海明
责任编辑：	岑　红
责任印制：	尹　珺
出版发行：	中央编译出版社
地　　址：	北京西城区车公庄大街乙 5 号鸿儒大厦 B 座（100044）
电　　话：	（010）52612345（总编室）　（010）52612313（编辑室）
	（010）52612316（发行部）　（010）52612317（网络销售）
	（010）52612346（馆配部）　（010）55626985（读者服务部）
传　　真：	（010）66515838
经　　销：	全国新华书店
印　　刷：	北京京华虎彩印刷有限公司
开　　本：	710 毫米 × 1000 毫米　1/16
字　　数：	220 千字
印　　张：	15
版　　次：	2015 年 12 月第 1 版第 1 次印刷
定　　价：	58.00 元
网　　址：	www.cctphome.com　　邮　箱：cctp@cctphome.com
新浪微博：	@中央编译出版社　　微　信：中央编译出版社（ID: cctphome）
淘宝店铺：	中央编译出版社直销店（http://shop108367160.taobao.com）　（010）52612349

本社常年法律顾问：北京嘉润律师事务所律师　李敬伟　问小牛
凡有印装质量问题，本社负责调换，电话：（010）55626985

前　言

　　政治社团是现代政治体系的重要组成部分。政治社团在聚合特定社会群体利益诉求的基础上介入国家政治生活过程，是现代社会政治民主重要的表达和实现方式。政治社团的发展与社会主义民主政治建设的研究意义在于：其一，对于提升我国政治社团的政治社会功能具有重要意义。现阶段我国政治社团存在一定的功能错位现象，即多数政治社团重视协助党和政府工作，而对于维护和增进其所代表的群体利益功能发挥不足；重视参与党和国家的各项决策的贯彻与落实，而对能动地影响政府相关部门做出反映自己群体利益要求的政策与决策，作用发挥不足。因此，深化对政治社团的研究，对于进一步明晰政治社团的性质与功能定位具有重要意义。其二，对于保障民主政治建设的稳步推进具有重要意义。改革开放以来，伴随社会结构的变迁，社会群体利益的分化，以及公民意识的进一步觉醒，人民的政治参与意识和参与愿望日益高涨，对政治系统提出了新的诉求。但同时也在一定范围内出现了非制度化政治参与活动，乃至于各类群体性事件。如何实现公民有序政治参与，关键在于扩大公民的诉求表达渠道，提升公民参与的制度化水平。由此，各种政治社团作为公民政治参与的重要制度平台，如何有效表达、聚合各自所代表的社会群体的政治诉求，从而保障我国民主政治的稳步推进是当前重要而迫切的研究课题。

　　本书包括三大部分：当代中国政治社团发展的总体分析；当代中国政治社团参与政治过程的状况分析；完善和发展政治社团，推进社会主义民主政治建设的对策建议。

　　第一，当代中国政治社团发展的总体分析。本研究认为，我国政治社团的历史发展轨迹可以概括为四点：从兴中会成立至"五四"运动前夕，是政治社团发展的初始阶段；"五四"运动前后至新中国成立，是政治社团发展的活跃时期；新中国成立至改革开放之前，是政治社团的选择性发展及发展的停滞阶段；改革开放以来，是政治社团的快速发展阶段。改革开放以后，我国政治社团获得较快发展，其背景在于：社会结构变迁，群体利益分化，是政治社团发展的经济基础；群体共同利益意识的孕育成熟，是政治社团发展的社会基础；党和政府的支持是政治社团发展的重要条件。当代中国社会政治社团的基本特征是：我国政治社团具有层级制的组织架构，同时，在一定程度上存在过度行政化倾向；各种类型政治社团均有较快发展，但各种类型的政治社团之间发展呈现不平衡性；政治社团的作用和影响力不断彰显，但在一定程度上也存在功能错位现象。

第二，当代中国政治社团参与政治过程的状况分析。这里，选取我国具有典型意义的政治社团——工会、妇联、工商联展开具体分析。本研究认为：各级工会指导和引导职工群众参与企事业单位的民主管理，并不断扩大工会所代表的民主基础，是基层民主政治建设的重要推动力量；工会不断健全维权机制，构建和谐劳动关系，推动建立和谐稳定的社会主义新型劳动关系。妇联组织通过推动、参与、影响、监督相关法律和政策的制定与执行，促进性别意识进入政府决策主流；通过促进妇女发展提升女性群体的整体素质，特别是通过持续推进女性的政治参与水平，促进妇女群体的发展，不断提升女性群体的社会影响力；作为性别代表群体，妇联高度关注女性权益，不断推进妇女维权活动的制度化，保障妇女的合法权益。工商联通过引导非公有制经济人士爱国、敬业、诚信、守法、贡献，做合格的中国特色社会主义事业建设者，促进了社会阶层关系的和谐；积极表达非公有制经济人士的诉求和政策建议，引导非公有制经济人士有序参与国家政治生活和社会事务，促进了我国民主政治建设；组织引导非公有制经济人士构建和谐劳动关系，促进了社会的和谐稳定。

本研究认为，虽然各种政治社团在我国民主政治建设进程中已发挥了积极作用，但作为政治社会团体的属性，它们职能与作用的发挥还面临许多困境。首先，就工会而言，其双重职能的发挥尚不平衡，工会维权职能落实的实然状态与应然状态存在一定差距；以职工代表大会为基本形式的企事业单位基层民主政治建设存在形式主义的流弊，工会在推进基层民主政治建设中还面临瓶颈。就妇联而言,妇联作为政治社团,政治职能与维权职能的落实尚不平衡,妇联聚合、表达乃至保障女性群体利益诉求的制度化水平较低;妇联组织面临"双重角色"的角色冲突,特别是现行的组织架构及运行模式与其"非政府组织"的组织属性未能形成耦合状态。就工商联而言,工商联统战性、经济性、民间性"三性"的发挥尚不平衡,工商联的服务职能亟需加强和彰显;工商联作为人民政协的组成单位和重要界别,还需要进一步发挥其在协商民主建设中的作用和影响。

第三,完善和发展政治社团,推进社会主义民主政治建设的对策建议。

(1)进一步彰显职工代表大会在基层民主管理中的作用,发挥工会在我国民主政治建设中的独特作用。首先,要完善职工代表大会制度的立法,以基本法的形式对职工代表大会制度作出统一的、系统的、具体的规范,明晰职工代表大会制度的适用范围,强化职工代表大会的职权,将协商民主纳入职工代表大会制度,不断提升职工代表大会作为基层民主制度载体的内涵与品质,从而切实把职工代表大会制度纳入法治轨道,提升职工民主管理的法治化水平。其次,要明晰工会与职工代表大会的关系,彰显工会在保障职工代表大会有效运行中的支撑作用。为此,工会要进一步回归组织属性,进一步提升专业化、社会化的工作思路与工作方法,进一步提升工会干部队伍素质的职业化水平。

(2)进一步加强基层妇联组织建设,发挥妇联在推动我国民主政治建设中的独特作用。首先,健全做实基层妇联组织,为妇联工作提供坚实的基础和活力的源泉。为此,必须保证基层妇联组织建设的刚性,即具有独立的建制,具有恒定的经费,具有可持续的项目,从而切实服务于基层妇女群体,切实发挥基层妇联组织的作用。同时,基层妇联组织要善于利用和开发各种妇女民间团体资源,把有利于妇女事业发展的力量联合起来,加强合作,互利共赢。其次,彰显妇联组织属性和职能定位,充分发挥基层妇联组织在推进男女平等基本国策,保障妇女群体基本权益中的影响和作用。现阶段,妇联组织的行动目标与其行动能力之间的差距,已使基层妇联组织承受了巨大的结构性压力和工作压力,消耗了组织资源,挤压了工作空间,乃至于不能有效履行自身职能。因此,基层妇联组织必须回归组织属性和职能定位,充分发挥基层妇联组织在推进男女平等基本国策,保障妇女群体基本权益中的影响和作用。再次,改变妇联传统的工作路径,进一步提升基层妇联组织的专业化、社会化水平。为此，在妇联工作的价值定位上，应不断整合"动员式妇女参与模式"与"赋权式妇女参与模式"；在妇联组织的运行模式上，应不断整合"自上而下的执行和落实机制"与"自下而上的利益表达和广泛参与机制"，从而使妇联作为促进性别平等和妇女发展的非政府组织属性与作为党和政府联系妇女群众的桥梁和纽带的政治属性都得到充分彰显。

（3）进一步发挥商会组织的作用，发挥工商联在我国民主政治建设中的独特作用。首先，健全相关法律法规，进一步理顺商会组织的运行体制。为此，应建立一个统一的具有中国特色的商会组织体系，对现有的商会、行业商协会组织进行必要的整合，使之趋于一体化和规范化；同时，制定一部有中国特色的商会法，明确规定商会的性质、职能，理清商会与政府的关系，完善商会的运作模式，构建符合我国国情的商会体系，使商会有法可依，依法发展。其次，加强商会的组织治理，不断提升商会的服务能力和自律水平。为此，要建立科学合理的商会治理结构，建立健全商会自律规约，加强组织的规范化建设，构建商会信用体系，从而不断提升商会的社会公信力和美誉度。

本书的学术价值在于丰富和充实了政治社会学学科领域对于政治社团的研究。目前，我国学术界对政治社团问题虽有一定的研究，但总体说，多是关于政治社团的概念层面的描述，缺乏对当代中国政治社团的实证性研究，更没有形成理论层面的成果。本研究选取工会、妇联、工商联，研究政治社团在民主政治建设中的职能与作用，丰富和充实了政治社会学学科领域对于政治社团的研究。

本书的应用价值在于为更充分地发挥工会、妇联、工商联等中国社会具有典型意义的政治社团的职能与作用提供了思路与对策。工会、妇联、工商联是人民政协的组成单位，是我国具有典型意义的政治社团。但就目前来看，其属性与功能的体现和发挥尚不充分，甚至存在一定的功能错位现象。本书为充分发挥工会、妇联、工商联作为政治社团的职能作用提出了政策建议，对于解决现代化进程中随着社会利益分化而来的政治诉求多元化及相应的"集团化的"或"有组织的"参政问题具有借鉴价值。

目 录

引论 ··· 1
 一、问题的提出及研究意义 ·· 2
 二、相关概念阐释 ·· 5
 三、研究内容与研究方法 ··· 11

第一章 政治社团研究的理论基础 ································· 13
 一、国家与社会关系的理论及现实观察 ······················ 13
 二、公民社会的理论基础及现实观察 ·························· 16
 三、法团主义理论及现实透视 ··································· 18
 四、利益集团理论及与政治社团的差异 ······················ 21

第二章 政治社团的基本理论 ·· 24
 一、政治社团的基本特征 ··· 24
 二、政治社团的类型 ··· 25
 三、政治社团的功能 ··· 27

第三章 当代中国政治社团的总体分析 ··························· 29
 一、中国政治社团发展的历史轨迹 ···························· 29
 二、当代中国社会政治社团发展的背景 ······················ 34
 三、当代中国社会政治社团的基本类型 ······················ 36
 四、当代中国社会政治社团的基本特征 ······················ 37
 五、当代中国社会主要政治社团概况 ·························· 39

第四章 工会组织与我国民主政治建设 ·············· 56
一、中国工会职能发挥的历史透视及现状分析 ·············· 56
二、工会在我国民主政治建设中的作用与影响 ·············· 81
三、工会组织职能发挥过程中的困境及其原因分析 ·············· 99

第五章 妇联组织与我国民主政治建设 ·············· 110
一、妇联组织职能发挥的历史透视 ·············· 110
二、妇联组织在我国民主政治建设中的作用及影响 ·············· 127
三、妇联组织职能发挥过程中的困境及其原因分析 ·············· 156

第六章 工商联组织与我国民主政治建设 ·············· 168
一、工商联组织职能发挥的历史透视 ·············· 168
二、工商业联合会在我国民主政治建设中的作用及影响 ·············· 185
三、工商业联合会职能发挥中存在的问题及原因分析 ·············· 192

第七章 完善和发展政治社团，推进民主政治建设 ·············· 199
一、公民有序政治参与是实现民主政治的题中之义和有效途径 ·············· 199
二、提升组织化参与是实现公民有序政治参与的重要渠道 ·············· 208
三、完善和发展政治社团，推动我国民主政治建设 ·············· 209

结语 ·············· 225

参考文献 ·············· 229

引 论

现代政治社会体系是由国家（政府机构）、政党、政治社团、公民等不同层次的主体彼此互动而构成。政治社团，即政治性社会团体，它既不同于一般社会组织，具有围绕国家权力而运作的政治主体性，同时，又不同于政党组织，具有不求占有政权性和公益代表上的相对狭窄性。政治社团，作为政治体系的一个组成部分，其突出特征是一方面将社会特定利益集团的利益诉求传达给国家或政权机构，另一方面又将国家的意志和信息传达给社会集团。政治社团在聚合特定社会群体利益诉求的基础上介入国家政治生活过程，是现代社会政治民主重要的表达和实现方式。

当代中国正处于全面建成小康社会和全面深化改革开放，推进社会主义现代化进程的新的发展阶段。党的十八大提出了我国全面建成小康和全面深化改革开放的五大目标，即经济持续健康发展，人民民主不断扩大，文化软实力显著增强，人民生活水平全面提高，资源节约型、环境友好型社会建设取得重大进展。特别关于坚持走中国特色社会主义政治发展道路和推进政治体制改革，十八大报告强调"人民民主是社会主义的生命"，要"发展更加广泛、更加充分、更加健全的人民民主"，"保障人民知情权、参与权、表达权、监督权"。党的十八届三中全会通过的《中共中央关于全面深化改革若干重大问题的决定》，再次强调要"加强社会主义民主政治制度建设"，"更加注重健全民主制度、丰富民主形式，从各层次各领域扩大公民有序政治参与，充分发挥我国社会主义政治制度优越性"。

从当代中国民主政治的发展来看，如何解决现代化进程中随着社会利益分化而来的政治诉求多元化及政治参与的集团参政问题，即"集团化的"或

"有组织的"参政问题,是一个重要的政治发展问题。因此,分析当代中国政治社团的发展状况,探讨政治社团参与政治过程的制度化模式,从而使政治社团的发展成为推动民主政治建设的积极力量,不仅有助于丰富中国特色政治学的理论体系,而且对于当代中国政治发展具有很强的现实意义。

一、问题的提出及研究意义

"政治社团的发展与社会主义民主政治建设"课题研究具有重要的理论与实践背景和意义。

1. 问题的提出

政治社团,即政治性社会团体,在欧美社会,通常是以"利益集团"或"压力集团"展开相关的研究。但事实上,利益集团与我国政治学语境中的"政治社团"是有本质区别的。欧美社会的利益集团主要是指那些具有特定利益要求和社会政治主张的人们,为了维护自己的利益和主张而以压力方式影响政府政策的制定、修订和实施的政治性社会团体。在我国政治学研究的语境中,虽然对政治社团尚无统一而明确的定义,但总体上所谓政治社团,大体上具有双重属性,它既是群众性政治团体,又具有国家政权体系组成部分的身份,这种双重身份,使其在我国政治社会运行中具有独特的地位和作用。

在当代中国,全国性的社会团体近2000个,其中,使用行政编制或事业编制的社会团体约200个。而由中央机构编制管理部门直接确定其主要工作任务、机构编制和领导职数,并实行全额财政拨款的团体有22个,分别是:中华全国总工会、中国共产主义青年团、中华全国妇女联合会、中国残疾人联合会、中国文学艺术界联合会、中国作家协会、中国科学技术协会、中华全国归国华侨联合会、中国法学会、中国人民对外友好协会、中华全国新闻工作者协会、中华全国台湾同胞联谊会、中国国际贸易促进委员会、中国红十字会总会、中国人民外交学会、宋庆龄基金会、黄埔军校同学会、欧美同学会、中国职工思想政治工作研究会、中华职业教育社、中华全国工商业联合会、中华全国青年联合会。以上22个社会团体的主要任务、机构编制和领导职数由中央机构编制管理部门直接确定，它们虽然是非政府性组织，但在很大程度上行使着部分政府职能。特别在我国社团体系中，有八个团体，即中华全国总工会、中国共产主义青年团、中华全国妇女联合会、中国科学技术协会、中华全国归国华侨联合会、中华全国台湾同胞联谊会、中华全国青年联合会、中华全国工商业联合会，是参加中国人民政治协商会议的人民团体，它们不仅具有独特的职能，而且是我国政治体系的重要组成部分，应该说是属于中国政治社会框架中具有典型意义的政治社团。

就政治社团的内在属性而言，政治社团具有聚合群体意志、整合群体力量、表达群体诉求，进而影响公共决策、推进政治社会民主化的功能。就我国政治社团的运行及其政治社会影响而言，当代中国社会的政治社团在很大程度上由政府创建，并受政府主导，但经济的发展、利益的分化，社会群体各自的共同体利益意识和利益诉求的形成也是政治社团发展的重要推动力量。从政治社团的政治与社会影响来看，政治社团的发展对于表达不同社会群体的利益诉求，协调不同社会群体与党和政府的关系，推动政府的"善治"和民主政治的进程都具有重要的意义。但从目前来看，我国政治社团在政治参与过程中存在一定的功能错位现象，即重协助党和政府的工作，轻维护和增进其所代表的群体利益；重参与党和国家各项决策的贯彻与执行，轻有效地反映和表达特定群体的利益诉求。

一个合理的政治制度设计，必须安排一定的利益表达渠道并以兼顾社会各方面的利益为基本前提。为此，需要深入探索国家与社会、政府与政治社团的关系架构，探索政治社团参与政治过程的模式体系，探索充分发挥政治社团在聚合群体意志、整合群体力量、表达群体诉求，进而影响公共决策、推进民主政治建设的有效途径。

任何政体的稳定都依赖于政治参与水平和政治制度化程度之间的关系。从当代中国民主政治的发展来看，如何解决现代化进程中随着社会利益分化而来的政治诉求多元化及政治参与的集团参政问题，即"集团化的"或"有组织的"参政问题，是一个重要的政治发展问题。因此，分析当代中国政治社团的发展状况，探讨政治社团参与政治过程的制度化模式，从而使政治社团的发展成为推动民主政治建设的积极力量，不仅有助于丰富中国特色政治学的理论体系，而且对于当代中国政治发展具有很强的现实意义。

2. 研究意义

政治社团作为现代政治社会体系的重要组成部分，特别是政治社团作为我国政治运作过程中的重要力量，其研究意义在于：

第一，研究政治社团对于进一步提升我国政治社团的政治社会功能具有重要意义。就政治社团的性质而言，政治社团的重要功能是具有政治表达和利益综合功能，能够对政治系统施加一定的影响。政治社团是具有共同目标的社会成员集合体，其所代表的群体利益，既有成员共同的普遍利益，也有各成员的特殊利益。而政治社团存在的价值就在于它能够把有分歧的群体利益和意志聚合起来，形成统一的整体意志，并将其传达到政治系统。但就目前我国政治社团的发展来看，其属性与功能的体现和发挥尚不充分，甚至存在一定的功能畸错位现象，即多数政治社团重视协助党和政府的工作，轻维护和增进其所代表的群体利益；重参与党和国家的各项决策的贯彻与落实，轻能动地影响党和国家做出反映自己群体利益要求的各项决策。特别有些政治社团缺乏与时俱进的意识，与社会日新月异的发展脱节，既不能把成员团结和凝聚起来，更不能有效地对政治系统施加影响以充分反映其群体的利益诉求。因此，深化对政治社团的研究，对于进一步明晰政治社团的性质与功能定位具有重要意义。

第二，研究政治社团对于实现公民有序政治参与，保障民主政治的稳步推进具有重要意义。政治参与是公民通过一定的方式影响政治权力体系及公共政治生活的政治行为，它是现代社会民主制度赖以存在的基础，也是实现民主政治的核心因素。改革开放以来，伴随社会结构的变迁，社会群体利益的分化，以及公民意识的进一步觉醒，人民的政治参与意识和参与愿望日益高涨，对政治系统提出了新的诉求。但同时也在一定范围内出现了非制度化政治参与活动，乃至于各类群体性事件。如何实现公民有序政治参与，关键在于扩大公民的诉求表达渠道，提升公民参与的制度化水平。由此，各种政治社团作为公民政治参与的重要制度平台，如何有效表达、聚合各自所代表的社会群体的政治诉求，从而保障我国民主政治的稳步推进是当前重要而迫切的研究课题。

二、相关概念阐释

要厘清政治社团的特定指向,需要在对以下几个概念进行比较说明的基础上做出阐释。

1. 社会团体

社会团体(social organizations),简称社团,既是一种复杂的社会现象,又是一个比较广泛的概念。

现代意义上的社会团体是西方资产阶级革命和工业革命的产物。一方面,资产阶级要求自由的主张使得政府不能垄断所有权力,而将部分权力还给人民,于是就出现了以自治为特征的民间组织;另一方面,由于剧烈的社会变迁和市场竞争而导致的社会问题,也促进了多种多样的民间团体和社会服务组织的产生。由此,西方的社会团体是同权力的分享和社会职能的分化联系在一起的。

具体而言,西方社团通常指社团法人,又称法人型人合组织,指以人的组合为成立基础的法人,即"人的组织体"。美国学者格雷(John Gray)对社团法人作过经典定义。格雷指出:"社团是国家已授予它权力以保护其利益的人的有组织的团体,而推动这些权力的意志是根据社团的组织所决定的某些人的意志。"[①] 西方的社团法人分为营利法人和公益法人两种类型。营利法人是指经过法律手续成立的集体从事经营牟利活动的组织,如公司、商社之类;公益法人是指依法成立的从事社会公益活动的群众团体。

在我国,社会团体是一个有特定指向的概念,大体上类似于西方的"公益法人",但其准确的内涵,学界并无一致说法。不同学者从不同的视角对其进行了界定。比较有代表性的界定方式有:

第一,互益说。持这种观点的学者强调社团的互益性。如王颖等认为"社团就是具有某些共同特征的人相聚而成的互益组织,具有非营利和民间化

---

① 龙卫球:《民法总论》,中国法制出版社,2002年,第336页。

两种基本的组织特征"①。这种定义源自美国著名社会学家布劳（Peter Blau），他将社会组织分为四种类型：其一是经营性组织，即以利润最大化为目标的企业组织；其二是互益组织，主要是指谋利于成员的组织，如职业组织、行业协会、工会、政党、文艺团体、兴趣团体和教会组织等；其三是社会服务组织，主要是指那些致力于服务对象利益的组织，如学校、医院等；其四是公共服务组织，主要是指服务于社区公共利益的组织，包括政府、军队、科学院、图书馆和博物馆等。显然，布劳所说的互益组织主要是指社团组织。

第二，公益说。持这种观点的学者旨在强调社团的公益性，如岳颂东将社团与政府、企业单位、事业单位一一比较后，认为"社团是以促进社会发展和进步为宗旨，按照一定的章程，经过法定程序组织起来，从事社会公益活动的社会组织"②。

第三，特殊目的说。上面两种定义显然存在着公益与互益的冲突，于是有的学者模糊了社团目标的公益与互益之别，笼统地强调社团的特殊目的性。如王云五在其编著的《云五社会科学大辞典》中认为："社团系指人们为了追求某种或多种目的而组织成的一个团体，譬如工会、商会、社会学会之类。"③这种定义的关键在于，社团是成员为某一种特殊目的而自愿组织起来的，这种特殊目的是为满足谋生之外的某种或多种特殊需要。

第四，剩余说。这种观点认为说明"社团是什么"的最好方法是说明"社团不是什么"。这种观点认为，首先社团既不是政府机构，也不是营利机构，它是非政府、非营利组织；其次，对于中国来说，社团包括非政府、非营利组织中除事业单位之外的所有组织。

由上可见，我国学界对社会团体的定义方式存在较大差异，甚至相互之间还存在着矛盾，在很大程度上说明要给社会团体下一个普适性的定义十分困难。

而就官方表述来看，中华人民共和国成立后，中央人民政府政务院于1950年颁布《社会团体登记暂行办法》，将社会团体划分为六大类：人民群众

---

① 王颖等：《社会中间层——改革与中国的社团组织》，中国发展出版社，1993年，第22页。
② 岳颂东：《市场经济条件下的社团组织》，载《中国青年科技》，1999年第3期。
③ 王云五：《云五社会科学大辞典》（社会学第1册），台湾：商务印书馆，1973年，第190页。

团体、社会公益团体、文艺工作团体、学术研究团体、宗教团体、其他合于人民政府法律组成的团体。1989年，国务院颁布施行《社会团体登记管理条例》，该条例回避了对社团的直接定义，而采取了名称列举法，其第二条规定："在中华人民共和国境内组织的协会、学会、联合会、研究会、基金会、联谊会、促进会、商会等社会团体，均应依照本条例的规定申请登记"。1998年，国务院重新修订颁布《社会团体登记管理条例》，该条例明确了社会团体的定义，其第二条规定："本条例所称社会团体，是指中国公民自愿组成，为实现会员共同意愿，按照其章程开展活动的非营利性社会组织。"这里，除法律约束之外，民间性、非营利性是识别社会团体的主要特征。所谓民间性就是非政府性。在我国，由于历史和现实的原因，也由于社会整合、社会动员等方面的需要，政府组织了一些群众性组织，如工会、共青团、妇联等，这些组织习惯上称为人民团体，而不称其为社会团体。所谓非营利性，是指不以营利为目的。这些组织的直接目的不是将人民组织起来谋求经济利益，而是为其成员和社会提供服务。

由此可以说，在我国，社会团体主要是依法登记成立的各种协会、学会、基金会，以及直接从事公共服务和社会福利服务的各种组织。

2. 人民团体

在我国，由于特定的历史条件与政治发展，人民团体是具有中国特色的社会团体，明晰人民团体与一般的社会团体之间的差异对于更为精准地把握政治社会团体的概念具有基础意义。

"人民团体"是在我国党和政府的各种文献文件中经常出现和使用的概念，虽然我国现有的法律、文献资料没有关于人民团体的明确定义，但从《社会团体登记条例》和《中国人民政治协商会议章程》的相关表述中，可以对人民团体做出基本界定。《社会团体登记管理条例》第三条规定："下列团体不属于本条例规定登记的范围：（一）参加中国人民政治协商会议的人民团体；（二）由国务院机构编制管理机关核定，并经国务院批准免于登记的团体；（三）机关、团体、企业事业单位内部经本单位批准成立、在本单位内部活动的团体。"《社会团体登记管理条例》属于行政法规，因而，这里"人民团体"是一种规范性称谓。《中国人民政治协商会议章程》（2004年3月12日中国人民政治协商会议第十届全国委员会第二次会议修订通过）"总纲"规定："中国人民在长期的革命和建设进程中，结成了由中国共产党领导的，有各民主党派、无党派人士、人民团体、少数民族人士和各界爱国人士参加的，由全体社会主义劳动者、社会主义事业的建设者、拥护社会主义的爱国者和拥护祖国统一的爱国者组成的，包括香港特别行政区同胞、澳门特别行政区同胞、台湾同胞和海外侨胞在内的最广泛的爱国统一战线。"这里明确"人民团体"是政协的组成部分。

具体，根据中国人民政治协商会议的组成，目前，在中国人民政治协商会议中，中国共产主义青年团、中华全国总工会、中华全国妇女联合会、中华全国青年联合会、中华全国工商业联合会、中国科学技术协会、中华全国台湾同胞联谊会、中华全国归国华侨联合会均是以团体身份参加人民政协的，是人民政协的组成单位。因此，共青团、工会、妇联、青联、工商联、科协、台联、侨联属于人民团体。

就国务院机构编制管理机关核定，并经国务院批准免于登记的团体来看，目前，由中央机构编制管理部门直接确定其主要工作任务、机构编制和领导职数，并实行全额财政拨款的团体有22个，分别是：中华全国总工会、中国共产主义青年团、中华全国妇女联合会、中国残疾人联合会、中国文学艺术界联合会、中国作家协会、中国科学技术协会、中华全国归国华侨联合会、中国法学会、中国人民对外友好协会、中华全国新闻工作者协会、中华全国台湾同胞联谊会、中国国际贸易促进委员会、中国红十字会总会、中国人民外交学会、宋庆龄基金会、黄埔军校同学会、欧美同学会、中国职工思想政治工作研究会、中华职业教育社、中华全国工商业联合会、中华全国青年联合会。以上这些团体，既是人民群众自己的组织，又是中国共产党联系人民群众的纽带和桥梁，有的还是我国统一战线的组织形式，在我国政治社会体系中占有重要的地位，发挥者重要的作用，均属于我国政治社会体系中的"人民团体"。

3. 政治社会团体

政治社会团体，即政治性社会团体，简称政治社团。在相关研究中，国外学者一般把政治社会团体称为利益集团或压力集团，而国内有的学者把政治社会团体称为政治社团，也有学者称其为政治团体。

从思想渊源来考察，最早提出和系统论述"政治团体"概念的是古希腊的亚里士多德。在《政治学》一书中，亚里士多德指出："我们见到每一个城邦（城市）各是某一种类的社会团体，一切社会团体的建立，其目的总是为了完成某些善业——所有人类的每一种作为，在他们自己看来，其本意总是在求取某一善果。既然一切社会团体都以善业为目的，那么我们也可说社会团体中最高而包含最广的一种，它所求的善业也一定是最高而最广的：这种至高而广涵的社会团体就是所谓'城邦'，即政治团体（城市团体）。"① 这里，亚里士多德是把"城邦政治"等同于"政治团体"。

英国政治哲学家霍布斯（Thomas Hobbes）也对政治团体有过论述。霍布斯认为，"团体就是在一种利益或事业中联合起来的任何数目的人。"② 霍布斯认为国家本身就是一个团体，且是一个"独立的"和"绝对的"团体，其权力由主权当局限定。霍布斯认为："政治团体也称法人，是根据国家的主权者的权力建立的。私人团体则是臣民在自己之间组织的，或是根据外国人的权力建立的。因为从外国政权方面获得的权力在另一国家中没有一种是公共性质的、而只是私人的。"③ 美国政治学者罗伯特·达尔把政治社团定义为："任何一群为了争取或维护某种共同利益或目标而行动的人。"④ 但在西方政治社会的运行和研究语境中，政治社团更多地与利益集团、压力集团、院外活动集团等概念混淆在一起，因而，更多的学者是以利益集团、压力集团、院外活动集团的概念来解释政治社团的。

国内学者对政治社团的界定存在细微的差异，即一些学者使用政治团体的概念，而另一些学者使用政治社团的概念。就"政治团体"的界定而言，孙关宏主编的《政治学》中，认为政治团体是"基于共同利益诉求而联合起来，为实现群体利益诉求而影响政府政策的人们的集团"⑤。这一定义明确表明政治团体是以群体利益为基础，通过介入政治过程来达到促进本集团内共同利益的目标。王楷模的定义与此相近，他指出："政治团体是具有某些共同利益的

---

① [古希腊] 亚里士多德：《政治学》，秦典华等译，中国人民大学出版社，2003年，第3页。
② [英] 霍布斯：《利维坦》，黎思复等译，商务印书馆，1985年，第173页。
③ [英] 霍布斯：《利维坦》，黎思复等译，商务印书馆，1985年，第174页。
④ [美] 罗伯特·达尔：《美国的民主》，波士顿，霍夫顿·密夫林公司，1981年，第235页。
⑤ 孙关宏、胡春雨：《政治学》，复旦大学出版社，2002年，第128页。

特殊社会群体,为实现其利益要求而组成的从事现实政治活动的社会政治组织。"① 王惠岩主编的《政治学原理》从政治团体与其他政治组织的区别出发,把政治团体界定为:"在现代政治社会中,那些不同于政党和国家政权机关,有组织地参与、影响政治决策形成过程的利益群体。"② 就"政治社团"的界定而言,石永义等编著的《现代政治学原理》中,认为政治社团"是指具有基本相同政治要求和利益的社会成员为实现特定的政治目标而组成的社会组织"。③ 杨光斌主编的《政治学导论》认为,政治社团"是以政治任务为中心,代表一定社会群体的利益,参与国家政治活动的组织"④。

就以上所列举的概念界定可见,政治团体与政治社会团体具有内涵和本质上的同质性,因而可以通用。本研究则明确使用"政治社团"这一概念展开具体研究。

本书关于政治社团的基本立场是:政治社团是指政治体系中,具有某种特定利益的人们集合在一起,为了更好地实现和维护自身的利益而影响公共权力与公共政策的社会团体。本书对政治社团的界定强调两点:其一,利益是政治社会团体的基础;其二,参与和影响政府政策的形成过程是其政治性质的根据。

为更进一步凸显本书关于政治社团的研究指向,再说明两点,首先,就政治社团与社会团体的比较而言,政治社团不同于一般性的社会团体的本质在于,它通过影响政府公共政策的制定来满足特定群体的利益,政治社团具有鲜明的政治属性。其次,就政治社团与人民团体的比较而言,人民团体是中国政治体制和政治语境中的特有概念,是一个政治概念,而非严格意义上的学理概念。但就我国政治社会的运行而言,人民团体的外延与政治学学理意义上的政治社团具有交叉与重叠之处,因此,本课题报告所研究之"政治社团"采纳我国政治社会语境中"人民团体"的外延,并特别将参加人民政协的人民团体作为具体的研究对象,即中华全国总工会、中国共产主义青年团、中华全国妇女联合会、中国科学技术协会、中华全国归国华侨联合会、中华全国台湾同

---

① 王楷模:《论政治团体》,载《人文杂志》,1996年第5期,第32—33页。
② 王惠岩:《政治学原理》,高等教育出版社,1999年,第210页。
③ 石永义等:《现代政治学原理》,中国人民大学出版社,2000年,第92—93页。
④ 杨光斌:《政治学导论》,中国人民大学出版社,2000年版,第155页。

胞联谊会、中华全国青年联合会、中华全国工商业联合会。而考虑到这八个政治社团所具有政治性、群体性、社会影响性及前瞻的发展趋势，本课题选取其中的中华全国总工会、中华全国妇女联合会、中华全国工商业联合会展开分析与研究。

三、研究内容与研究方法

本研究围绕我国政治社团的发展状况、政治参与及其在我国政治民主化进程中的作用与影响，运用多学科的综合路径和方法展开研究。

1. 研究内容

本研究包括四个组成部分：（1）概念与相关理论阐释；（2）当代中国政治社团发展的状况分析，包括中国政治社团发展的历史轨迹，及当代中国政治社团的类型、职能及运作机制分析；（3）当代中国政治社团参与政治过程的状况分析，包括当代中国政治社团参与政治过程的总体状况、当代中国政治社团的政治与社会影响力评价及当代中国政治社团参与政治过程的困境及原因分析；（4）实现政治社团参与政治过程的制度化，促进民主政治建设。

第一，本研究的重点在于探讨如何使政治社团的发展成为推动中国民主政治建设的积极力量。政治学家托克维尔在《论美国的民主》一书中曾系统比较欧洲与美国的结社自由。他的结论是：政治结社是民主政治所必需的，但它在民主政治实践中功能如何，则取决于特定的民情、特定的法律、政党政治的状况以及社团组织是否是自由和开放的。健康的民主政治需要健康的政治结社，而不是战斗性的类似于黑社会的政治结社。当代中国社会，政治社团获得比较大的发展空间，如何使政治社团的发展成为有利于民主而不是破坏民主的力量，这正是本研究试图重点探讨的问题所在。

第二，本研究的难点在于探讨当代中国政治社团参与政治过程的路径。从世界范围内来看，美国是各个利益集团通过议会斗争实现利益的表达与综合；欧洲一些国家通过政府行政部门与职能社团的功能性联系，满足社会集团的参政要求；而一些拉美国家则通过政党组织与职能社团的"合二为一"解决集团化参政问题。从目前中国政治社团参与政治过程的现状来看，传统意义上的政治社团主要是通过各自的代表参加各级人民代表大会和政治协商会议,参加中央及地方党组织、政府或有关部门的政策制定等形式进行的。随着新的政治社团的出现,如何实现其政治参与过程的制度化,需要探索当代中国政治社团参与政治过程的模式。

2. 研究方法

第一,研究视角。本研究整合政治学、社会学和公共管理学的理论与路径,从国家与社会的关系、公民社会、治理理论的视角,对当代中国政治社团的发展及其政治参与、政治社会的影响力展开研究。

第二,研究方法。本研究综合运用文献研究、实证研究及比较研究的方法。文献研究包括有关政治社团与民主政治的理论、观点及我国的相关文件、条例等等;实证研究部分将对目前具有代表性的政治社团,包括工会、妇联、青联及工商联进行实地调研;比较研究将对不同的政治社团的结构形式、运行模式及政治社会影响力进行比较。

第一章 政治社团研究的理论基础

政治社团的发展与中国民主政治建设研究课题,涉及众多的理论议题,诸如国家与社会关系的理论、公民社会理论、法团主义理论及利益集团理论等。关照这些理论,特别是检视这些基本政治议题在我国政治社会运行中的现实状况,是深入思考本课题研究的依据之一。

一、国家与社会关系的理论及现实观察

从理论形态看,国家与社会之间的关系是政治生活中最基本、最复杂的关系,也是政治学,特别是西方政治学在从传统向当代变迁中不断探讨和争议的重要议题;从实践形态看,改革开放以来,当代中国国家与社会的关系发生了重大的转向,从而为包括政治社团在内的各种社会团体的发展提供了制度空间。

1. 西方政治学关于国家与社会关系理论的演变

西方政治思想发展进程中的国家与社会关系理论,大体上可以分为三个派别:国家主义、无政府主义及自由主义。

国家主义关于国家与社会的关系,主张以国家为中心,强调国家的作用与价值,以黑格尔(G. W. F. Hegel)为杰出代表。黑格尔将国家称为"自在自为"的存在。它不依赖于个人,不是单个人机械的集合。国家是有机整体,而个人是其有机组成部分。因此,国家是基础和本原,国家是第一位的,个人是第二位的;个人只有融合于国家之中,通过参与国家公共事务,为国家尽义

务，才能实现自己的本性或价值。

无政府主义的国家观强调社会为中心，突出社会的能力与意义。比较有代表性的学者是洛克、托克维尔等。洛克国家观的核心即社会是先于国家而存在的，国家只有工具身份。托克维尔国家观的立足点是他强调没有社会制约的国家权力的危险性和不可欲性，主张将政治权力分配给多元的社会部门，突出公民行动的民主意义，充分发挥"社会的独立之眼"对抵抗国家专制的屏障作用。

国家主义的国家观和无政府主义的国家观代表了西方国家与社会关系理论的两个极端，而在这两个极端之间，更为主流、影响更为广泛的是自由主义关于国家与社会关系的理论观点。当然，自由主义思想在近现代的变迁中，内部也发生了一定程度的裂变，形成了传统自由主义与新自由主义（Neo-Liberalism）两个流向。就传统自由主义的国家观来看，自由主义的出发点是自我和个人，它强调个人权利的优先性，特别是个人的自由和平等权利。在自由主义者看来，一旦个人能够充分自由地实现其自身的价值，那么个人所在的群体和社会，也必然能最终实现其公共利益。传统自由主义国家观凝聚在"国家是不可避免的祸害"这一命题之中。它首先肯定国家是祸害，所以只需给予它有限度的承认和有条件的服从；但同时国家又是"不可避免的祸害"，所以，也要承认国家存在的价值和人们服从国家的义务，但又绝不能产生国家崇拜和盲目的效忠。这样，自由主义的国家观是在国家主义与无政府主义之间的微妙而脆弱的平衡。它通过对国家的消极态度而与国家主义区分开来，又通过对国家有限度的承认而与无政府主义区分开来。正是基于自由主义将国家理解为服务于公民社会的必要之恶，它的消极的国家观决定了"小政府、大社会"的关系模式。就新自由主义的国家观来看，学界一般将19世纪末期英国自由主义思想出现以后的自由主义称为新自由主义。新自由主义的基本理论与政治主张，仍是以个体本位为基础的，个人主义是自由主义发展一以贯之的信条与宗旨。新自由主义秉承自由主义传统，在高扬个人自由的同时又在很多方面出现了变异：主张国家对经济和社会事务的积极干预，不再鼓吹放任主义；主张个人与社会的和谐，不再片面强调个人的发展；主张积极自由，扩大公民权利，不再固守消极自由，被动依附于社会。例如新自由主义的代表约翰·杜威（John Dewey）在《自由主义与社会活动》一书中主张"国家有责任制定使人可以发挥出潜能的制度"。罗尔斯（John Rawls）的《正义论》和《政治自由主义》是新自由主义理论体系最系统的著作，罗尔斯建立了新自由主义的思想体系。罗尔斯正义论的核心是两个正义的原则，第一原则，简言之就是人人自由平等；第二原则，简言之就是经济分配与机会平等。罗尔斯认为平等的自由高于一切。一个正义的社会拥有最大的平等自由。每个社会成员都应享受平等的自由：包括言论、集会、结社的自由，平等参与政治的权利，参与立宪过程，决定立宪结果的权利等。民主国家首先要保证平等的政治自由，公民的自由权利是社会以任何借口也不能剥夺的，这是自由主义政治的根本特性。

2. 中国国家与社会关系模式的观察

学界通常从建国后至改革开放之前和改革开放以来两个历史阶段观察和诠释当代中国国家与社会的关系。

关于建国后至改革开放之前中国国家与社会关系的研究，比较有代表性的是"全能主义"和"总体性社会"两个解释概念。学者邹谠使用了"全能主义"的解释模式。"全能主义"代表一种国家职能可以无限扩展的社会政治制度。邹谠认为，建国以后，中共通过各种政治和经济手段重新建设和控制了整个社会。学者孙立平使用了"总体性社会"的解释模式。所谓"总体性社会"即"社会的政治中心、意识形态中心、经济中心重合为一、国家与社会合为一体以及资源和权力的高度集中，使国家具有很强的动员和组织能力，但结构较为僵硬、凝滞"①，"总体性社会"实质上就是所谓一元化社会，即政治、经济、意识形态三个权力中心高度重叠，全部社会资源和信息均为政府垄断，民间没有任何独立的主体和资源。

改革开放以来中国国家与社会的关系发生了巨大的变化，一些学者借用"新权威主义"模式予以解读。尽管，根本上"新权威主义"是作为一种发展策略而参与中国现代化道路论辩的，但也是一些学者解释改革开放后中国国家与社会关系的框架。"新权威主义"的核心观点是：面对国内外复杂的形势，

---

① 孙立平：《转型与断裂——改革以来中国社会结构的变迁》，清华大学出版社，2004年，第31页。

以强有力的执政党和领导人权威推动市场经济发展，通过经济发展获得和巩固执政的合法性基础，在市场经济得以充分发展后再发展民主，从而实现政治转型。归纳起来，就是政治强控、经济放开、经济优先、民主缓行。

改革开放以来中国国家与社会的关系，实质上仍然是一个处于实践磨合和理论探求之中的议题。从实践层面来看，党、国家和社会三位一体的体制模式逐渐向各自相对自主转型，同时，伴随市场经济体制的建立和深化，国家与社会间关系进一步变化，自主性的社会空间不断扩大，民间社会的组织化程度不断提升，社会正在成为一个与国家相并列的提供资源和机会的源泉。

当然，由于中国是一个后发现代化国家，需要国家和政府具有很强的社会动员和社会组织能力。因此，一些学者主张中国国家与社会的关系模式应当选择"强国家—强社会"的模式。"强国家—强社会"的模式强调社会具有相对的独立性，要求在国家和社会之间建立一种相互合作、相互监督的良性制约机制；既能保证国家的主导地位，又能更好地发挥公民社会的创造力。当然，"强国家—强社会"的模式关系意味着面临双重任务，即在解构全能主义国家（de-totalization）的同时，又要实现现代国家构建（state-building），或者说，在限制国家专断权力的基础上又要强化国家职能。

二、公民社会的理论基础及现实观察

公民社会主要指与政治国家相对应并独立于政治国家的社会公共生活领域，它由一系列的民间自治的非政治组织和团体构成。西方政治学围绕公民社会与国家的关系，提出了多种模式；而当代中国公民社会的发展是一个充满争议的讨论议题。

1. 西方公民社会理论的发展

西方公民社会的理论发展可以从两个层面予以呈现。

首先，就公民社会与国家的关系状况而言，古典理论侧重于揭示公民社会与国家的消极对立关系，如洛克（J. Locke）"公民社会先于或外在于国家"观点，托马斯·潘恩（Thomas Paine）进一步发展了洛克的观点，认为公民社会和国家是一种此长彼消的关系。公民社会愈完善，对国家需求就愈小，理想的国家乃是最低限度的国家。当代理论则开始关注和强调两者关系的积极性或正相关性面向，即公民社会与国家合作互补、相互渗透、相互参与，乃至共生共强。如瑞典学者米歇尔·麦克莱蒂（Michele Micheletti）提出"公民社会参与国家"理论；美国政治学者迈克尔·伯恩哈德（Michael Bernhard）提出了"公民社会与国家共生共强"理论。

其次，就公民社会的指向领域来看，西方公民社会理论经历了从"二分法"向"三分法"的变迁。古典公民社会理论强调公民社会与政治国家的分离，如黑格尔在理论上将公民社会从政治意义上解脱出来，指称一种"与国家相对，并部分独立于国家，它包括了那些不能与国家相混淆或者不能为国家所淹没的社会生活领域"①，成为公民社会理论二分法的典范。20世纪之后，以葛兰西（A. Gramsic）、帕森斯（T. Parsons）、哈贝马斯（J. Habermas）等人为代表，提出用"国家—经济—公民社会"的"三分法"来代替"国家—公民社会"的"二分法"，即由近代把公民社会看作主要是一个经济交往领域，转变为当代把它看作主要是自治的民间社团及其活动所构成的公共领域。葛兰西将上层建筑分为两个部分，"一个可称作'市民社会'，即通常称作'私人的'组织的总和，另一个是'政治社会'或'国家'"。②这里的"市民社会"特指既相对于经济领域，又对于政治领域的公民社会领域，开启了三分法的帷幕。哈贝马斯则强调公民社会是独立于国家的私人领域和公共领域。哈贝马斯认为，私人领域指以市场为核心的经济领域，公共领域指社会文化生活领域。由上可见，较之于"二分法"的公民社会概念，以"三分法"为基础的公民社会定义凸显公民社会是介于国家和家庭或个人之间的一个社会相互作用的领域及其与之相关的价值或原则，更突出志愿性社团组织在公民社会的中心地位。

2. 中国公民社会发展状况的观察

中国有关公民社会的讨论始于20世纪90年代，最早且具有代表性的著作是邓正来《国家与社会：中国市民社会研究》（四川人民出版社，1997年）。

---

① ［德］黑格尔：《法哲学原理》，范扬等译，商务印书馆，1961年，第197页。
② ［法］葛兰西：《狱中札记》，葆煦译，中国社会科学出版社，2000年，第7页。

作者使用"市民社会"这一概念讨论中国现代化进程中国家与社会的关系，并提出了市民社会与国家关系"良性互动说"，即一方面国家承认市民社会的独立性，并为市民社会提供法律性的制度保障；另一方面，国家也对市民社会进行合理的干预和调节。

但实际上，自公民社会理论进入中国社会，其内涵及在中国政治社会运行中的适切性有持续性的争论。这种争论大致有两个派别，一派认为，可以使用公民社会概念来研究中国团体，因为公民社会本质上就是一种组织起来的社会的能力；但另一派则认为公民社会不具有中国政治社会研究的适恰性，因为，依据公民社会概念的本质，它不仅是组织起来的社会力量，而且这种力量能够创造出一个独立于国家的空间，并有可能遏制国家权力的扩张。而在中国，几乎所有团体的生活在本质上都是国家组合主义。虽然，对于中国政治社会现实中公民社会基本理论的争议至今，但伴随改革开放30余年中国经济社会的巨大变迁，无论是学术界乃至官方，越来越多地使用"公民社会"这一分析架构来审视和分析中国政治社会的结构性变迁。

例如，北京大学高丙中教授认为，改革开放30余年的历程，中国在社会领域的根本变革就是单位社会向公民社会的转型，而这样一个是传统组织资源经过现代化洗礼的产物，是现代化早期的社团组织在社会重新开放之后的复兴。学者俞可平认为，随着市场经济和民主政治的推进，中国的公民社会正在逐渐兴起，并且对中国的社会政治生活产生日益重要的影响。但是，较之西方国家，中国的公民社会具有以下特征：（1）中国的公民社会是一种典型的政府主导型的公民社会，具有明显的官民双重性。（2）中国的民间组织尚处于形成之中，具有过渡性，作为民间组织的典型特征如自主性、志愿性、非政府性等还不十分明显。（3）中国民间组织发展很不平衡，不同的民间组织之间在社会政治经济影响和地位方面差距很大。而中国公民社会发展中存在的问题与困境的因素基本来自于目前的制度环境。

三、法团主义理论及现实透视

法团主义是西方源远流长的政治思想，其核心思想是关注国家与社会之间的联合与协作。近年来，很多政治学者都认为中国发展的经验似乎更接近于法团主义模式，因而开始使用这一概念来解释中国国家与社会的关系。

1. 西方法团主义的理论视野

法团主义（Corporatism）也可译为"合作主义"、"组合主义"、"社团主义"、"统合主义"、"工团主义"等等。"这一术语的现代语源学来自19世纪末、20世纪初拒绝自由主义与社会主义理论前提的社会思潮。它一方面谴责资本主义的个人主义和竞争，另一方面批评阶级冲突及其导致的社会主义运动。法团主义理论家认为，阶级和谐与有机统一对社会是必不可少的。"① 对法团主义进行定义的学者不少，但最有影响的还是菲利普·施密特（Philippe C. Schmitter）。施密特指出："法团主义可以被界定为利益代表的体系，在此体系中，构成单位被组织成一些单一的、义务性的、非竞争的、层级有序的、功能有别的有限团体，这些团体由国家认可并被赋予在其同行中的垄断代表权，以此为交换，国家对其领导人选择、需求和支持的表达实行一定程度的控制"②。从施密特的界定中，可以发现"法团主义不是关于行动，而是关于结构的学说，它的目的是要提供社会结构的若干理念类型，这些类型特指社会不同部分的制度化关系，其重心在集团行为和体制的关系"③。

在西方政治思潮中，法团主义与多元主义有着尖锐的对立。多元主义坚持的是社会对国家的抗衡，提倡市民社会与国家的分立与制约，强调社会的独立自主性。而法团主义对政治社会关注的核心问题是社会不同利益如何得到有序的集中、传输、协调和组织，并用各方同意的方式进入体制，以便使决策过程有序吸收社会需求，从而将社会冲突降低到不损害秩序的限度。法团主义所确立的制度理念是建立一个纵向的合作结构，而这个结构包含以下要点：其一，国家具有重要地位，它合法参与经济决策，主导工业发展方向；而社会参与则以行业划分的功能团体的形式，国家和社会互相承认对方的合法性资格和权利，并相互协商制定有关的政策；其二，法团主义体制的任务，是将社会利益

---

① Leo Panitch, "Recent Theorizations of Corporatism: Reflections on a Growth Industry", *British Journal of Sociology*, Vol. 31, No. 2, 1980 (6).
② Philippe C. Schmitter, "Still the Century of Corporatism?" *Review of Politics*, Vol. 36, 1974 (1).
③ 本尼迪克特·安德森：《想象的共同体：民族主义的起源与散布》，吴睿人译，上海世纪出版集团，2003年，第67页。

组织、集中和传达到国家决策体制中去；其三，功能团体对相关的公共事务有建议和咨询的责任，同时在公共决策确定后有执行的义务；此外，它还应把本集团成员完好地组织起来，限制他们的过激行动；其四，获批准的功能团体数量是限定的；其五，不同团体间是非竞争的关系；其六，每个行业内的不同代表组织以层级秩序排列；其七，功能团体在自己的领域内享有垄断性的代表地位；其八，作为交换，对功能团体的若干事项，国家应有相当程度的控制。

西方法团主义的思想根源可以追溯到圣经、古希腊和古罗马的传统，中世纪的天主教会和行会也对其有重要的影响。近代以来，由于自由主义思潮的崛起，以及法团主义与纳粹政权，特别是墨索里尼政权之间的关系，法团主义的影响力逐渐式微。

2. 中国公民社会的法团主义研究范式

关于当代中国公民社会发展的研究，学术界存在着多元主义与法团主义的论争。基本上，学者们均肯定了当代中国公民社会的出现及其一定程度上的活跃性。但多数学者也认同中国公民社会的独立性是非制度化的、非正式的，中国的民间社团始终不能完全脱离官方势力。由此，越来越多的学者认为，在分析当代中国公民社会时，法团主义的视角更具有理论的适恰性，因为，中国公民社会确实未能像多元主义所描绘的那样与国家形成分立并对政府施加压力，而常常需要借助政府的力量来谋求自身的发展。

例如，政治学学者张静指出，法团主义范式为分析中国当代公民社会的图景提供了切合的概念框架。"中国的公民社会正在兴起，不是简单走向了多元主义的道路，而是出现了新的权力结构。在原有体制的惯性下，社会原子正在以一种新的方式组织到国家体系的一部分当中去，在宏观结构上呈现出不是分立而是多边合作、混合角色及相互依赖的发展形态。"[①] 政治学者萧功秦也指出，"中国公民社会可以选择法团主义的路径，即把现有的国家管控的公民社会体，如工会、商会以及其他民间利益团体发育成具有自主性的中间组织，其发展结果就是，一方面，中间团体演变为自主性的公民社会组织；另一方面，它们又受到政府或国家比较有效的控制与约束。当有了这样的中间组织，社会

---

① 参见张静：《法团主义》，中国社会科学出版社，2008 年，第 164 页。

与政府之间就构筑起了良性互动的关系,即一方面,国家可通过对法团的组织控制,以保证自己的谈判地位上的优势;另一方面,功能法团的存在又能帮助社会成员解决实际问题。以社会成员的利益代表者的资格与政府协商,这就是法团主义模式。"①

四、利益集团理论及与政治社团的差异

在欧美社会,通常是以"利益集团"或"压力集团"展开相关的研究。利益集团与我国政治学语境中的"政治社团"是有本质区别的。

1. 西方利益集团的理论发展

西方国家存在着各种各样的利益集团,其利益集团理论亦丰富多彩,不断发展。以美国为例,早在立国之初,美国"宪法之父"詹姆斯·麦迪逊在《联邦党人文集》第十篇,围绕"党争"讨论了利益集团活动的内在悖论。麦迪逊指出:"自由于党争,如同空气于火,是一种离开它就会立刻窒息的养料。但是因为自由会助长党争而废除政治生活不可缺少的自由,这同因为空气给火以破坏力而希望消灭动物生命必不可少的空气是同样的愚蠢。"② 由此,麦迪逊提出了对民主制度进行结构性保护的理论观点。

19世纪法国政治理论家托克维尔在其《论美国的民主》一书中,用"联合者的国家"对美国社会进行了描述,托克维尔探索了美国自主治理的民情、自主治理的法律、政党政治环境等与美国政治社团之间的关系,并在此基础上比较了当时欧洲尤其是法国的状况。他的结论是,政治结社是民主政治所必需的,它在民主政治实践中功能如何,取决于特定的民情、特定的法律、政党政治的状况以及社团组织是否是自由和开放的。但健康的民主政治需要健康的政治结社,而不是战斗性的类似于黑社会的政治结社,而美国社会众多的公民和政治团体正是美国民主的根本力量。

20世纪初,美国学者阿瑟·本利特(Arthur Bentley)在《政府过程》一

---

① 参见萧功秦:《选择法团主义,发展中国公民社会》,载《绿叶》,2009年第7期。
② [美]汉密尔顿等:《联邦党人文集》,程逢如等译,商务印书馆,1980年,第46—48页。

书中系统阐述了对利益集团政治的看法。本利特认为,集团是政治的"原材料",社会是集团复杂的组合,政府行为是利益集团作用的结果,"排除了集团现象便无所谓政治现象",因此,"除了集团所包括的复杂性之外,社会本身什么也不存在……当集团被充分地阐述时,一切便得以阐明……"① 这里,本利特将利益集团的互动视为政治过程的核心。

20世纪50年代,戴维·杜鲁门(David Truman)出版《政府过程》一书,进一步发展了利益集团的理论。杜鲁门认为:"在任何复杂的社会中,个人较少直接受到社会整体的影响,而较多地不同程度地受到社会各个部分或集团的影响。"② 杜鲁门认为,正式利益集团是作为一种调整集团内部成员间的关系和调整与其他集团间关系的工具出现的。此外,当人们面临挑战时,潜在的利益或"潜在的集团"也会组织起来;而当社会发生突变时,当社会经济环境发生变化时,当相互作用的模式被打乱时,新的集团就会重新组织起来。他认为,在现代社会的专业分工引起"社会迅速变化的历史时期,当人们的期望持续受挫时,便趋于建立组织,这样的组织有利于社会的稳定"③。

当代,利益集团的研究又提出许多新的理论观点,如曼瑟尔·奥尔森用经济学的理论和方法对利益集团进行了研究,提出"分利集团"的概念。拉尼·吉尼尔(L. Guinier)则提出了"利益代表制理论",指出政治上的平等并非仅仅使人们听到处于不利地位的集团的声音,而是要求政治结果真正能够反映社会的多种利益。

2. 利益集团与政治社团意涵上的差异

利益集团或称压力集团是欧美资本主义社会政治社团的主要形式。利益集团与我国政治学语境中的"政治社团"是有本质区别的。本质上,欧美社会的利益集团主要是指那些具有特定利益要求和社会政治主张的人们,为了维护自己的利益和主张而以压力方式影响政府政策的制定修订和实施的政治性社会团体。而在社会主义的中国,政治社团既是群众性政治团体,又具有国家政权

---

① Arthur Bentley, *The Process of Government*, Cambridge, Belknap Press of Harvard University Press, 1967, p. 205.
② David B. Truman, *The Government Process*, N. Y., Alfred Knopf, 1951, p. 15.
③ David B. Truman, *The Government Process*, N. Y., Alfred Knopf, 1951, p. 7.

体系组成部分的身份，这种双重身份，使其成为政治管理的准主体。

就国内相关的研究来看，一些学者借用西方政治学"利益集团"的概念展开研究，如经济学家厉以宁在《转型发展理论》中较早地论述到了利益集团的问题。但近年来越来越多的学者开始使用"政治社团"这一概念展开研究。王惠岩主编的《政治学原理》、汪玉凯主编的《政治主体论》、吴大英、杨海蛟主编的《政治主体论》等著作中都有关于政治社团的系统论述；王楷模的《政治社团：生成机理与特征、功能》、张爱民《政治社团的功能分析》和龚红月《香港政治团体的发展特点及未来走向》等对政治社团问题亦有比较深入的研究。但总体说，国内政治学界关于政治社团的研究还比较单薄，多是关于政治社团的概念层面的描述，缺乏对当代中国政治社团的实证性研究，更没有形成理论层面的成果。

第二章　政治社团的基本理论

本课题报告将政治社团界定为政治体系中，具有某种特定利益的人们集合在一起，为了更好地实现和维护自身的利益而影响公共权力与公共政策的社会团体。这里，以此定义为基础，进一步说明政治社团的特征、类型及功能。

一、政治社团的基本特征

政治社会团体作为一种特定的社会政治组织，既不同于一般的社会团体，也不同于政党，它具有以下特征：

第一，较之于一般性社会团体，政治社团是特殊利益群体的派生物，具有明确的政治目标。任何一个社会群体的形成都基于共同的利益要求，A. F. 本特利（A. F. Bentley）说："没有集团的利益就没有集团，这里所用利益这一术语就是集团的等价物。"① 但一般性社会团体只有共同利益要求，而没有自己的政治目标。而政治社团基于要实现其所代表的群体利益，怀有政治目标，占有政治资源，从事政治活动，介入政治过程，发挥政治作用。由此，政治社团具有特定的二重性，即在政治过程中，它既作为管理主体存在，也作为被管理的课题存在；一方面，它要接受国家和政府对它的政治管理，另一方面，它安装自己的规章制度，对其内部事务实施自主管理，在政治系统中，发挥着国家和政党无可替代的作用。

第二，较之于政党，政治社团的政治目标不在于夺取或占有国家政治权

---

① 曼瑟尔·奥尔森：《集团行动的逻辑》，陈郁等译，上海人民出版社，1995年，第145页。

利,而主要是影响旨在分配社会利益的公共政策的制定与实施。在现代政治体系中,政党与国家政权紧密相连,一方面,政党是在一定阶级基础上产生的,另一方面,政党集中代表了该阶级、阶层的利益,因此,政党主要的政治职能就是控制和领导国家政治生活,其主要目标就是获取政权或者参与政权。而政治社团是社会政治体系中区别于政党的组织和制度实体,它不以夺取或执掌政权为目的,只是参与和影响政府的决策过程,其基本目标是向政府施加压力或者影响,以实现和维护本群体的利益。

二、政治社团的类型

现代政治生活中的政治社会团体林林总总,纷繁复杂,大致可以划分为以下四种类型。

第一,以组织目标为标准,政治社会团体可分为两大类:(1)以某些公共利益为目标的政治社会团体,如各种环保组织、民权组织、自然资源保护组织、促进政府廉洁组织等。它们从事政治活动的目的,在于通过影响公共政治过程,促使公共权力机构制定和实施有益于社会公益的决策和政策。(2)以某些特殊群体利益为目标的政治社会团体,如各种妇女组织、种族集团、专业人员集团等。它们从事政治活动的目的,在于通过影响政治过程,改变其所处的不平等地位,争取和实现其应有的政治、经济和各种社会权利。

第二,按照组织结构的性质,政治社会团体可以划分为三种类型:(1)官方性的政治社会团体。政治社会团体的官方性质意味着政治社会团体在组织建制和经费来源方面直接受到政府的影响。这些团体要么是在政府倡导下组建的,要么是由政府直接出面组建的,其推动力具有"自上而下"的特点,例如我国的全国归国华侨联合会、全国工商联就是在中央政府的积极倡导下成立的,而如工会、共青团这样的政治社会团体就是政府直接派人组织的,由于有政府权威的积极支持,这些政治社会团体与其他社会团体相比,往往掌握着较为雄厚的政治资源,其政治功能主要在于传达、宣传党和政府的方针、政策和指示,联系、组织、动员民众的作用,从而成为党和政府联接民众的桥梁。(2)半官方性质的政治社会团体是指那些既承担某些类似政府机构的政治职能,又在相当程度上代表本集团成员的利益诉求,并通过与政府的联系，向政府机构反映本群体的要求的集团，这类团体在组织性为和组织目标上呈现出明显的"官民两重性"。随着我国经济不断向市场化转轨，新的经济成分集团纷纷涌现，如改革开放后，个体劳动者和私营业主这类新的经济成分开始形成，在他们自觉自愿、政府主管机构认可的情况下成立了个体劳动者协会和私营业主协会。他们一方面承担相应的管理职能，上联政府部门，下联个体户和私营企业，另一方面代表个体户和私营企业，向政府部门表达他们的利益和要求。另一部分半官方性质的政治社会团体则主要是原来官办性质的团体发生变异后形成的，例如中国青少年发展基金会。随着市场经济模式的引入和社会结构的变迁，以及对外交往频度的日益提高，这类起初完全是官方性质的政治社会团体开始作出一定程度的适应性调整，官方色彩开始淡化，而"社会化"倾向不断增强。从总的趋势看，我国传统官办性质的政治社会团体的民间性和独立性呈现不断增强之势。它们"自下而上"向政府表达集团利益和要求的愿望日趋强烈，这一发展趋势标致随着改革的不断深入，中国社会的自组织系统开始趋于成熟。（3）民间性质的政治社会团体是指完全由民间自发自愿成立，其运作不受政府操控的政治社会团体。在主要西方发达国家，这类团体集中表现为利益集团。利益集团的最主要特征是参与政治过程，影响公共政策，但并不谋求控制政府。其政治活动主要集中在选举过程、立法过程、行政过程甚至司法过程。

第三，以政治社会团体同国家及法律的关系为标准，政治社会团体可分为三种类型：（1）合法政治社会团体。这类政治社会团体为政府或法律所认可，政府拟作出的决策，如涉及该类团体所代表的群体利益时，向该类团体的咨询便成为决策过程的一个必不可少的环节。一方面该类团体有权向政府提供咨询，表达意见，提出建议；另一方面政府也有义务向该类团体征询意见。（2）准合法政治社会团体，即尚不合法而争取合法地位的政治社会团体。这类政治社会团体客观上存在，但还没为政府或法律所认可，因此尚不合法，在政府决策过程中，向它们咨询不是一个必不可少的环节。它们虽不合法，作用有限，但其政治活动不仅不悖于国家目标，不违反国家法律，而且竭力迎合国家目标，由此争取合法地位。（3）非法或违法政治社会团体。这些政治社会团体客观存在，为数甚少，其所从事的政治活动同国家意志相悖，有反政府性质，要被国家取缔，因此它们的活动是地下的政治活动。

第四，以政治社会团体所处社会的性质来划分，它可分为资本主义国家的利益集团和社会主义国家的政治社会团体。(1) 资本主义国家的利益集团是社会利益矛盾尖锐冲突的必然产物。它们的产生虽然可以在一定程度上缓和这些矛盾，但不可能从根本上公正地解决这些矛盾。因为，占绝对主导地位的是那些以资本雄厚、财大气粗的大企业主和大财团巨头们为基础的超大利益集团，它们虽不直接执掌政权，但却是"隐形的政府"，操纵着国家的选举、立法和政府政策的制定与实施，因而能够操纵国家，把绝大部分社会利益分配给它们所代表的大企业、大财团。而劳动人民的利益集团虽然合法存在，但其势单力薄、呼声微弱、影响力有限，所以不能使它们代表的群体分配到应得的利益，难以改变其受剥削和受压迫的经济地位与政治地位。(2) 社会主义国家的政治社会团体，也是社会利益划分的结果，是不同利益群体实现其特殊利益要求的工具。但又有其独有的两个基本特点：相互之间的非对抗性和合作性。各团体所代表的利益群体之间，虽有各自特殊的利益要求，但它们的根本利益是一致的。所以，它们的矛盾是根本利益一致基础上的非对抗性矛盾，为其共同的根本利益而团结奋斗。事实上，社会主义国家的政府是人民民主选举产生的，是实现全体人民根本利益的工具，因而是整个社会政治系统的控制器。共产党是工人阶级的先进分子组成的先锋队组织，它全心全意为人民服务，因而成为整个国家的领导核心。各个政治社会团体则不同，它们代表的局部、特殊的群体利益又统一于人民的根本利益，只有在人民根本利益实现的前提下才能得以实现。

三、政治社团的功能

在现代政治体系中，政治社团是政治生活的重要组成部分，是政治体系的重要推动力。政治社团在政治体系中功能主要体现在以下几个方面。

第一，利益聚合与利益表达的功能。现代政治体系的稳定有赖于体系"输入"与"输出"的总体动态平衡。所谓"输入"主要是来自公众的"要求"和"支持"等，所谓"输出"即政府决策形成政策及相关法律法规等。在现代政治体系中，由于利益的不断分化与重组，如果多元化的利益要求没有通畅的聚合与表达渠道，就可能导致利益的非制度化的无序表达或者强制性表达，从而引起社会不稳定。在现代政治体系中，政治社团的突出功能正在于能够把特定群体的利益诉求聚合并有效地表达出来，政治社团依据群体内部特殊的利益诉求，通过参与政治过程，影响公共决策的制定与实施，从而在一定程度上满足和实现所代表群体的利益。政治社团的存在于很大程度上有助于政治过程的有序化。

第二，社会动员与社会整合的功能。现代社会，伴随社会结构分化，社会各阶层的利益关系变得更为复杂，需要有效的社会动员；同时，为保证社会行动控制在基本秩序之内，还需要良好的社会整合，以使社会成员向着一个共同的目标而努力，从而避免社会的资源与能量被过多地消耗于社会的冲突与矛盾之中，这就是社会动员与社会整合。政治社团以特定群体为对象，以共同的政治目标为组织纽带，能够有效调动群体力量，并把分散、无序的力量加以组织，使之形成既有分工合作又有统一指挥领导的整体合力，社会动员与社会整合是政治社团的重要功能。

第三，参与政治过程，影响公共政策的功能。政治社团作为政治性社会团体，其核心价值在于它参与政治，能够对政治过程施加有效影响。从现实政治体系来看，政治社团参与政治过程的途径与方式具有相当的广泛性，如资本主义国家的利益集团通过直接的和间接的院外活动影响政府公共决策和政策；社会主义国家政治社团的代表通过参加人民代表大会和政治协商会议来参与商讨和决定国家大事，通过参加各级地方政府与本团体有关的工作来维护和实现自己特定的利益要求，通过对于党的组织和政府机关及其工作人员的监督来影响政策的制订，维护本团体和团体成员的权益和要求，等等。例如，各级工会通过其组织和机关的活动，通过在国家权力机关中的代表以及其他形式，反映和维护工人阶级的利益、要求和愿望；共青团通过各级团组织的活动，通过在国家权力机关中的代表以及其他形式，反映和维护各层次团员青年的利益，表达他们的要求和愿望。当然，需要说明的是，由于政治社团的利益诉求具有具体性和特定性，因而，政治社团参与政治过程的目的具有明确的针对性，同时，政治社团参与政治生活的目的是有限的，主要是通过影响公共政策的制定与实施来达到影响政治过程的目的。

第三章 当代中国政治社团的总体分析

新中国成立之初，真正意义上的政治社团是中华全国总工会和中国共产主义青年团。伴随社会主义事业的发展，相继成立中华全国妇女联合会、中华全国学生联合会、中华全国青年联合会、中华全国归国华侨联合会、中华全国台湾同胞联谊会、中华全国工商业联合会。我国社会主义社会的政治社团呈现出其独有的特点，在政治体系中发挥着重要的作用。

一、中国政治社团发展的历史轨迹

中国第一个具有现代意义的政治社团是1894年11月由孙中山先生发起组织，在檀香山成立的资产阶级革命团体——兴中会，其成立时团体成员共有126人。兴中会以"驱除鞑虏，恢复中华，创立合众政府"为宗旨，是一个以资产阶级、小资产阶级及其知识分子为主，并以开展资产阶级民主革命为职志的政治集团。综观中国政治社团的历史发展轨迹，大体上可以从以下几个阶段予以透视和分析。

第一，从兴中会成立至五四运动前夕，是中国政治社团发展的初始阶段。这个时期的政治社团大致可以归属于两大阵营，即维新派的政治社团和革命派的政治社团。

（1）维新派的政治社团。维新派是晚清时期作为社会改良集团登上中国政治舞台的政治力量，以康有为、梁启超等为代表人物，为了救亡图存，维新派提出了"合群救国"、"合力求知"的思想主张，并得到了进步的士绅阶层的响应。在维新派的号召和组织下，其时从京师到各地，进步的士绅组织起数十个学会，在一定意义可以说，维新派开创了中国近代知识分子集会结社的先河。据统计，戊戌前后出现过各种学会团体668个，之中政治、教育、学术、青年、风俗改良等革新团体360多个，商业、宗教等类300多个。这之中，强学会是戊戌维新运动期间，由维新派成立的第一个政治社团。1895年8月17日，康有为在北京安徽会馆创办《中外纪闻》，成为强学会组织的发端。该报因与上海基督教广学会的一个刊物同名，后改为《中外记闻》。1895年11月强学会正式成立，又称强学书局，或译书局。北京强学会成立之后，康有为立即南下南京，游说署理两江总督的张之洞，随即上海强学会成立。1896年1月，强学会被慈禧太后解散。

（2）革命派的政治社团。革命派政治社团首推1894年由孙中山先生领导，在檀香山成立的资产阶级革命团体——兴中会。1894年，孙中山由于《上李鸿章书》失败，打破了他希望通过李鸿章这个洋务派首领实行"富国强兵"的改良主义幻想，决心以革命的形式武装推翻清政府，实行资产阶级民主政治。1894年冬，孙中山联合了檀香山华侨20余人，组织了中国资产阶级的第一个革命团体兴中会，通过《兴中会章程》。在秘密的入会词中，孙中山提出了"驱除挞虏，恢复中华，创立合众政府"的纲领口号，并决定立即筹备经费，发动武装起义。次年春，孙中山回到香港，联合了当地的社会团体辅仁文社，成立了兴中会总部。除兴中会外，20世纪初影响较大的政治社团是华兴会。1903年11月，黄兴、陈天华、宋教仁等20余革命志士，以庆贺黄兴30岁生日为名，密商成立华兴会革命团体，开展反清革命活动。1904年2月正式成立，举黄兴为会长，宋教仁、刘揆一、秦毓鎏为副会长。会员有500余人，大都是留日学生和国内新式学堂出身的资产阶级、小资产阶级知识分子。1905年8月，孙中山所领导的兴中会联合华兴会等革命团体，在日本东京成立了中国同盟会。中国同盟会亦称为中国革命同盟会，是中国近代第一个全国性的革命政党。

第二，五四运动前后至新中国成立，是中国政治社团发展的活跃时期。五四运动前后，面对中国社会的危机局面，各种进步力量纷纷成立政治社会组织，试图以新的文化观念来改造社会。如1917年10月8日，湖北武汉互助社成立；1918年4月14日，毛泽东、蔡和森、何叔衡等人在湖南长沙成立新民学会；1919年5月3日，以北京高等师范学校学生为主体成立工学会；1919

年9月，天津学生组织觉悟社，周恩来、邓颖超都是其中成员。第二次国内革命战争时期，为反对蒋介石的专制统治、争取人民民主自由权利，宋庆龄、蔡元培、杨杏佛等于1932年12月发起成立了爱国民主政治团体——中国民权保障同盟。同盟的任务是反对国民党一党独裁，援救一切爱国的革命的政治犯，争取人民的出版、言论、集会和结社自由。抗日战争时期，中华民族再次面临深重危机，业已存在的政治社团积极奔走，呼吁抗战，同时，新的政治社团也不断建立，如1936年6月1日，全国各界救国联合会成立，1937年，中国青年救国联合会成立。抗战胜利后，为反对国民党的独裁专制，各地的政治社团掀起了反对内战、反对独裁、要求和平的浪潮。当时最著名的政治社团有1940年成立的延安各界宪政促进会，1945年成立的中国人民救国会和三民主义同志联合会等。

需要特别提及的是，中国共产党在完成建党工作以后，非常重视组建新型的政治社团，如中国共产主义青年团、中华全国总工会、全国农民协会等。

1920年8月，中国共产党首先在上海组织了社会主义青年团。在此前后，全国各地在准备建党的同时组织了社会主义青年团。1921年7月，中国共产党成立。1922年5月，在党的直接领导下，中国社会主义青年团在广州召开第一次全国代表大会，成立了全国统一的组织。1925年1月，在团的第三次全国代表大会上，决定将中国社会主义青年团改名为中国共产主义青年团。1935年11月，为团结一切抗日青年，反对日本帝国主义的侵略，党决定将共青团组织改造成为民族解放性质的抗日救国的青年团体。抗日战争胜利后，为适应新形势和新任务的需要，党中央在1946年10月提议建立民主青年团。1949年元旦，党中央又作出建立中国新民主主义青年团的决议。1949年4月，召开新民主主义青年团第一次全国代表大会，宣告中国新民主主义青年团正式成立。1957年5月，中国新民主主义青年团召开第三次全国代表大会，决定把团的名称改为中国共产主义青年团。

中华全国总工会的前身是中国劳动组合书记部。1921年8月11日，中共中央在上海建立了公开领导工人运动的总机关——中国劳动组合书记部。1925年5月，在广州召开第二次全国劳动大会，大会通过了《中华全国总工会总章》，选举产生了全总领导机关，中华全国总工会宣告正式成立。抗日战争时期，工会一部分人在敌后领导抗日运动，参加游击战争；一部分人在敌占区坚持地下斗争；另一部分人则到国民党统治区与中国劳动协会联合，进行合法运动。解放战争时期，各解放区都建立了工会组织，1945年5月成立了中国解放区职工联合会筹备委员会。1948年8月，第六次全国劳动大会召开，大会决定恢复中华全国总工会，并通过新的《中华全国总工会章程》。

中国共产党创建时，在领导青年运动和工人运动的同时，也非常注重农民运动。1921年4月，《共产党》月刊发表了《中国共产党告农民书》，该文是中国共产党创建时期较早、较系统地阐述中国农民问题的重要文章，指出"农民阶级只有组织农民协会，再由农民协会组织农民自卫军，才能解除自己的困苦与压迫，保护自己的政治权利和各种经济利益。"1921年9月，在早期共产党人沈定一、沈玄庐等人领导下，成立了第一个农民组织——浙江省萧山衙前农民协会。萧山衙前农民协会通过了协会章程，发表了宣言——"我们底觉悟，才是我们底命运，我们有组织的团结，才是我们离开恶运交好的途径。决定我们底命运，正是决定全中国人底命运。"1922年7月，"农运大王"彭湃组织了海丰赤山农民协会。1926—1927年，湖南、江西、湖北、河南、山东、河北、陕西相继成立农会，1927年3月，全国性的农民组织——"中华全国农民协会临时执行委员会"成立，至1927年6月，全国大小农会组织已有21458个，入会会员达9153093人。1949年建国前，在新老解放区的广大农村地区已经普遍建立了农民协会。在1950年之前，"仅华东和中南两区，农民协会已经有2400万会员"①。建国后，中国共产党借鉴大革命时期的农会工作经验，在农村普遍建立农民协会，一方面完成土地改革的任务，另一方面又能作为建立农村村落政权、构建农村控制体系的过渡性组织。1950年7月，政务院通过并公布了《农民协会组织通则》，规定农民协会的性质是"农民自愿结合的群众组织"，并要求建立除中央以外各级农民协会（乡、县、专区、省、大行政区）；规定农民协会的职能是"根据中华人民共和国的土地改革法，农民协会是农村中改革土地制度的合法执行机关"。《农民协会组织通则》实施之后，全国农村普遍建立了农会。农民协会在土改、组

---

① 张举：《新中国初期农民协会兴起与隐退原因探析》，载《湖南农业大学学报》，2002年第3期，第16页。

织农村生产、保障农民享有政治权力等方面起了重要作用。1953年后，农村社会逐步组建了乡村政权机构，1954年春，经过普选，全国普遍建立起乡人民代表大会，取代了原来的乡农民协会，至此，农协逐渐从中国农村政治舞台上消失。

第三，新中国成立至改革开放之前，中国政治社团的选择性发展及发展的停滞阶段。新中国成立后，我国政治社团总体上处于选择性发展阶段，即只有工会，共青团和妇联这些官方性的政治社团有所发展。形成这种状况的社会历史背景在于建国后至改革开放前，中国国家与社会的关系属于"强国家—弱社会"模式，即所谓"总体性社会"。从社会的权力结构而言，国家对几乎全部的社会生活实行严格而全面的控制，极强国家与极弱社会的模式使各种社会团体乃至于政治团体几乎没有生存与发展的空间；从社会的利益关系看，1956年社会主义改造完成之后，我国确立了社会主义生产关系，经济上实行高度集中的计划管理体制，"单位制"的社会运行机制，把每个人的政治、经济和社会生活全部融入到组织体系，个人、集体与国家利益高度整合一致，没有了独立的经济利益，也就失去了争取各自权益的动力，各种政治社团的功能逐渐被淡化和消解。"文革"时期，工会，共青团和妇联均受到强烈冲击，特别，1967年的"夺权风暴"，使工、青、妇陷入组织瘫痪，我国仅存的政治社团陷于发展的停滞阶段。

第四，改革开放以来，政治社团的快速发展阶段。改革开放以后，我国国家与社会的关系发生了巨大变化。一方面，随着社会主义市场经济体制的建立与完善，我国经济组织结构和社会组织结构发生了根本性变革。市场经济的发展，导致社会群体的分化及不同利益群体的出现；另一方面，伴随社会民主化的进程，不同的利益群体逐渐形成了自身作为共同体的群体利益意识，由此，带来政治社团的快速发展并不断走向成熟。同时，随着政府职能的转变，政府对社会控制的范围在缩小，在具体的控制过程中，控制手段的规范性在加强，由此使社会的自主空间不断扩大，相对独立的社会力量逐步形成。表现在政治社团领域，其一，隶属于党政部门的工会、共青团、妇联等传统政治社团职能扩展，社会影响不断增强；其二，出现了大量非官办的政治社团，如个体劳动者协会、私营企业主协会等，它们是具有典型利益诉求的经济型政治社团。

二、当代中国社会政治社团发展的背景

中华人民共和国成立以后,从旧中国跨入新中国的政治社团仅包括中华全国总工会和中国共产主义青年团。新中国成立后,我国政治社团总体上处于选择性发展阶段,即只有工会,共青团和妇联这些官方性的政治社团有所发展。"文革"时期,工会,共青团和妇联均受到强烈冲击,我国仅存的政治社团陷于发展的停滞阶段。改革开放以后,我国政治社团获得较快发展,其背景在于:

第一,社会结构变迁,群体利益分化,是政治社团发展的经济基础。改革开放前,我国实行社会主义计划经济体制和一元化的政治体制,全社会的阶层结构十分简单,主要是两大阶级和一大阶层,即农民阶级、工人阶级,及知识分子阶层。由于对农业、手工业和私营工商业都实行了社会主义改造,社会劳动者的所有制结构也呈现出高度公有化和单一化的性质。改革开放之前,与传统计划经济体制相适应的政治体制,具有典型的全能主义特征,国家权力无所不在,国家职能无所不包,国家以全民或集体的名义实际控制了全部的经济资源和经济组织,国家权力透过人民公社和"单位制"几乎渗透进了全体公民个人的公共和私人生活领域。由此,社会生活中尽管存在不同的身份群体,但在社会主义公有制基础上和高度集中的中央计划经济体制下,社会结构呈现单一性的特征,各社会群体利益呈现出高度的同质性。改革开放以来,通过经济体制改革,形成了以公有制为主体、多种经济成分共同发展的所有制结构,也形成了以按劳分配为主体、多种分配方式并存的分配格局。随着社会主义市场经济体制的建立和不断向纵深推进,新的社会阶层不断涌现,社会阶层的利益分化日益明显,不同层次、不同部门、不同单位乃至不同人群,其利益目标越来越独立,利益边界越来越明晰。我国经济领域的变化和社会阶层的分化,反映在思想领域,人们思想活动的独立性、选择性、多变性、差异性明显增强。就如孙立平教授所说:"市场经济体制逐步替代再分配体制成为中国主导性的经济整合机制,利益分化的过程开始,利益的主体也越来越多元化。因此,中国开始进入利益或利益博弈

的时代。"① 总之，社会主义市场经济的发展，社会结构变迁，使得社会群体利益出现了分化和多样化，人们日益感受到作为社会价值的权威性分配者的政治国家的存在和对人们生活的影响，出于维护和增进自身利益的需要，人们需要依赖各种不同的政治社会团体，由此，导致政治社团的较快发展。

第二，群体共同利益意识的孕育成熟，是政治社团发展的社会基础。各种特殊利益群体的出现，是由社会的经济发展、利益分化和相关政治因素造成的。但他们是否组成政治社会团体，关键取决于它们是否形成了自己群体的共同利益意识，即群体中的人们是否认识到了群体的共同利益和实现共同利益的途径。这是政治社会团体兴起的内在根据。因为，任何一个利益集团中的群体，起初并无自觉的群体共同利益意识，因而缺乏聚合起来的粘合力，其存在形态只能是自在的松散群体。他们一旦真切地意识到自己的个体利益寓于群体共同利益之中，只有聚合起来形成整体力量，才能实现其利益要求时，才会在共同利益意识的指导下，自觉地组织起来，形成为政治社会团体。同样，各个利益群体也只有看到国家在社会利益分配中的地位和作用，认识到只有能影响国家政治过程，方能实现其群体利益时，才会积极介入政治活动，影响国家做出和实施决策的政治过程。

第三，党和政府的支持是政治社团发展的重要条件。较之于欧美资本主义社会的利益集团，我国政治社团的产生与发展具有独特的政治社会生态，也就是党和政府的支持是政治社团发展的重要条件。如中国共产党在完成建党工作以后，非常重视组建新型的政治社团，中国共产主义青年团、中华全国总工会、全国农民协会等，都是在党的支持、帮助、指导下组建起来的。建国以后，1949年8月，中共中央做出《关于组织工商业联合会的指示》。随后，一些大中城市在改组改造旧商会、旧工会、旧同业公会的基础上成立了工商业地方组织。在此基础上，1953年10月中华全国工商业联合会成立。再如，中华全国妇女联合会，中共"二大"后，中共中央设立妇女部；1945年6月，解放区成立了妇女联合会筹备会；1949年3月，中国妇女第一次全国代表大会在北平召开，成立中华全国民主妇女联合会；1957年9月，改称为中华人民共和国妇女联合会；1978年9月，中华人民共和国妇女联合会改称为中华全

---

① 孙立平：《利益关系形成与社会结构变迁》，载《社会》，2008年第3期。

国妇女联合会。建国以后,党和政府始终把工、青、妇组织作为联系群众的桥梁,给予了很大支持。党和政府对科技文化事业发展也十分重视,科协、文联等组织也得到了较为充分的发展。改革开放以来,党和政府更是重视行业组织的建立与发展,个体劳动者协会、私营企业主协会等各种行业协会迅速建立和发展。在社会主义的中国,政治社团既是群众性政治团体,又具有国家政权体系组成部分的身份,这种双重身份,是我国政治社团与欧美资本主义国家利益集团的根本差别。

三、当代中国社会政治社团的基本类型

改革开放带来中国社会的巨大变革,也使我国政治社团的发展呈现出许多新的特点和趋势。大体上,当代中国政治社团可以分为以下三种类型。

第一,经济型政治社团,如工会、工商联即属于经济型政治社团。我国经济型政治社团在改革开放前后的变化比较显著。改革开放之前,我国实行高度集中的计划经济体制,分配上实行统收统支,国家统负盈亏,企业吃国家的"大锅饭",职工吃企业的"大锅饭",由此,各种社会群体在经济利益上的诉求与呼声微乎其微。特别,由于政府以财政拨款的方式支持各种社会团体的发展,使得各种政治社团大都把目光放在经济要求以外的其他要求之上。所以,即使像工会、工商联这样以经济利益为基础建立起来的政治社团,在它们的章程和口号中,经济利益的诉求也是不明显的。但改革开放以来,随着社会结构的变迁,社会不同群体的利益迅速分化,经济型政治社团的性质凸显出来,而且,其他类型政治社团的经济需求也变得明朗起来。如现阶段,我国工会组织的经济利益表达功能逐渐强化,特别是2001年通过的新《工会法》突出了工会的维权职能,明确规定维护职工合法权益是工会的基本职责。而在实践中,一些"三资"企业的工会早已开始有组织地同资方人员谈判以争取和保障职工的合法经济利益。就我国经济型政治社团的发展趋势而言,代表农民群体的经济型政治社团处于孕育之中。代表农民的政治社会团体——农民协会曾经存在过,后来在社会主义改造完成后被解散了。现阶段,随着我国以市场为取向的改革的深化,农协已在酝酿、商讨、吁请和重建之中。如早在20世纪80年代初,时任中共总书记胡耀邦就明确支持湖北省重建农协:"这个事情省委完

全有权作主，反正你不增加编制，不要钱，你省委怎么没有权作主呢？你贫协改成农会，是顺当的事情嘛！是正确的事情嘛！省委决定搞，就可以搞嘛！"①就实践层面来看，2004年6月7日，山西省永济市蒲州镇寨子村的郑冰（女）在市民政局正式注册"永济市蒲州镇农民协会"，这是全国第一个正式注册的农民协会。应该说，改革开放以来，农民群体的利益受损是一个不争的事实。关注农民群体的利益表达困境，也应该是政治社团研究的一个重要内容。

第二，政治型政治社团，如妇联、共青团、青联、学联等均属于政治型政治社团。政治型政治社团的目标主要在于争取成员的政治权利和改善成员的社会地位，如妇联是各界妇女的群众组织，其主要职责是维护妇女儿童权益，动员和教育妇女积极投身社会主义建设事业；青联是以中国共产主义青年团为核心的青年团体的联合组织，基本职责是代表和维护青年的合法权益，促进青年参与和发展。总之，政治型政治社团主要以争取成员的政治权利和改善成员的社会地位为价值目标。

第三，公益型政治社团，如围绕环境问题、生态问题、资源问题等组建起来的政治团体即公益型政治社团。关于政治社团，就广泛意义而言，是具有某种特定利益的人们集合在一起，为了更好地实现和维护自身的利益而影响公共权力与公共政策的社会团体。那么，"以群体利益为标志，可以把政治社团分为两大类型：一类是群体利益型政治社团；一类是公共利益型政治社团。"②群体利益型政治社团以特定群体的利益诉求为主要目标，而公益型政治社团所追求的目标是符合最普遍的社会规范和公共利益，公益型政治社团通常是以共同的信念为纽带连接而成。

四、当代中国社会政治社团的基本特征

我国政治社团既是群众性政治团体，又具有国家政权体系组成部分的身份，这种双重身份，决定了政治社团的基本特征。

---

① 转引自郭圣福：《贫下中农协会述论》，载《中共党史研究》，2005年第6期。
② 王能昌：《论构建和谐社会中的政治社团》，载《南昌大学学报》（人文社会科学版），2009年第6期。

第一,我国政治社团具有层级制的组织架构,同时,在一定程度上存在过度行政化倾向。政治社团是我国政治体系的重要组成部分,在组织建制上,我国政治社团与党政部门类似,按照层级结构,从全国到省、市、县(区)层级式树状结构构建。当然,较之于党政部门,政治社团自成体系的层级式结构,并非严格意义上的层级结构,如妇联组织具有从全国到省、市、县(区)、乡镇建制的层级式结构,但上一级妇联不是下一级妇联组织资源的直接提供者,上级妇联与下级妇联之间只有业务指导和被指导的关系,因为每一级妇联都直接接受上一级党组织的领导和财政拨款,并由党的组织部门决定人事任免。再如工商联按国家行政区划设置全国组织和地方组织,但上级工商联对下级工商联是指导关系。我国政治社团具有层级制的组织架构,但不具有实质性的权力结构。尽管如此,客观地说,目前我国政治社团在一定程度上仍存在过度行政化倾向。即政治社团在组织体制、运行机制和活动模式仍带有浓厚的计划经济体制的烙印,甚至于用行政管理的思路与方式开展组织活动。而新兴政治社团,如行业协会偏重于协助政府机构开展行业管理,政治社团的行政化倾向在一定程度上模糊了政治社团的本质属性,制约了其固有职能的发挥。

第二,各种类型政治社团均有较快发展,但各种类型的政治社团之间发展呈现不平衡性。改革开放以后,伴随市场经济的发展,伴随我国政治民主化的推进,以及政府职能的转变,政治社团发展的自主空间不断扩展。同时,伴随政府职能由直接管理向间接管理、由微观管理向宏观调控转变,各类政治社团逐渐承接政府转移的职能,由此,各种类型政治社团均有较快发展,如工会、共青团、妇联、工商联等传统政治社团职能不断扩展,社会影响不断增强;同时,出现了大量新型政治社团,如个体劳动者协会、私营企业主协会等,它们是具有典型利益诉求的经济型政治社团。现阶段,我国各种类型政治社团均有较快发展,但各种类型的政治社团之间发展呈现不平衡性,表现在,其一政治型政治社团和经济型政治社团发展较快,而公益型政治社团发展相对不够充分;其二各种政治社团拥有的社会资源呈现不平衡态势,传统的政治社团,如工会、妇联、共青团等拥更多可支配的社会资源,而新型政治社团所拥有的社会资源较少。

第三,政治社团的作用和影响力不断彰显,但在一定程度上也存在功能错位现象。在我国政治体系中,政治社团作为党联系各种特定社会群众的桥梁和纽带，发挥着利益表达、政治参与的重要功能。特别是改革开放以来，各种政治社团都获得较为充分的发展，其职能与作用不断延展，如从20世纪80年代末起，全国总工会比较明确地提出"维权"职能，共青团、妇联也积极致力于青少年权益和妇女权益的保护问题。各政治社团推选自己的代表参加各级人民代表大会和政治协商会议，参与国家和地方的决策，承接社会管理的职能，并承担着各自所联系群体的政治教育功能和提升其政治社会化的功能。可以说，政治社团的作用和影响力不断彰显。但我们也应该看到，当代中国正处于社会结构深刻调整，社会利益关系深度重组的巨大转型时期，我国现有的政治社团还未能充分反映日益复杂细化的不同群体的利益诉求，还未能充分发挥其利益综合和有序参与政治过程的固有职能。现阶段，我国政治社团更注重协助党和政府开展相关工作，而对维护和增进其所代表的群体利益重视不够；更注重参与党和国家的各项决策的贯彻与落实，而对能动地影响党和国家作出反映自己群体利益要求，进而促进社会阶层关系、群体关系和谐的工作，研究不够，力度不够，效果也尚不凸显。较之于西方国家政治社团的典型特征，如非政府性、自愿性、独立性、自主性等，我国政治社团还处在一个明显的过渡阶段。

五、当代中国社会主要政治社团概况

中华人民共和国成立以后，从旧社会真正跨入新社会的政治社团仅有中华全国总工会和中国共产主义青年团。随着政治形势和社会发展的变化与需要，新的政治社团相继产生，如1949年3月中华全国妇女联合会成立，1949年5月4日中华全国青年联合会成立，1953年11月12日中华全国工商业联合会成立，1956年10月中华全国归国华侨联合会成立，1958年9月中国科学技术协会成立，1981年12月22日中华全国台湾同胞联谊会成立。以上八大团体在我国政治社会运行中具有独特的地位和作用，首先八大团体基本上包括了除农民以外的主要社会力量，如青年群体、各类职工群体、妇女群体、工商业群体、台胞、侨胞及科技工作者，是中国主要政治社会力量的反映，是群众性团体；其次，八大团体是参加中国人民政治协商会议的人民团体，具有国家政权体系组成部分的身份。因此，它们是当代中国社会具有典型意义的政治社团。

(一) 中国共产主义青年团

中国共产主义青年团是中华全国青年联合会、中国学生联合会、中国青年企业家协会、中国青少年发展基金会等社团的核心组织，在很大程度上是一个社团联盟。根据《中国共产主义青年团章程》（中国共产主义青年团第十六次全国代表大会部分修改，2008年6月13日通过）的规定：是中国共产党领导的先进青年的群众组织，是广大青年在实践中学习中国特色社会主义和共产主义的学校，是中国共产党的助手和后备军。

1. 历史沿革

中国共产主义青年团最初名为中国社会主义青年团。1922年5月，中国社会主义青年团在广州召开第一次全国代表大会，正式成立。1925年1月，在中国社会主义青年团第三次全国代表大会上，改名为中国共产主义青年团。1935年11月，为团结广大青年一致抗日，党中央决定改组共青团，使之成为更广泛的群众性青年抗日救国组织，先后成立了中华民族解放先锋队、青年救国会、青年抗日先锋队等青年抗日救国团体。抗日战争胜利后，为适应新形势和新任务的需要，党中央开始试建新民主主义青年团的工作，1949年4月，中国新民主主义青年团正式成立。1957年5月，中国新民主主义青年团召开第三次全国代表大会，更名为中国共产主义青年团。

"文化大革命"十年，团的工作被迫处于停顿状态。1978年10月，中国共产主义青年团第十次全国代表大会召开；1982年12月，共青团第十一次全国代表大会召开；1988年5月，共青团第十二次全国代表大会召开；1993年5月，共青团第十三次全国代表大会召开；1998年6月，共青团第十四次全国代表大会召开；2003年7月，共青团第十五次全国代表大会召开；2008年6月，共青团第十六次全国代表大会召开；2013年6月，共青团第十七次全国代表大会召开，会议全面总结了过去五年共青团的工作，阐明了当代青年的青春使命和中国青年运动的时代主题，提出了新时期共青团的光荣责任和做好工作的基本要求，对未来五年的共青团工作和建设做出了总体部署。

2. 组织架构

从组织架构来看,中国共产主义青年团由中央机构、直属单位各地方组织组成。中央机构设书记处、办公厅、组织部、宣传部、城市青年部、农村青年部、学校部、少年部、统战部、维护青少年权益部、国际联络部、机关党委等;直属单位包括团中央青年志愿者行动指导中心、中国青年政治学院、中国青少年研究中心、中国青年报社等20个单位;地方组织包括各省、自治区、直辖市团委以及中直机关团工委、中央企业团工委、共青团全国铁道委员会、共青团全国民航委员会、中央国家机关团工委和中央金融团工委。

共青团中央委员会受党中央委员会的领导。共青团的地方各级组织受同级党的委员会领导,同时受共青团上级组织领导。

(二) 中华全国总工会

中华全国总工会,简称全总,是中华人民共和国境内唯一官方全国性工会联合会。中国工会是中国共产党领导的职工自愿结合的工人阶级群众组织,是党联系职工群众的桥梁和纽带,是国家政权的重要社会支柱,是会员和职工权益的代表。

1. 历史沿革

中华全国总工会前身是中国劳动组合书记部,1922年5月1日在广州成立,并召开第一次全国劳动大会。1925年5月,第二次全国劳动大会在广州召开,大会选举产生了全总领导机关,通过了《中华全国总工会总章》,中华全国总工会宣告正式成立。1926年5月,第三次全国劳动大会在广州召开。1927年6月第四次全国劳动大会在汉口召开。1929年11月在上海秘密召开第五次全国劳动大会。

抗日战争时期,工会一部分人在敌后领导抗日运动,参加游击战争,另一部分人则到国民党统治区与中国劳动协会联合,进行合法运动。1937年底,中共中央成立中央职工运动委员会。解放战争时期，各解放区都建立了工会组织，1945年5月成立了中国解放区职工联合会筹备委员会。

1948年8月，第六次全国劳动大会在哈尔滨召开，大会决定恢复中华全国总工会，并通过了新的《中华全国总工会章程》。1949年5月，全总六届三次执委会议决定，从第七次全国劳动大会起，将全国劳动大会改称为中国工会全国代表大会。1953年5月，中国工会第七次全国代表大会在北京召开。1957年12月，中国工会第八次全国代表大会在北京召开。

1966年5月，"文化大革命"开始后，全总及其所属各级工会组织遭到了严重的冲击、破坏。1967年1月，中共中央政治局决定停止全总作为全国工会领导机关的活动。1973年起，根据中共中央关于整顿健全工会的通知，先后恢复了各省、自治区、直辖市及其以下各级工会组织和活动。1977年11月，在全总机关建立了领导小组，逐步恢复了全总与各产业和地方工会的联系，并为召开中国工会第九次全国代表大会作准备。

1978年10月，中国工会第九次全国代表大会在北京召开。从此，工会工作全面恢复，中国工会工作进入了新的阶段。1983年10月，中国工会第十次全国代表大会在北京召开，通过了《中国工会章程》。1988年10月，中国工会第十一次全国代表大会在北京召开。1993年10月，中国工会第十二次全国代表大会在北京召开。1998年10月，中国工会第十三次全国代表大会在北京召开。2003年9月，中国工会第十四次全国代表大会在北京召开，大会通过了《中国工会章程（修正案）》。2008年10月，中国工会第十五次全国代表大会在北京召开，修改后的《中国工会章程》经全体代表审议通过。2013年10月，中国工会第十六次全国代表大会在北京召开，大会牢牢把握为实现中国梦而奋斗这个我国工人运动的时代主题，选举产生了中华全国总工会新一届领导机构，讨论通过了《中国工会章程（修正案）》，明确了激发广大职工创造活力，为全面深化改革、推动科学发展、加快转变经济发展方式再立新功；引导广大职工积极践行社会主义核心价值观，汇聚起为实现中国梦奋斗的正能量；切实维护和发展职工权益，构建服务职工工作体系；大力发展和谐劳动关系，促进社会主义和谐社会建设；不断强化源头参与和制度创新，增强工会工作的法制基础和制度保障；积极加强和改进工会自身建设，打造深受职工群众信赖的"职工之家"等工会工作的主要任务。

2. 组织架构

中国工会的组织体制，是在中华全国总工会的统一领导下，分别建立地方工会和产业工会两大组织系统。

中华全国总工会是我国工会的最高领导机关，在国际活动中代表中国工会组织。中华全国总工会执行委员会由中国工会全国代表大会选举产生，是中国工会全国代表大会执行机构。执行委员会在全国代表大会闭会期间，负责贯彻执行大会的决议，领导全国工会工作。在中华全国总工会执行委员会全体会议闭会期间，由主席团行使执行委员会的职权，主席团下设书记处，主持全国总工会日常工作。

地方各级工会代表大会是地方各级总工会的权力机构。各级地方总工会委员会，在代表大会闭会期间，执行上级工会的决定和同级工会代表大会的决议，领导本地区的工会工作。

目前，我国各级地方工会组织的建立与国家行政区划相统一，分为三级：省、直辖市、自治区总工会；省辖市、自治州总工会或省、自治区地区工会办事处；县（市）、旗总工会。在一些经济发达地区，已经出现了乡镇工会、城市街道工会。乡镇、街道工会具有地方工会和基层工会双重职能，在当前私营企业、外资企业和乡镇企业工会组织不健全、工会还比较薄弱的情况下，乡镇、街道工会更多地发挥基层工会的作用，直接承担和处理新建企业工会难以承担的工作以及遇到的矛盾和问题。产业工会是按照产业系统建立起来的工会组织。产业工会的设置主要分为全国产业工会和地方各级产业工会。目前共有10个全国产业工会，各级地方产业工会组织的设置，由同级地方总工会根据本地区的实际情况确定。中国工会受同级共产党委员会和它的上级工会的双重领导，以同级共产党委员会领导为主。

（三）中华全国妇女联合会

中华全国妇女联合会简称全国妇联，是全国各族各界妇女在中国共产党领导下为争取进一步解放而联合起来的社会群众团体，是党和政府联系妇女群众的桥梁和纽带，是国家政权的重要社会支柱。

1. 历史沿革

中华全国妇女联合会成立于1949年3月，原名为中华全国民主妇女联合会，1957年改名为中华人民共和国妇女联合会，1978年又改名为中华全国妇女联合会。

1949年3月，中国妇女第一次全国代表大会在北平召开，大会通过了《中国妇女运动当前任务的决议》和《中华全国民主妇女联合会章程》，宣告中华全国民主妇女联合会（简称全国民主妇联）正式成立。1953年4月，中国妇女第二次全国代表大会在北京召开，大会根据中央指示，决定成立妇联书记处。大会通过了《关于今后全国妇女运动任务的决议》和《中华全国民主妇女联合会章程》。1957年9月，中国妇女第三次全国代表大会在北京召开。会议通过了《勤俭建国、勤俭持家，为建设社会主义而奋斗》报告的决议和《中华人民共和国全国妇女联合会章程》的决议。根据章程规定，全国民主妇联改名为中华人民共和国全国妇女联合会，简称全国妇联。1968年，全国妇联停止了业务活动。

1978年9月，中国妇女第四次全国代表大会在北京召开。会议通过了《中国妇女第四全国代表大会关于工作报告的决议》和《中华全国妇女联合会章程》。1979年3月，全国妇联第四届第二次常委扩大会议召开，会议讨论了各级妇联如何进一步贯彻党的十一届三中会精神，把妇女工作重点转移到社会主义现代化建设上来，讨论通过了《紧跟党的工作着重点的转移做好妇女工作》和《关于妇联组织密切联系群众加强信访工作的意见》，会议要求在实现新时期党的工作着重点转移的各项工作中，各级妇联组织必须对广大妇女加强自力更生、艰苦奋斗、勤俭节约的教育，在学习外国先进技术的同时，必须抵制形形色色的资本主义思想，发扬社会主义的道德风尚。

1983年9月，中国妇女第五次全国代表大会在北京召开，康克清主席作了题为《奋发自强、开创妇女运动新局面》的报告，会议通过了《奋发自强、开创妇女运动新局面》报告的决议。1984年11月，全国妇联第五届第三次执委会议召开。会议通过了《投身改革、奋发自强，在实现"七五"计划中充分发挥半边天的作用》的决议。

1988年9月，中国妇女第六次全国代表大会在北京隆重召开。全国妇联副主席、第一书记张帼英代表全国妇联五届执委会向大会作《自尊、自信、自立、自强，为争取改革攻坚阶段的胜利建功立业》的工作报告。大会通过了《关于工作报告的决议》、《修改全国妇联章程的决议》。1993年9月，中国妇女第七次全国代表大会在北京召开。会议通过了关于中国妇女第七次全国代表大会报告的决议和《中华全国妇女联合会章程》（修正案）的决议。1998年8月，中国妇女第八次全国代表大会在北京举行。会议审议并通过了由全国妇联副主席、书记处第一书记顾秀莲代表全国妇联第七届执委会所做的工作报告和全国妇联章程修正案。

2003年8月，中国妇女第九次全国代表大会在北京举行。大会通过了《关于中华全国妇女联合会第八届执行委员会报告的决议》；通过了《关于〈中华全国妇女联合会章程（修正案）〉的决议》。顾秀莲主席在闭幕词中要求全国各族各界妇女响应这次大会发出的"创造新岗位，创造新业绩，创造新生活"的号召，自觉把个人理想融入到全国各族人民建设中国特色社会主义的共同理想之中，以更加昂扬的精神状态投身全面建设小康社会的伟大实践。她要求各级妇联组织把引导妇女参与"三创"与深化"三大主体活动"、创新"四项工程"有机结合起来，为妇女在更大范围、更高层次、更广领域参与"三创"提供服务，搭建平台，开辟道路。

2008年10月，中国妇女第十次全国代表大会在北京举行。会议通过了关于中华全国妇女联合会第九届执行委员会报告的决议，通过了关于《中华全国妇女联合会章程（修正案）》的决议，决定这一修正案自通过之日起生效。大会号召全国各族各界妇女和各级妇联组织全面贯彻党的十七大精神，高举中国特色社会主义伟大旗帜，以邓小平理论和"三个代表"重要思想为指导，深入贯彻落实科学发展观，解放思想、开拓创新、求真务实，团结动员全国各族各界妇女为夺取全面建设小康社会新胜利而奋斗。新当选的全国妇联主席陈至立要求全国广大妇女响应大会"共促科学发展，共建和谐社会，共创美好生活"的号召，进一步解放思想、与时俱进、开拓创新，为夺取全面建设小康社会的新胜利、不断开创我国妇女事业新局面而努力奋斗。

2013年10月，中国妇女第十一次全国代表大会在北京举行。大会选举产生了新一届妇联执行委员会，通过了《中华全国妇女联合会章程（修正案）》，会议确立了"巾帼建新功、共筑中国梦"的妇联工作主题，强调要从妇联职能和优势出发,积极探索促进男女平等基本国策得到更好落实、妇女合法权益得到更好保障的途径和机制,要以更大力度建设"坚强阵地"和"温暖之家",为妇女平等依法行使民主权利畅通渠道、为妇女平等参与经济社会发展拓展平台、为妇女平等享有改革发展成果提供服务。

2. 组织架构

中华全国妇女联合会的最高权力机构是全国妇女代表大会和它所产生的中华全国妇女联合会执行委员会。全国妇女代表大会闭会期间,中华全国妇女联合会执行委员会贯彻执行全国妇女代表大会的决议,讨论并决定妇女工作中的重大问题和人事安排事项。

妇女联合会实行地方组织和团体会员相结合的组织制度。妇女联合会按照国家的行政区划建立地方各级组织。地方各级妇女联合会的领导机构是地方各级妇女代表大会和它所产生的执行委员会。地方各级妇女联合会执行委员会在妇女代表大会闭会期间,执行上级妇女联合会的决定和同级妇女代表大会的决议,定期向上级妇女联合会报告工作,讨论并决定本地区妇女工作的重大问题。

妇女联合会在乡镇、街道社区设立基层组织。乡镇、街道社区妇女联合会的领导机构是妇女代表大会和它所产生的执行委员会;机关和教科文卫等事业单位、社会组织建立妇女委员会或妇女工作委员会。同时,妇女联合会还有团体会员,企业基层工会女职工委员会及其以上各级工会女职工委员会均是妇女联合会的团体会员;凡在民政部门注册登记的以女性为主体会员的各类为社会、为妇女服务的社会团体,也可作为妇女联合会的团体会员。

(四) 中华全国青年联合会

中华全国青年联合会简称全国青联,是中国共产党领导下的我国基本人民团体之一,是以中国共产主义青年团为核心力量的各青年团体的联合组织,是我国各族各界青年广泛的爱国统一战线组织。

1. 历史沿革

中华全国青年联合会成立于1949年5月4日成立。1949年5月4日,在中华人民共和国即将成立的前夕，标志着全国各族各界青年大团结的中华全国第一次青年代表大会在北京隆重召开。会上，廖承志作了题为《中国青年基本任务》的报告。大会正式宣告中华全国民主青年联合总会诞生。大会还发表了《宣言》，指出："全国青联把全国一切反对帝国主义、封建主义和官僚资本主义的爱国青年，不分阶级、党派、政治信仰、宗教信仰、民族、职业和性别的差异、紧紧的团结起来，为着将中国人民大革命进行到底，将农业的中国建设成为工业化的新民主主义的新中国。"会议通过了全国青联章程，选举出中华全国民族青年联合总会第一届委员会。

1953年6月10日，中华全国第二次青年代表大会在北京中南海怀仁堂召开。会上，廖承志作了题为《为保卫祖国和建设祖国而奋斗》的工作报告。会议修改通过了新的全国青联章程，将中华全国民主青年联合总会更名为中华全国民主青年联合会。

1958年4月，中华全国第三次青年代表大会在北京召开。会上，刘西元作了题为《鼓足干劲，力争上游，在社会主义大跃进中起先锋作用》的工作报告。大会修改通过了新的全国青联章程，将中华全国民主青年联合会更名为中华全国青年联合会。

1962年4月，全国青联第四届委员会第一次全体会议在北京召开；1965年1月，全国青联第四届委员会第二次全体会议在北京召开。会议修改通过了全国青联章程，重新改选了第四届全国青联领导机构。

1979年5月，全国青联第五届委员会第一次全体会议在北京召开。会上，胡启立作了题为《胸怀祖国，献身四化》的工作报告，会议修改通过了新的全国青联章程。以此次会议为标志，宣告了全国青联因"文革"中断工作十多年之后又重新恢复了工作。1981年8月7日，全国青联第五届委员会第二次全体会议在北京召开。

1983年8月，全国青联第六届委员会第一次全体会议在北京召开。会上，克尤木·巴吾东作了题为《团结各族各界青年，为祖国统一和繁荣昌盛贡献青春》的工作报告，会议修改通过了新的全国青联章程，1986年6月30日，全国青联第六届委员会第二次全体会议在北京召开。会议提出了"立足国内，面向海外，面向青年，面向未来，团结海内外中华青年，为祖国早日完成统一和繁荣富强而服务"的思想。

1990年8月，全国青联第七届委员会第一次全体会议在北京中南海怀仁堂召开。刘延东作了题为《团结一切爱国爱社会主义中华青年，为社会的稳定发展和祖国的繁荣统一而奋斗》的工作报告。会议进一步明确了今后的工作指导思想：在爱国主义、社会主义的旗帜下，最广泛地团结海内海外、各族各界中华青年，为中国青年的健康成长和奋发成材，为中国社会的稳定、进步和祖国的繁荣、统一，为世界的和平、发展而努力奋斗。

1995年7月，全国青联八届一次全委会北京人民大会堂召开。刘鹏作了题为《在跨世纪的历史进程中，团结一切爱国爱社会主义的中华青年为祖国的繁荣统一而奋斗》的工作报告。会议修改通过了新的全国青联章程。1996年1月4日，全国青联八届二次常委会在北京举行。会议决定建立全国青联界别工作委员会，决定成立青联之友联谊会。2000年1月8日，全国青联八届六次常委（扩大）会议在西安召开。会议发出《积极参与西部大开发，为早日实现全国的现代化作贡献》的倡议。

2000年7月，全国青联九届一次全委会在北京人民大会堂召开。巴音朝鲁作了题为《坚持爱国团结进步，为新世纪中华民族的伟大复兴而奋斗》的工作报告。会议修改通过了新的全国青联章程。

2005年7月，全国青联十届一次全委会在北京人民大会堂召开，赵勇作了题为《奏响团结、创新、奉献、合作的青春旋律，为实现中华民族伟大复兴而奋斗》的工作报告。2007年1月24日，全国青联十届三次常委（扩大）会议在京召开，会议审议通过了《关于进一步加强青联委员队伍建设的工作举措》。

2010年8月，全国青联第十一届委员会全体会议在北京人民大会堂开幕，王晓作了题为《增进共同理想信念、凝聚青年智慧力量，在实现中华民族伟大复兴的历史进程中创造新的青春业绩》的工作报告。号召各级青联组织和青联委员坚持服务党和国家工作大局，增进共同理想信念，在发展中国特色社会主义事业的伟大进程中创造新的青春业绩。

2. 组织架构

全国青联实行团体会员制，现有团体会员55个，其中全国性团体会员19个，地方性团体会员36个，有委员1405名。全国青联共有17个界别构成，分别是：科学技术界别、教育界别、农业界别、社会科学界别、经济界别、金融界别、政法界别、文化艺术界别、新闻出版界别、体育界别、医药卫生界别、社会中介界别、宗教界别、海外学人华侨界别、公共管理界别、青少年工作界别、台胞和港澳特邀人士界别。

全国青联成立至今已历经十一届，其沿革由代表大会制改为委员会制。全国青联的最高领导机关是全国委员会，每届任期5年。全国委员会闭会期间，由常务委员会主持会务。

（五）中华全国工商业联合会

中华全国工商业联合会，简称全国工商联，又称为中国民间商会，是中国共产党领导的中国工商界组成的人民团体和商会组织，是党和政府联系非公有制经济人士的桥梁与纽带，是政府管理非公有制经济的助手。

1. 历史沿革

1949年，工商界作为一个方面参加了中国人民政治协商会议筹备会和第一届政协全体会议。1951年10月，周恩来总理在全国政协一届三次会议的《政治报告》中提出成立工商业联合会，1952年8月，中华人民共和国中央人民政府政务院发布《工商业联合会组织通则》，规定了工商联的组织构成和基本任务。1953年10月23日，第一届全国工商联代表大会召开，宣告中华全国工商业联合会正式成立。大会通过决议：拥护国家在过渡时期的总路线和对私营工商业所采取的利用、限制和改造的政策；号召全国私营工商业者必须积极经营有利于国计民生的事业，接受人民政府的管理、国营经济的领导和工人群众的监督，以适应国家社会主义改造的要求。会议还通过了中华全国工商业联合会章程。

1956年12月，第二届全国工商联代表大会召开；1959年12月，第三届全国工商联代表大会召开。这两次会议的中心都是推动会员进行自我教育和自我改造，发挥经营管理和生产技术专长，为社会主义建设服务。

1979年10月，第四届全国工商联代表大会召开；1983年11月，第五届全国工商联代表大会召开。这两次会议的主体是明确新时期工商联的任务：团结和组织全体会员为实现社会主义现代化，为台湾回归祖国，为加强同台湾同胞、港澳同胞和海外侨胞的联系和增进同各国人民的友谊，推动会员积极参加改革、开放而贡献力量。两次会议均对中华全国工商业联合会章程进行了修订。

1988年11月，全国工商联召开第六届会员代表大会，进一步明确了新时期工商联是统一战线组织和对内对外的民间商会。它的主要特征是统战性、民间性和经济性的统一，具体体现为：广泛联系、团结海内外工商业界，发挥政府与企业之间的桥梁作用，在维护全国人民总体利益的前提下，代表工商业界的合法权益；参与国家大政方针、重大经济和社会决策的协商，特别是对经济方针、政策、法律、法规的制定和执行；反映会员的意见和建议，发挥民主监督职能；举荐人才参加国家政权机关，参加人民政协的活动；向会员和社会提供经济、技术、法律等服务和进行政治思想教育，促进振兴中华、统一祖国大业的发展。

1993年10月，第七届全国工商联代表大会召开。这次会员代表大会的任务是：学习贯彻邓小平同志建设有中国特色社会主义理论和中共十四大精神；进一步贯彻中共中央关于新时期工商联做非公有制经济代表人士工作的方针，探讨工商联在建立社会主义市场经济体制中的作用。会议审议通过了新的中国工商业联合会章程。

1997年11月，第八届全国工商联代表大会召开。这次代表大会的主题是：高举邓小平理论伟大旗帜，学习、贯彻中共十五大精神，在回顾总结过去四年工作的基础上，进一步加深对工商联性质、地位、作用的认识，明确工商联的职能，研究部署今后五年的工作，在中国共产党领导下，广泛团结工商界人士，肩负起鼓励和引导非公有制经济健康发展的历史使命，抓住历史机遇，不断开拓进取，在跨世纪的伟大进程中，作出工商联应有的贡献。会议讨论并通过了新的中国工商业联合会章程。

2002年11月，第九届全国工商联代表大会召开。大会的主题是学习邓小平理论、"三个代表"重要思想，学习贯彻中共十六大精神，以勇于实践、勇于创新、勇于争先的精神风貌，进一步团结带领广大会员开创中国特色社会主义事业新局面。会议审议通过《中国工商业联合会章程》（修正案）。

2007年11月，中华全国工商业联合会第十次会员代表大会召开。会议指出今后五年工商联工作的总体要求是：深入学习贯彻党的十七大精神，始终坚持统战性、经济性、民间性统一，充分发挥职能作用，大力推进工作创新。会议审议通过了《中国工商业联合会章程（修改草案）》，修改后的章程提出"引导会员按照科学发展观的要求，转变生产经营方式，加强能源资源节约，重视生态环境保护，建立和谐劳动关系"等新要求。

2012年12月，中华全国工商业联合会召开第十一次会员代表大会，会议通过了《中华全国工商业联合会第十一次会员代表大会关于〈中华全国工商业联合会章程（修改草案）〉的决议》，会议强调了坚持围绕中心服务大局，坚持改革创新主动作为，坚持面向基层重心下移，充分发挥在非公有制经济人士思想政治工作中的引导作用，在非公有制经济人士参与国家政治生活和社会事务中的重要作用，在政府管理和服务非公有制经济发展中的助手作用，在行业协会商会改革发展中的促进作用，在构建和谐劳动关系、加强和创新社会管理中的协同作用，不断提升工商联服务科学发展和自身科学发展的能力和水平的工作主题。

2. 组织架构

中华全国工商业联合会成立初期，是以私营工商业为主体，国营企业和合作社、公私合营企业等各类工商业者参加的一个重要的人民团体。改革开放后，伴随着非公有制经济的兴起和发展，工商联的成员主体为非公有制企业和非公有制经济人士。

工商联按国家行政区划设置组织：全国工商联为全国组织；省、市、县三级工商联为地方组织；在街道、社区、乡镇等设置的工商联组织为基层组织。县工商联既为地方组织又为基层组织。工商联按行业设立行业商会等行业组织。截至2013年底，全国工商联共有县级（含县级）以上组织3381个，工商联所属商会组织32525个，已形成覆盖全国的组织网络。

工商联会员分为企业会员、团体会员和个人会员；地方各级工商联的会员，同时也是上一级工商联的会员。截至2013年底，全国工商联共有会员362万多个，其中企业会员185万多个，团体会员4万多个，个人会员173万多个。

（六）中国科学技术协会

中国科学技术协会是中国科学技术工作者的群众组织，是中国共产党领导下的人民团体，是党和政府联系科学技术工作者的桥梁和纽带，是国家推动科学技术事业发展的重要力量。

中国科协是中国人民政治协商会议第一届到第四届的组成单位。"文革"时期，中国科协被迫停止一切活动，与全国政协的联系也因而中断。1991年1月，全国政协七届十二次常委会议决定，恢复中国科协为全国政协组成单位。目前，中国科协是国家科教工作领导小组、中央精神文明建设指导委员会和中央人才工作协调小组成员单位。

1. 历史沿革

中华人民共和国成立前夕，党中央为团结科技工作者，为新中国建设事业贡献力量，邀请科技界派代表参加中国人民政治协商会议，批准由中国科学社、中华自然科学社、中国科学工作者协会和东北自然科学研究会等4个科学团体共同发起，筹备召开中华全国自然科学工作者代表会议（简称科代会）。1949年7月，科代会筹备会议在北平召开；1950年8月，科代会在北京举行，决定成立中华全国自然科学专门学会联合会（简称全国科联）和中华全国科学技术普及协会（简称全国科普）。1958年9月，全国科联和全国科普合并，正式成立全国科技工作者的统一组织——中国科学技术协会。

1980年3月，中国科协第二次全国代表大会召开。大会的中心任务是：贯彻中共十一届三中全会以来的路线、方针、政策，动员全国科技工作者在中国共产党的领导下，更紧密地团结起来，同心同德，群策群力，为实现科学技术现代化，为把中国建设成现代化的社会主义强国而奋斗。这次大会距1958年召开的科协第一次全国代表大会有22年。周培源代表中科协第一届全国委员会作了题为《同心同德，鼓足干劲，为实现我国科学技术现代化而奋斗》的工作报告。这次大会通过的《章程》将中国科协第一次全国代表大会时的定名中华人民共和国科学技术协会改为中国科学技术协会（简称仍为中国科协）。

1986年6月，中国科协第三次全国代表大会召开。这次大会的中心任务是：动员全国各族科技工作者，团结奋斗，投身改革，为"七五"计划贡献才智。周培源代表中国科协第二届全国委员会向大会作了题为《团结奋斗，为实现"七五"计划贡献才智》的工作报告。大会修改通过了《中国科学技术协会章程》。

1991年5月，中国科协第四次全国代表大会召开。这次大会的中心任务是：动员全国各族科技工作者，肩负起90年代的历史重任，为实现十年规划和"八五"计划贡献才智，为科技兴国建功立业。钱学森代表中国科协三届全国委员会作了题为《90年代中国科技工作者的历史责任》的工作报告。大会修改通过了《中国科学技术协会章程》。

1996年5月，中国科协第五次全国代表大会召开。这次大会的中心任务是为实现"九五"计划和2010年远景目标而奋斗。大会修改通过了《中国科学技术协会章程》。

2001年6月，中国科协第六次全国代表大会召开。大会的中心任务是：高举邓小平理论伟大旗帜，团结和动员广大科技工作者，努力实践"三个代表"的重要思想，积极投身科教兴国事业，为完成"十五"计划，加快推进改革开放和社会主义现代化建设而努力奋斗。会议修改通过了《中国科学技术协会章程》。

2006年5月，中国科协第七次全国代表大会召开。大会的主题是：团结动员广大科技工作者，立足科学发展，着力自主创新，提升全民科学素质，建设创新型国家，为实现中华民族的伟大复兴而努力奋斗。会议修改通过了《中国科学技术协会章程》。

2011年5月，中国科协第八次全国代表大会召开，大会的主题是高举中国特色社会主义伟大旗帜，团结带领广大科技工作者，为加快建设创新型国家、全面建成小康社会而努力奋斗。会议修改通过了《中国科学技术协会章程》，确立了以推动国家科技事业发展为着力点，以增强服务能力为立足点科协工作总思路。

2. 组织架构

中国科学技术协会的领导机构是全国代表大会和它选举产生的全国委员

会，全国委员会闭会期间，常务委员会领导中国科学技术协会的工作。

中国科学技术协会由全国学会、协会、研究会和地方科学技术协会组成。截止2011年，中国科协主管的全国学会共198个，其中中国科协团体会员有181个。地方科协则由同级学会和下一级科协及基层组织组成。目前，我国省、自治区、直辖市科协，市（地）科协和县科协，总计3141个。各学会按照"为经济社会发展服务，为提高全民科学素质服务，为科技工作者服务，加强自身建设"的总体要求，日益成为我国国家创新体系的重要组成部分和推动社会管理体制创新的重要力量。

（七）中华全国台湾同胞联谊会

中华全国台湾同胞联谊会，简称全国台联，是台湾各族同胞的爱国民众团体，是党和政府联系台湾同胞的桥梁和纽带。

中华全国台湾同胞联谊会于1981年12月22日在北京成立。全国台湾同胞代表会议是中华全国台湾同胞联谊会的最高权力机构。目前，祖国大陆除西藏以外的30个省、自治区、直辖市和台胞比较集中的地、市和县都相继建立了地方台联。地方各级台湾同胞联谊会的权力机构是地方各级台湾同胞代表会议，地方各级台湾同胞联谊会参照中华全国台湾同胞联谊会章程进行工作，并接受上级台湾同胞联谊会的业务指导。

（八）中华全国归国华侨联合会

中华全国归国华侨联合会，简称中国侨联，是中国共产党领导的由全国归侨、侨眷组成的全国性人民团体，是党和政府联系广大归侨、侨眷和海外侨胞的桥梁和纽带。

中华全国归国华侨联合会的前身是延安华侨救国联合会和全国侨联筹委会。早在1912年，我国第一个侨联组织——华侨联合会在上海宣告成立。抗日战争时期，延安、重庆、上海、昆明等地的归国华侨，纷纷成立华侨联合会等群众组织支援祖国抗战。1937年7月成立了华侨留延（安）办事处。1940年9月，由华侨留延（安）办事处发起，召开延安华侨第一次代表大会，成立延安华侨救国联合会。1948年，延安侨联为选举参加中国人民政治协商会议代表召开会议,会上决定改延安华侨联合会为中国解放区归国华侨联合会。1956年6月,中央人民政府华侨事务委员会第四次(扩大)会议做出决定成立中华全国归国华侨联合会筹委会,1956年10月,中华全国归国华侨联合会正式成立。

中国侨联的最高领导机关是全国归侨、侨眷代表大会及其选举产生的中国侨联委员会,地方各级侨联的领导机关是地方归侨、侨眷代表大会及其选举产生的委员会。地方各级侨联受同级党委政府领导,接受上一级侨联的指导。

六、本课题研究案例的选取

由上,在我国政治体系中,中国共产主义青年团、中华全国总工会、中华全国妇女联合会、中华全国青年联合会、中华全国工商业联合会、中华全国归国华侨联合会、中国科学技术协会、中华全国台湾同胞联谊会是参加中国人民政治协商会议的人民团体,具有国家政权体系组成部分的身份,是具有典型特征的政治社团。本研究从以上八个代表性政治社团中,选取中华全国总工会、中华全国妇女联合会、中华全国工商业联合会作为研究案例,从中探寻政治社团在我国民主政治建设中的职能发挥、存在问题及发展路径。

第四章　工会组织与我国民主政治建设

中国工会是中国共产党领导的职工自愿结合的工人阶级群众组织，是党联系职工群众的桥梁和纽带，是国家政权的重要社会支柱，是会员和职工利益的代表。中国工会组织伴随工人运动而孕育和发展。1920年11月21日成立的上海机器工会，是中国共产主义小组领导下的第一个革命工会组织。1921年8月11日，中共中央在上海建立中国劳动组合书记部，作为党公开领导全国工人运动的总机关，并于1922年5月组织召开了第一次全国劳动大会。在新民主主义革命时期，中国工会在党的领导下，根据中国社会的性质确定工人运动的任务，为建立新中国立下了不朽的功勋。新中国成立后，工人阶级成为国家的领导阶级，工会组织随之成为国家政治体系的组成部分，从而实现了中国工会发展史上的第一次历史性转变。"文革"时期，工会组织陷入瘫痪状态。1978年，中国工会"九大"前后，工会组织从"十年"动乱中开始恢复重建；工会"十四大"提出了"组织起来、切实维权"的工会工作方针，标志着工会发展的第二次重要转折。现阶段，伴随我国经济社会的快速发展和政治民主化的不断推进，工会组织的地位更加巩固，政治社会影响力不断提升。

一、中国工会职能发挥的历史透视及现状分析

中国工会是伴随中国工人运动逐渐孕育的。1851年成立的广州打包工人联合会是我国最早的工人联合组织。民国政府时期，各地各行各业成立了诸如产业工会、职业工会等工会组织。这些工会都为维护劳工经济利益作出过积极努力和有益贡献，许多工会还踊跃参加反帝抗日的统一斗争行动。

中国工人阶级产生于19世纪40年代，多由农村中的破产农民及城市贫民组成。在其产生之初，由于人数较少，力量分散，几乎未引起世人的注意。清政府在制定各种法律时，亦将"雇工与奴婢同等对待"①。这也就是说，当时的工人并不具有独立的法律身份或地位。随着西方各国相继完成工业革命，工人阶级的力量不仅引发了西方学者的高度关注，亦引起中国思想界的注意。康有为在其《大同书》中指出："近年工人联党之事，挟制业主，腾跃于欧美，今不过萌蘖耳。又工党之结联，后此必愈甚，恐或酿铁血之祸，其争不在强弱之国，而在贫富之群矣，从此百年，全地注目者必在于此。"②而以刘师复、江亢虎等为代表的无政府主义者更成为了中国工人运动的拓荒者了，其创办《天义》、《新世纪》等刊物都以宣扬工人罢工革命及报道各国工人罢工斗争为主。

民国初年，刘师复、江亢虎等人还分别组织了自称代表中国工人阶级利益的政党。虽然，这些党派在宣扬无产阶级革命、工人运动等方面起到了一定作用，但不可否认的是他们在组织、发动工人之时，始终将劳工看作一群需要社会精英或者知识分子领导的"乌合之众"。但尽管如此，在精英知识分子的推动下，各种工会组织仍然在当时纷纷出现。虽然，这些工会既带有明显的封建行会特质，又蕴藏着现代工会的影子。但却顺应了历史发展的潮流，尤为重要的是，"它们是对中国封建统治者长期以来禁止工人结社、集会、言论和出版自由的挑战与冲击，孕育了真正意义上的现代工会的诞生"③。

中国具有现代意义的工会组织是在1919年五四运动之后正式出现的，而工会组织的发展壮大则是与中国人民的革命斗争紧密结合在一起，并在中国共产党领导下得到蓬勃发展的。中国共产党一成立，即开始积极领导工人运动。1920年11月，在上海共产主义小组领导下，建立了中国第一个真正具有阶级性和群众性的工会组织——上海机器工会。它与当时其他的劳工团体具有根本不同的性质。之后，又相继建立了上海印刷工会、纺织工会和烟草工会等。1921年5月1日成立的长辛店铁路工人俱乐部是中国第一个按照产业原则建

---

① 《核订现行刑律》，《大清法规大全》，考正出版社，1972年，第3442页。
② 康有为：《大同书》，辽宁人民出版社，1994年，第275页。
③ 王永玺等：《简明中国工会史》，中国工人出版社，2005年，第7页。

立的工会。1921年7月，中国共产党正式成立。有了中国共产党的领导，中国工会运动开始了新的发展历程。1921年7月，在中国共产党成立不久，就成立了中国劳动组合书记部，作为全国工会的通信联络机关。1922年5月，中国劳动组合书记部在广州召开第一次全国劳动大会，确定筹备全国性工会组织。1925年5月1日，第二次全国劳动大会在广州召开，大会选举产生了全总领导机关，林伟民当选为委员长，并通过了《中华全国总工会总章》，中华全国总工会宣告正式成立，标志着全国统一的工会组织由此建立。工会成立90年来，其组织发展与功能发挥大致可以分为四个阶段。

第一阶段：中国共产党建党至新中国成立（1921—1949年），中国工会承担着组织工人开展阶级斗争的任务，工会组织具有鲜明的政治属性。

在当代中国历史上，五四运动标志着中国旧民主主义革命的结束和新民主主义革命的开端。也正是经过五四运动，工人阶级独立地登上了中国的政治舞台。五四运动之后，20世纪20年代，中国产业工人已达260万人，还有近2000万的手工业工人，共同构成了中国近代工人阶级队伍。而中国共产党一成立，即开始积极领导工人运动。从中国共产党建党至新中国成立前夕，中国工会在中国共产党的直接领导下，担负着组织工人进行阶级斗争的任务，成为党最具活力的外围组织之一。

1922年5月1日，在中国共产党领导工人运动的公开机构中国劳动组合书记部的召集下，召开了有共产党、国民党和无政府主义等政治派别工会代表参加的第一次全国劳动大会。这次大会接受了共产党提出的"打倒帝国主义"、"打倒军阀"的政治纲领。会议通过了《罢工援助案》、《八小时工作制案》、《全国总工会组织原则决议案》等10项决议案，通过了《第一次全国劳动大会宣言》。《宣言》阐述了工人阶级的处境和工人运动的发展方向，并强调工人阶级要联合起来。

1925年5月，由中华海员工业联合会、汉冶萍总工会、全国铁路总工会、广州工人代表会共同发起，在广州召开了第二次全国劳动大会。这次劳动大会最为重要的成果之一就是通过了《中华全国总工会总章》，选举产生了第一届执行委员会，正式成立了中华全国总工会。从此，它成为中国工人阶级和工会团结统一的代表和象征。

中华全国总工会筹备及成立之后，先后推动了上海日纱厂罢工、青岛日纱厂罢工,特别是参加领导了震惊世界的五卅运动和省港大罢工,工会组织在工人运动中的政治社会影响力逐渐扩大。

1926年5月,在广州召开第三次全国劳动大会。大会通过了《关于中国职工运动的发展及其在国民运动中之地位执行的决议》、《劳动法大纲决议案》等30多个文件。大会号召全国工人阶级、全国699个总会和分会积极行动起来,为迎接和支援北阀战争的胜利进军做好准备。第三次全国劳动大会期间,各地工会组织迅猛发展,工人运动空前高涨,工会组织在中国共产党的领导下,掀起反帝爱国、收回租界的英勇斗争和推翻封建军阀统治的武装起义,达到了大革命高潮中工人运动的顶点。至1926年6月,全国已有工会组织563个,会员人数达116.88万人。

1927年"四·一二"反革命政变及国共第一次大革命的失败使工会组织遭受了巨大损失,中华全国总工会及其所属各地方产业工会转入地下。1927年6月,第四次全国劳动大会在汉口召开。大会的中心任务是动员和组织工人阶级团结各阶层人民,反对帝国主义的破坏和国民党右派的政变,以挽救革命。会议通过了《政治报告决议案》、《国民革命的前途和工会的任务》、《女工问题决议案》、《童工问题决议案》、《反法西斯主义及对法西斯工会斗争决议案》等13个决议案。1929年11月,第五次全国劳动大会在上海召开。大会通过了《中华全国工人斗争纲领》、《工会联合决议案》、《农村工人工作大纲决议案》等12个决议案。

总体上,自1927年国共第一次大革命的失败至1937年抗日战争爆发,是工会组织曲折发展的十年。此间,在以农业人口为主的苏区,中共提出过没收资本、消灭资产阶级的主张,"不只要没收帝国主义的银行、企业、工厂,使民主革命更彻底,而且要没收中国资产阶级的工厂、企业、银行,以铲除反革命的武器"。[①] 在具体的工作中,更是机械地推行8小时工作制,过多的休假日,过高的工资待遇,片面的福利要求,以及错误地实行"总同盟罢工",导致私人企业倒闭,工人失业,引起师徒对立,增加了工农矛盾,影响国营企业和合作事业发展。而白区的工会工作更为艰难。"四·一二"政变后,被迫转

---

① 中央苏区工运史征编协作小组:《中央革命根据地工人运动史》,改革出版社,1989年,第44页。

入地下的革命工会仍然延续着赤色工会的做法。如上海的赤色工会内部没有建立最起码的组织生活,甚至平时也不与会员发生联系,只是在开展斗争时上级才出来对会员发号施令,工会偏重于从事政治活动,而且不讲究策略。可以说,自上而下的强迫命令、委派制度等完全不符群众工作规律的工作方法,是这一时期的工会工作中难以克服的痼疾。

1937年,随着中日全面战争的爆发,中国的工人运动成为抗日民族统一战线的一个组成部分。中国共产党结合当时的具体情况,在坚持抗日民族统一战线的前提下,广泛发动和组织工人群众,制定了适用于各种地区、各种情况下的具体方针与任务。使敌占区、国统区的城市工运工作,与抗日根据地的工作结合起来。"从而解决了城市工人运动正确地开展自己的全部活动,并使之服务于至少是有利于抗日根据地武装斗争的问题。"①

解放战争时期,中国共产党根据形势的需要,号召工人阶级积极建立与巩固反对美帝国主义及其走狗的民族统一战线;通过实施劳资合作与协调,使工人与爱国资本家携手合作,克服民族经济的危机;解放区工会则发动工人开展"增产立功"运动,帮助农民的土地改革,巩固工农的团结。

1948年8月,第六次全国劳动大会在哈尔滨举行。这次大会总结了新民主主义革命时期白区和革命根据地工人运动的经验,通过了新的《中华全国总工会章程》,决定恢复具有光荣革命传统的中华全国总工会。特别重要的是,大会确立了中国工会在新中国做好工作的基本理念:首先是工会成为国家政权的支柱,其次是在建设国家中改善职工生活,探索丰富工会组织的活动方式。

总之,在新民主主义革命时期,中国工会在中国共产党的领导下,经历了一个曲折发展的历程:在组织上由分散逐步走向统一;在斗争方式上,由单纯地组织工人同盟罢工、武装起义逐步转变为在不同的地区和不同的阶段采取或者隐蔽、或者公开的多种斗争形式和斗争策略;在发展道路上,实现了由以组织城市暴动为中心到配合武装斗争,在不同地区采取相应策略开展政治经济斗争的转变。可以说,从中国共产党建党至新中国建立前夕,中国工会在中国共产党的领导下,承担着组织工人开展阶级斗争的任务,工会运动始终与中国人

---

① 刘明逵、唐玉良:《中国工人运动史》(第五卷),广东人民出版社,1998年,第8页。

民的革命斗争紧密结合在一起,并服从、服务于中国共产党领导的政治乃至军事斗争,工会组织具有鲜明的政治属性。

第二阶段:新中国成立以后至改革开放前(1949—1977年),工会是国家政权组织的重要社会支柱之一,工会组织具有鲜明的政治与行政属性。

新中国成立后,工人阶级成为国家的领导阶级,工会组织随之成为国家政治体系的组成部分,从而实现了中国工会发展史上的第一次历史性转变。建国初期,新中国第一代工会领导人和工会工作者对中国工会的发展道路进行了全方位、多角度和多层次的探索。但由于其时特定的历史条件和政治环境,这种探索因遭受政治批判而被迫中断。总体而言,这一阶段,工会是国家政权组织的重要社会支柱之一,工会组织彰显出浓重的政治属性。

建国前夕,1949年7月至8月,中华全国总工会在北平召开了全国总工会工作会议,讨论工会组织问题以及战争胜利后的劳资关系问题。毛泽东同志在会上强调工会要克服"关门主义"的倾向,指出"除了反动分子、破坏分子、资本家不让参加工会以外,中间的、落后的、犯错误的,参加过国民党的都让参加"工会组织。毛泽东还指出,工会要主动做资本家的工作,调动积极因素。毛泽东的指示,确立了工会组织的基本属性与职能定位。

1949年,中华人民共和国的成立,中国工会的作用和地位发生了根本的转变。1950年6月29日,国家颁布实施《中华人民共和国工会法》。这部法律明确了工会在新中国的法律地位,即"工会是自愿结合的工人阶级群众组织"。1951年9月,全总主持工作的副主席李立三在《关于在新民主主义时期工会工作中的几个问题的决议(初步草案)》中指出了工会工作的基本任务:其一,保卫革命胜利果实、巩固人民民主政权,是胜利了的工人阶级当前和永久的最根本的任务;其二,工人阶级要肩负起国家领导阶级的责任,必须在改造整个社会的同时改造自己;其三,工会在一切工作中都必须贯彻发展生产、繁荣经济、公私兼顾、劳资两利的方针,建设强大的国防力量和强大的经济力量是中国工人阶级和全国人民现时的最高任务和最大利益;其四,争取在增加生产的基础上逐步改善工人生活是工会的基本任务之一;其五,工会必须极力发扬工人阶级互助精神,组织工人职员及其家属,以互助的方法来解决日常生活中的困难。

建国初期,工会组织围绕党的工作中心,贯彻全心全意依靠工人阶级的指导方针,以生产为中心,组织动员职工开展了多种形式的劳动竞赛,积极参加各项政治、经济斗争,并结合斗争内容对工人群众进行了旨在提高阶级觉悟和文化水平的教育;协助政府建立劳动保险事业和集体福利事业,参与《工会法》等有关工会组织和工人工资、劳动保护、群众生产等劳动政策、法规的制定与监督;在由上到下建立起各级地方和产业工会组织的基础上,加强基层工会组织建设和民主制度建设;开始对新的历史条件下的工会理论和工会工作进行探索。到1952年底,全国除台湾、西藏外,各级地方工会组织均已建立起来,工会基层组织发展到20.7万个,工会会员达1002.3万人。

1953年5月,中国工会第七次全国代表大会召开。会议总结了中华人民共和国成立以后至国民经济恢复时期全国工会工作的经验,确定今后一段时期的工作任务是:团结全国人民,积极地完成国家经济建设计划,为逐步实现国有的工业化和过渡到社会主义社会而斗争。在强调全体人民的利益、国家利益和工人群众个人利益一致性的基础上,制定了"以生产为中心,生产、生活、教育三位一体"的工会工作方针。第一次在章程里表述了工会的性质是"自愿结合的工人阶级的群众组织"。

1957年12月,中国工会第八次全国代表大会召开。会议重申了"七大"制定的工会方针,进一步明确了工人阶级当时的中心任务,即努力发展工业,积极支援农业,集中力量执行即将开始的第二个五年计划。大会通过了《关于中国工会工作的报告》、《关于修改中国工会章程的报告》和《中国工会章程》等决议。根据党的"八大"关于国内主要矛盾的分析,工会"八大"相应提出了发挥工会在正确处理人民内部矛盾中的积极作用,扩大和健全企业民主管理,发挥群众的监督作用的工作思路。

应该说明的是:20世纪50年代,新中国第一代工会领导人和工会工作者对中国工会的发展道路进行了深入探索,虽然由于特定的政治环境,其探索的思想成果未能转化为工会工作的实践,但它们是我国工会发展史上的宝贵财富。

20世纪50年代,随着我国进入大规模的经济建设时期,国家、生产单位、生产者个人之间的矛盾也逐渐突显出来。而建国初期的工会,基本上都是随着城市的解放而由各地党的组织委派干部自上而下地组织和建立起来的,干部普遍缺乏从事工会工作的知识和经验,仍然习惯于以行政指挥和行政命令的方式去开展群众工作。因此，建国初期的工会工作，存在工作方法上的"命令主义"，工作立场上的"行政化"，工作作风上的"官僚主义"等等使职工群众感到失望和不满的种种现象。面对工会脱离职工群众的现实，20世纪50年代，中华全国总工会的领导人，就新的社会条件下的工会性质、地位、作用等有关工会发展的关键问题进行了有益的探索。关于工会发展的第一次探索开始于20世纪50年代初期。首先是建国前夕，1949年6月，当时主持全国总工会日常工作的李立三副主席发表了《在公营企业中贯彻公私兼顾政策问题的几点意见》一文。李立三在肯定公营企业内部公私之间的利益一致的前提下，指出在公营企业中还存在工人阶级的整体利益与个人利益之间、长远利益与日常利益之间的矛盾。李立三指出："这种公私利益之间的矛盾反映在行政与工会的关系上：行政所处的地位和环境多代表公的利益，很难照顾到每个工人的利益；工会是工人群众的组织，它所处的地位和环境就是多关心工人的日常利益。因此，行政与工会必须互相协商、互相帮助、补充，才能真正贯彻公私兼顾的政策。"其次是1950年7月，中共中央中南局第三书记邓子恢，在中南总工会筹委扩大会议上作了《关于中南区的工会工作》报告。报告分析了工会工作普遍存在的脱离群众的现象及造成这种现象的原因，明确提出工会工作的具体立场与工会组织必须代表和维护工人利益的问题。邓子恢的报告报送了中共中央，刘少奇为中共中央批转这个报告所拟的批语是："这个报告很好，各地可照邓子恢同志做法，在最近三个月内认真探讨一次工会工作，并向中央作一次报告，以便加强各级党对工会工作的注意，改善工会工作。"这个报告经过毛泽东、周恩来、朱德、任弼时和李立三阅后转发各中央局和省、市委，并先后由《长江日报》、《工人日报》、《人民日报》发表。邓子恢的报告发表后，党内有人提出邓子恢的文章是在宣传"机会主义原则和理论"，党内在工会问题上出现了意见分歧和争论。1951年12月，全国总工会召开党组第一次扩大会议，会议通过了《关于全国工会工作的决议》，将李立三的"错误"归纳为三点：一是强调国营企业中的公私矛盾，其结果就会把工会变成为完全狭隘的经济主义的组织；二是否定了党对工会的领导，犯了极其严重的工团主义错误；三是领导方法上的主观主义、形式主义、事务主义，甚至是家长制的。全总党组第一次扩大会议所造成的后果，是在之后一段时间里工会工作中片面强调国营企业内部利益的一致性，片面强调工会工作要服从党的领导，由此进一步助长了企业党、政领导干部不关心群众、不尊重职工民主权利的主观主义、官僚主义工作作风，使企业中客观存在的矛盾未能得到及时处理。

20世纪50年代中后期，随着生产资料社会主义改造的逐步深入，人民内部矛盾逐渐成为国家政治生活中普遍存在的占据主要地位的矛盾。特别是工矿企业中领导与职工群众之间的矛盾更为凸显，有职工甚至抱怨工会与行政"一鼻孔出气"，是"行政的尾巴"。1954年，时任中华全国总工会主席的赖若愚发表了《如何对待群众》一文。赖若愚尖锐地提出："如何对待群众？这是工会工作中的一个根本问题。我们工会工作中的许多缺点和错误，都是和这一问题有关的。不正确地处理这一问题，工会就有脱离群众的危险，而脱离群众对于工会来说（其实不只是对于工会），是一切危险中间最大的危险。"1956年9月，在中国共产党第八次全国代表大会上，赖若愚作了《进一步发挥工会组织在社会主义建设中的作用》的发言。他认为，在工人阶级取得政权以后，最根本的任务就是努力发展生产，不断提高社会生产力，把中国建设成为一个伟大的社会主义工业国，但是，发展生产，进行社会主义建设，并不是工会独特的任务，而是所有党的组织、国家机关、经济机关和全体人民共同的任务。在实现这个共同任务的斗争中，工会的作用就在于联合和团结全体工人阶级，保护职工群众的物质利益和民主权利，并且以共产主义精神来影响、教育广大职工群众，发挥中国工人阶级艰苦奋斗、克勤克俭的传统，以创造性的劳动和负责精神，来建设社会主义的新生活。工会只有联系了群众，才能发挥作用，这就要求工会组织必须认真地关怀和保护职工群众的利益。赖若愚的这个发言，提出了"工会的独特作用"的论点，要求工会"具有参与劳动立法和监督其实施的法定权利"，并认为工会"不可避免地要参与执行国家机关的某些职能。"这个发言既遵循马列主义的基本原理，又对社会主义社会工会工作的规律进行了深入阐释，具有深刻的洞察力和开拓精神。但由于50年代末特殊的政治气候，1958年5月，在赖若愚病逝后不久，全国总工会党组召开第三次扩大会议，会议认定赖若愚等人犯了"严重的右倾机会主义和宗派主义的错误"，属于"反党反人民反社会主义"性质，认为工会工作中存在一条右倾机会主义路线，要求全国各级工会整风，拔白旗，肃清影响。这次会议，十分严重地搞乱了工会工作的理论是非，如在工会与党的关系上把工会接受党的领导与发挥工会的组织作用对立起来，只强调工会必须绝对服从党的领导，不提工会的群众性和组织上应有的独立性；在工会与行政的关系上，只强调工会与行政要团结一致，通力协作，不提工会要维护职工的物质利益和民主权利并向官僚主义、违法乱纪现象作斗争；在工会和群众的关系上，只强调工会在动员职工发展生产，维护国家利益方面的任务和作用，不提工会在代表职工群众，维护职工切身利益方面的任务和作用。

批判赖若愚之后，1958年间，为了响应人民公社化运动，中华全国总工会甚至提出了"为工会的消亡而奋斗"的口号。根据河北、陕西、山东等11个省、自治区对588个县的统计，"到1958年底，已撤销工会的有230个县，占总数的39.1%；虽未宣布撤销，但工会已停止活动的有170个县，占总数的28.9%；其余的县，虽保留工会，但都处于等待'消亡'之中。"[1]虽然，此一趋势在随着国民经济调整方针的贯彻得到了纠正，但中国工会的发展仍然受到这种政治环境的影响。尤其是在"文化大革命"中，全国的工会机构全部陷于瘫痪，停止了实际活动。

自中华人民共和国成立至1967年全总被迫停止工作，尽管工会主要领导人几经遭受批判，但工会第六次全国劳动大会所确立的"生产、生活、教育"三位一体的工会工作方针在一定范围内还是得到了贯彻，工会组织职工参与国家、社会和企事业单位公共事务的管理，帮助职工提高文化技术素质，为恢复和发展国民经济、加快社会主义建设做出了重要贡献，工会组织具有鲜明的政治与行政属性。

第三阶段：改革开放以来的中国工会（1978年至今），职能定位走向清晰，政治社会影响力逐步扩展的时期。

1978年召开的中共十一届三中全会，标志着我国进入中国特色社会主义建设的新时期，中国工会也迎来了发展的新阶段。

"文革"结束后，工会工作开始全面恢复。1978年10月，中国工会第九次全国代表大会召开，此次大会与工会"八大"相距已20年之久。工会"九大"是中国工会发展史上第二次历史性转变的起点。大会总结了工会"八大"以来我国工人运动和工会工作曲折发展的历史经验和教训，制定了新时期工人运动和工会工作的基本方针和任务。邓小平代表中共中央、国务院向大会致

---

[1] 倪志福：《当代中国工人阶级和工会运动》（上），当代中国出版社，1997年，第262页。

词,深刻阐述了工会应是"工人自己的组织"这一工会组织自身建设的根本性命题。邓小平指出,"工会要努力保障工人的福利……工会组织要帮助企业行政和地方行政在可能的范围内,努力改善工人的工作条件、居住条件,同时要在工人中间积极开展各种形式的互助活动。""工会组织都密切联系群众,使广大工人都感到工会确实是工人自己的组织,是工人信得过的、能替工人说话和办事的组织,是不会对工人说瞎话、拿工人的会费做官当老爷、替少数人谋私利的组织。工会要为工人的民主权利奋斗,反对形形色色的官僚主义,它本身就必须是民主的模范。"[①] 邓小平的讲话不仅为工会工作的恢复与发展指明了方向,而且,他关于工会与职工利益之间关系的论述,在一定程度上为工会职能向维护职工权益过渡奠定了理论基础,成为工会维权职能回归的一个起点。工会"九大"讨论通过了《中国工会工作报告》、《关于修改中国工会章程的报告》和《中国工会章程》。倪志福在《中国工人阶级新的历史使命》的工作报告中指出:新时期工会工作的基本方针是:在中国共产党的领导下,遵循党的十一大路线,团结、教育、吸引广大职工不断提高政治觉悟,掌握现代科学技术,积极参加企业管理,广泛开展社会主义劳动竞赛,努力提高劳动生产率,并在发展生产的基础上逐步改善职工群众的物质文化生活,为实现新时期总任务而奋斗。为贯彻这个方针,他提出要着重抓好几项工作:(1)加强对工人群众的政治教育和文化技术教育;(2)吸引工人参加管理,保护工人当家作主的民主权利;(3)把社会主义劳动竞赛提高到一个新的水平;(4)关心群众生活,保护工人利益;(5)把各级工会组织切实整顿好、建设好。工会"九大"对《工会章程》进行了重新修订,明确规定:中国工会"是党联系群众的纽带和中华人民共和国政权的支柱,是广大职工群众学习管理的学校"。工会"九大"之后的5年,工会组织逐渐实现了拨乱反正,并且在企业民主管理、职工思想政治教育及工会自身建设方面有了新的发展。当然,处于刚刚结束"文革"混乱状态的特殊时期,工会"九大"并没有把维护工人权益作为工会的本质职能来提出,而且,由于历史条件的局限,工会"九大"还沿用了"文革"期间的一些错误提法,但这次大会仍不失为一次拨

---

① 中华全国总工会、中共中央文献研究室:《毛泽东邓小平江泽民论工人阶级和工会工作》,中央文献出版社,2002年,第125页。

乱反正的大会。

1983年10月,中国工会第十次全国代表大会召开。为开好工会"十大",中共中央书记处专题讨论了工会工作,核心是再次明确工会组织的性质是"在党的领导下,代表工人阶级利益、为工人阶级办事的群众性组织",要求工会工作一定要从"群众组织"这个特点出发,切切实实地为职工办事、办些具体的好事,把职工的积极性调动起来;一定要维护职工的根本利益,勇敢地扶持正气,压制邪气,在社会和国家生活中起积极作用;一定要面向工厂、面向工人,密切联系群众,反映职工的呼声和要求。真正成为"职工之家","工人之友"。李先念代表党中央向大会致辞,强调工会的首要职责是提高广大职工的思想政治素质和科学文化素质,在两个文明建设中,发扬工人阶级的主人翁精神。要求工会切实代表和坚决维护职工的利益,团结广大职工积极参与国家的建设和管理,使工会成为名副其实的"职工之家"。工会"十大"明确了"关心全局,投入中心,发扬特色"的指导思想,明确提出"以四化建设为中心,为职工说话办事,维护职工合法权益"的工作方针。工会"十大"再次修订《中国工会章程》,章程开宗明义规定"中国工会是中国共产党领导的职工自愿结合的工人阶级群众组织",表明了工会的阶级性和群众性;章程强调工会必须遵循党的纲领和路线,贯彻党的方针和政策,同时又根据群众组织的特点,反映职工群众的意愿和要求,积极主动、独立负责地开展工作;工会要遵守和维护国家宪法和法律,又要组织和代表职工参与国家事务、社会事务和经济文化事业的管理。这些表述,较之以往,更鲜明地彰显了工会组织的群众性,将工会的桥梁、纽带功能与维权功能有机融合。

工会"十大"以后,全国总工会并带领地方各级工会组织开展了一系列专项活动,推动广大职工参与到社会主义建设中。其一开展职工技术协作和技术扶贫活动。1984年初,全国总工会根据胡耀邦"关于工会组织要在地区间的技术协作中发挥积极作用"的指示,决定组织能工巧匠、工程技术人员、有专长的退休职工有计划地开展地区之间的技术交流活动。1986年,全国总工会根据中共中央、国务院《关于帮助贫困地区尽快改变面貌的通知》精神,在贵州召开了扶贫工作7省区试点工作会议,会议提出把帮助"老、少、边、穷"地区脱贫致富,作为之后几年技协活动的重要任务。其二开展群众性合理化建议和技术革新活动。1985年,全国总工会、国家经委、国家科委、共青团中央发出了《关于积极组织职工群众开展合理化建议和技术革新活动的联合通知》。1986年,全国总工会和国家经委联合召开了关于广泛开展群众性合理化建议和技术革新动员大会,动员全国8000万职工积极投身到以提高质量、降低消耗为主要内容的合理化建议和技术革新活动中去。其三开展"双增双节"运动。1986年4月,全国人大六届四次会议通过了《中华人民共和国国民经济和社会发展第七个五年计划(1986—1990)》。为贯彻实施"七五"计划,全国总工会在十届三次执委会议上通过了《团结奋斗,改革创新,为实现"七五"计划建功立业》的决议,动员全国职工要站在改革的前列,成为建设社会主义精神文明的主力军。1987年,全国总工会发出《关于动员广大职工群众广泛开展增产节约、增收节支运动的通知》,1988年,全国总工会又提出把"双增双节"和治理整顿、深化改革紧密结合起来,按照调整经济结构的要求,以提高经济效益和增加有效供给为目标,进一步挖掘企业内部潜力,提高质量,降低消耗,增产人民生活用品和适销对路产品。在动员广大职工参与国家建设的同时,全国总工会探索保护职工权益的工作和自身建设。1984年5月1日,中华全国总工会作出了《关于整顿工会基层组织,开展建设"职工之家"活动的决定》,将建设"职工之家"作为加强基层工会工作的有效载体。1985年,全国总工会确定建立工会劳动保护监督检查员制度,制订并颁布了《工会劳动保护监督检查员暂行条例》、《基层(车间)工会劳动保护监督检查委员会工作条例》、《工会小组劳动保护检查员工作条例》,使工会劳动保护监督检查工作有法可依。

1988年10月,中国工会第十一次全国代表大会召开。时任中华全国总工会主席倪志福作了题为《推进工会改革,团结亿万职工在全面深化改革中发挥主力军作用》的工作报告。《报告》强调指出,当前和今后一个时期工会改革的主要内容是:进一步明确工会的社会职能,理顺工会与党、工会与政府、工会与企事业行政方面的关系,以增强基层工会活力为中心环节,密切工会和群众的关系,改革工会的组织制度和活动方式,实现工会的群众化、民主化。大会通过了《工会改革的基本设想》、《关于〈中国工会章程部分条文修正案〉的决议》等决议。工会"十一大"《章程》将"总则"中"中国工会是中国共产党领导的职工自愿结合的工人阶级群众组织",修改为"中国工会是中国共产党领导的职工自愿结合的工人阶级群众组织,是重要的社会政治团体。"

将工会的工作方针由"以四化建设为中心,为职工说话、办事,维护职工合法权益,加强对职工的思想政治教育和文化技术教育,建设一支有理想、有道德、有文化、守纪律的职工队伍,充分发挥工人阶级在社会主义物质文明和精神文明建设中的主力军作用",修改为"工会坚持以经济建设为中心,在维护全国人民总体利益的同时,更好地表达和维护职工群众的具体利益,为职工说话、办事,建设一支有理想、有道德、有文化、有纪律的职工队伍,充分发挥工人阶级在社会主义物质文明和精神文明建设中的主力军作用"。这一修改,明确规范了工会的社会职能,强化了工会在国家生活和社会事务管理中民主参与和社会监督的作用。大会通过的《工会改革的基本设想》,提出了"维护、建设、参与、教育"的工会职能,第一次将"维护"明确规定为工会的职能,改变了计划经济时期工会"三位一体"(生产、生活、教育)的工作方针;同时,确定了以经济建设为中心,立足改革全局,把发展社会生产力和维护职工具体利益结合起来,增强基层工会活力,实现工会的群众化、民主化,团结教育广大职工为建设有中国特色的社会主义而奋斗的工作方针。应该特别提及的是,工会"十一大"《章程》在第十三条增加了"县和县以上各级工会设立女职工委员会,表达和维护女职工的特殊利益。"这个条款对于市场经济下维护妇女的合法权益具有重要意义。工会十一大章程修正案,适应了我国深化改革的趋势,有利于工会的改革和更好地发挥工会的社会职能,协调社会矛盾,推进民主政治建设,维护社会安定团结,特别是适应市场经济的转折,推动社会生产力的发展。

1989年12月,中共中央发布《关于加强和改善党对工会、共青团、妇联工作领导的通知》,通知明确党组织要对工会、共青团、妇联实行统一领导;支持工会、共青团、妇联依照法律和各自的章程,执行它们上级组织的决议,独立自主地、创造性地开展工作;发挥工会、共青团、妇联在国家和社会事务管理中的民主参与、民主监督作用;增强基层工会、共青团、妇联组织的活力。通知为工会的改革发展进一步指明了前进方向。

1992年,邓小平同志视察南方时发表重要讲话,以建立社会主义市场经济体制为方向的经济改革不断深入,工会工作面临新的机遇和挑战。从工作领域来看,随着工业化、城镇化的发展和产业结构、所有制结构的变化,工会工作领域不断扩大,从第二产业向第三产业特别是服务业延伸,从城镇向农村发展，从各种经济组织向社会组织推进，从公有制单位向非公有制单位特别是外商投资企业、私营企业扩展。从工作对象来看，职工队伍不断发展壮大，从过去主要以国有、集体企业职工为主，发展到既包括国有、集体企业职工，又包括乡镇企业职工、非公有制企业职工、新兴产业职工和农民工，由过去的主要以产业工人为主，发展到包括产业工人、其他工人、知识分子、经营管理者、国家公务员等在内的脑力劳动者与体力劳动者。从组织体制看，第三产业迅速发展，以高科技为代表的新兴产业迅速崛起，跨地区、跨行业甚至跨国企业集团大量出现；乡镇经济迅速发展，一些街道、社区集中了大量职工，有的农业村成为工业村，经济技术开发区、工业园区不断出现，对创新工会组织体制、扩大工会工作覆盖面提出了新要求。从所有制结构来看，混合所有制大量出现，私营经济、外资经济迅速发展，要求我们把工作视野更多地放到非公有制经济上。从经济关系和劳动关系看，随着社会主义市场经济的发展，经济关系发生深刻变化，劳动关系日益复杂多变，传统计划经济体制下的工会工作模式已经不能适应形势发展的要求。"在计划经济时期和国家主义的制度框架内，工会是国家体制内组织，职工的政治权利、教育权利、生存权利都得到国家体制的基本保障，因此基本上不存在工会组织需要维护职工权益的问题"，从而使得中国工会逐渐沦为"福利工会"。[1] 换言之，"在计划经济体制下，企业劳动关系中政府与劳资双方之间实质上是一种制度关系而非契约关系，企事业的工会组织，实质上是企事业单位行政体制的组成部分之一，工会在组织上高度依附于行政主管或企业领导，在很大程度上无法代表职工权益更缺乏与企业政府就工人的切身利益问题进行集体谈判、协商和签订集体协议等集体行动的制度机制"[2]。这些新情况、新问题的出现迫切要求工会调整其职能和工作思路，顺应时代发展的要求。

1993年10月，中国工会第十二次代表大会召开。张丁华作了题为《团结动员全国职工发挥主力军作用为夺取有中国特色社会主义事业的更大胜利而奋斗》的工作报告，大会通过的《中国工会章程》修正案，明确"中国工会是

---

[1] 韩福国、骆小俊：《新型产业工人与中国工会》，上海人民出版社，2008年，第215页。
[2] 赵沛等：《市场经济条件下中国工会转型探析》，载《河南师范大学学报》（哲社版），2011年第6期。

中国共产党领导的职工自愿结合的工人阶级群众组织，是党联系职工群众的桥梁和纽带，是国家政权的重要社会支柱，是会员和职工利益的代表。""中国工会的主要社会职能是：维护职工的合法利益和民主权利；动员和组织职工积极参加建设和改革，完成经济和社会发展任务；代表和组织职工参与国家和社会事务管理，参与企业、事业和机关的民主管理；教育职工不断提高思想道德素质的科学文化素质，建设有理想、有道德、有文化、有纪律的职工队伍。"并进一步强调，工会"在维护职工政治权利的同时，维护职工的劳动权利和物质文化利益"。《章程》还增加了工会在社会主义市场经济条件下"把参与协调劳动关系，调节社会矛盾作为一项重要工作。"概言之，工会"十二大"强调工会要在维护全国人民总体利益的同时，更好地表达和维护职工群众的具体利益，强调要突出工会的维护职能，全面履行好工会的各项职能，充分发挥民主渠道和社会调节作用。

工会"十二大"前后，在中国工会发展进程中，有两个重要事项。首先是七届全国人大五次会议审议通过并于1992年4月3日颁布施行的《工会法》。与1950年《工会法》相比，1992年《工会法》虽仍带有计划经济时代的烙印和特色，但关于工会的性质与职能亦有所突破。其一关于工会的性质，1950年的《工会法》第一条规定："工会是工人阶级自愿结成的群众组织。"这里，把工会组织认定为"工人阶级"的组织，工会的组织对象是"工人阶级"。1992年的《工会法》认定"工会是职工自愿结成的工人阶级的群众组织"，这里明确了"职工"是组成工会的主体。其二关于工会的职能，1992年《工会法》关于工会的"维护"职能有了进一步明晰的表述。1992年《工会法》第六条规定，"工会在维护全国人民总体利益的同时，维护职工的合法权益。工会必须密切联系职工，听取和反映职工的意见和要求，关心职工的生活，帮助职工解决困难，全心全意为职工服务。"其次是八届全国人大八次会议审议通过并于1995年1月1日颁布施行的《中华人民共和国劳动法》。《劳动法》的核心价值在于保护劳动者的合法权益，调整劳动关系，建立和维护适应社会主义市场经济的劳动制度。《劳动法》第七条明确"工会代表和维护劳动者的合法权益，依法独立自主地开展活动"。这意味着从法律上肯定了工会是劳动者的组织，工会的天职就是"代表和维护劳动者的合法权益，依法独立自主地开展活动。"

为落实工会"十二大"提出的把维护职工权益落到实处的要求,切实贯彻执行《劳动法》与《工会法》,全国总工会并带领各级工会在"维护"职工权益方面做了许多开创性的工作。首先就理念层面看,1994年12月,在中国工会第十二届执行委员会第二次会议上,时任中华全国总工会主席尉健行提出了"以贯彻实施劳动法为契机和突破口,带动工会各项工作,推动自身改革和建设,努力把工会工作提高到一个新水平,在改革发展稳定中更好地发挥作用"的总体思路。这个"总体思路"的核心就是"突出维护职能"。就实践层面看,各级工会在以下三个方面做了大量工作:其一是积极推进平等协商和签订集体合同制度的实行。1996年初,全总正式成立了集体合同办公室,确立全国各省、直辖市、自治区集体合同建制情况季度通报制度。为了在不同所有制企业中推行集体合同制度,全总在深入调查研究的基础上,制定了《关于建立区域性、行业性集体协商和集体合同制度的指导意见》等多项政策性规定。其二是积极参与处理劳动争议,稳定劳动关系。随着社会主义市场经济体制和劳动力市场的建立,劳动关系领域的纠纷日益增多。工会"十二大"之后,全总并带动各级工会建立劳动争议调解委员会290343个,通过多种途径,将大量劳动争议消除在萌芽状态。其三是积极参与最低工资标准、最低生活保障线和失业救济标准"二条线"的制定和落实工作,就保障范围、保障标准等具体措施进行论证、磋商并提出工会的政策主张。参与政府有关职工解困和再就业领导机构的工作,推进相关政策措施的贯彻落实,大力实施送温暖工程和再就业工程,协助党和政府妥善解决下岗职工的生活问题。至工会"十三大"召开之前,有28个省级工会、517个地市级工会和2580个县级工会建立了"送温暖工程基金会",资金结存额超过22亿元,为开展经常性的救助和扶持困难职工开展生产自救提供了资金保证。

1998年10月,中国工会第十三次代表大会召开。全国总工会副主席、书记处第一书记张丁华代表中华全国总工会第十二届执行委员会向大会作了题为《高举邓小平理论伟大旗帜团结动员各族职工为实现我国跨世纪宏伟目标而奋斗》的工作报告。报告提出之后五年工会工作的指导方针是"突出工会的维护职能,充分发挥民主参与、民主监督和社会调节作用,不断加强工会的群众化、民主化、法制化建设,更好地为职工群众服务,团结、教育和动员广大职工,为深化改革、促进发展、维护稳定,把建设有中国特色社会主义事业全面推向二十一世纪而努力奋斗"。报告提出之后五年工会工作的主要任务是"团结和动员广大职工以主人翁的姿态为推进经济体制改革和实施经济发展战略作贡献；建立有效机制，切实维护职工的劳动权益和民主权利；高度重视下岗职工再就业，深入实施送温暖工程；严格依法办事，努力推进工会的法制化建设；培育跨世纪'四有'职工队伍，推进社会主义精神文明建设等"。工会"十三大"通过的《中国工会章程》修正案再次明晰"中国工会是中国共产党领导的职工自愿结合的工人阶级群众组织，是党联系职工群众的桥梁和纽带，是国家政权的重要社会支柱，是会员和职工利益的代表。""中国工会的基本职责是维护职工合法权益。"这里，在中国工会发展史上，首次明确提出工会的"基本职能"，而这个基本职能就是"维护职工合法权益"，从而也第一次把工会"两个维护"的理念以"维护职工合法权益"这样一个"维护"统一了起来，这一重要修改也为2001年《中华人民共和国工会法》确立"维护职工合法权益是工会的基本职责"奠定了坚实的基础。工会"十三大"通过的《中国工会章程》还明确："中国工会在社会主义市场经济条件下，坚持走中国特色社会主义工会发展道路，坚持组织起来、切实维权的工作方针，坚持以职工为本，主动依法科学维权的维权观，维护职工的经济、政治、文化和社会权利，参与协调劳动关系和社会利益关系，努力构建和谐劳动关系，促进经济发展和社会的长期稳定，为全面建设小康社会、构建社会主义和谐社会做贡献。"

20世纪90年代下半期，我国改革进入攻坚阶段，国有经济战略性调整，国有企业战略性改组，实行"抓大放小"、主辅分离，部分职工失去工作岗位，下岗职工数量剧增，一些工会基层组织被撤并，大量工会会员流失，劳动关系矛盾突出，维护职工合法权益的任务艰巨。面对这些情况，工会"十三大"以后，全国总工会并带领各级工会突出维护职能，全面履行各项职能，从工会工作的理念到实践积极探索，就理念层面看，1999年12月，全总十三届二次执委会议上，尉健行主席在《认清形势，明确任务，在推进国有企业改革和发展中充分发挥工会组织的作用》的讲话中指出，要努力实现工会工作的"五突破一加强"，即深入实施送温暖工程，对特困职工承担"第一责任人"职责工作的突破；推动企业建立调整劳动关系，实现平等协商和签订集体合同工作的突破；着眼于切实保障职工的民主权利，实现职工民主管理工作的突破;努力推动企业实行规范的公司制改革,实现国有独资和国有控股公司的董事会、监事会都要有职工代表参加的工作的突破;加快工会组建步伐,实现最大限度地把新建企业的职工组织到工会中来工作的突破;以及切实加强各级工会领导机关自身改革和建设的要求。2000年12月,在全总十三届三次执委会议上,尉健行主席进一步提出以"三个最大限度"来狠抓"五突破一加强"工作的落实,即最大限度地把广大职工组织到工会中来,最大限度地维护广大职工的合法权益,最大限度地保护、调动和发挥广大职工的积极性、创造性。2002年1月,在全总十三届四次执委会议上,尉健行主席再次强调:要以贯彻实施《工会法》为重要契机,坚决履行维护职工合法权益的基本职责,继续推进工会工作的"五突破一加强",努力实现"三个最大限度",一手抓调整劳动关系机制的建设,一手抓为职工群众办实事,保护、调动、发挥好广大职工的积极性、创造性。就实践层面看,其一,全国总工会并带领各级工会建立健全了源头参与的维权工作机制,期间,工会与政府及有关部门召开联席(联系)会议制度进一步健全完善,国家和省级地方劳动关系三方协商机制基本建立,并联合下发了《关于建立健全劳动关系三方协调机制的指导意见》、《关于进一步推行平等协商、集体合同制度的通知》和有关加强劳动争议调处、劳动监察和劳动法律监督工作等一系列协调劳动关系方面的指导性文件;推动完成了《中华人民共和国工会法》的修改和地方实施《中华人民共和国工会法》办法的制定,参与了《安全生产法》、《职业病防治法》、《工伤保险条例》和《劳动合同法(草案)》、《集体合同法(草案)》、《社会保险法(草案)》等30多部法律法规的制定,推动了依法维权的工会法律保障体系的初步形成。其二,工会协调劳动关系的机制逐步走向成熟。工会"十三大"以后,全总把平等协商和集体合同制度作为工会参与调整劳动关系、维护职工合法权益的重要手段,并坚持所有企业都要推行平等协商和集体合同制度,坚持平等协商与签订集体合同相协调,坚持把工资集体协商作为推行这项制度的重要内容。其三,工会维护职工权益工作取得新的进展,具体表现为:各级工会积极参与公共就业服务体系建设,大力实施再就业援助行动,初步形成了工会组织促进再就业工作格局;工会积极协助政府做好"两个确保"、"三条保障线"衔接等工作,推动了我国社会保障体系的建立和完善;通过筹集再就业资金、建立再就业基地、实施小额信贷、组织劳务输出等多种途径,努力帮助下岗失业人员再就业。其四工会"送温暖工程"实现经常化、制度化、社会化。

2003年9月,中国工会第十四次代表大会召开。会议深刻总结了中国工会80年的历史经验,归纳提炼了反映工会工作特点和规律的八条主要经验,明确了要全面履行各项社会职能,突出维护职能,在推动改革、促进发展、积极参与、大力帮扶的全过程中维护职工合法权益的工作思路;提出了努力提高职工队伍整体素质,切实维护职工合法权益,积极参与协调劳动关系和社会利益关系,加快工会组建步伐,推进基层工会工作等工作任务。工会"十四大"通过的《中国工会章程》突出了工会的维护职能,使之上升到基本职责的高度。1988年,工会"十一大"修订通过的工会章程规定了维护、建设、参与、教育的工会四项职能,但未对其中各自的地位与作用作出区分。2001年修订通过的《工会法》,明确"维护职工合法权益是工会的基本职责",使"维护"职能成为高于并统率工会其他职能的首要职能。工会"十四大"修订通过的工会章程体现了《工会法》的这一重要成果和规定,使《中国工会章程》进一步适应了社会主义市场经济对工会履行职能的要求。同时,依据2001年《工会法》第三十二条、第三十三条、第三十四条等条款关于工会协助人民政府开展工作并对政府工作进行民主参与和社会监督的规定,工会"十四大"修订通过的工会章程将"中国工会……协助人民政府开展工作,在政府行使国家行政权力过程中,发挥民主参与和社会监督作用"改为"中国工会……协助人民政府开展工作,依法发挥民主参与和社会监督作用",凸显了工会依法参与、依法监督的价值取向。

工会"十四大"以后,面对全面建设小康社会、构建社会主义和谐社会的新形势、新任务、新要求,面对国内外政治经济形势和工会运动发展变化给工会工作带来的新情况新问题,全国总工会并带领各级工会立足工会历史方位的变化,在工会工作理念与工作实践方面积极探索,开创了工会工作的新局面。

首先,就工会工作理念的创新与探索来看,2003年12月,全总十四届三次主席团(扩大)会议确定2004年工会工作的重点是:加强工会基层建设、发挥基层工会作用,关心职工生产生活、维护职工切身利益,并概括为:组织起来、切实维权。随后的一年,全会上下围绕"组织起来、切实维权"开展了大调研。在大调研的基础上，2004年12月，全总十四届五次主席团全体会议将"组织起来、切实维权"确定为新形势下的工会工作方针。2005年1月，全总十四届二次执委会议明确"组织起来、切实维权"的工会工作方针和贯彻这一方针必须坚持和遵循的十个原则，要求以建立稳定协调的劳动关系为着力点，切实加强维护职工合法权益工作；审议通过了《中华全国总工会关于进一步加强基层工会工作的决定》，提出"努力推动工会组建工作有新进展，基层协调劳动关系机制建设有新成效，上级工会指导服务基层能力有新提高，基层工会发挥作用有新成绩"的要求。2005年7月4日，全总第十四届执行委员会主席团第六次全体会议通过《关于坚持走中国特色社会主义工会发展道路的决议》，明确提出坚定不移走中国特色社会主义工会发展道路，坚持表达和维护职工合法权益。《决议》的通过，意味着中国工会在探索一条既不同于计划经济时期工会，又有别于西方资本主义国家工会发展道路的征程中，实现了新时期工会工作理论历史性的飞跃。2005年12月，在全总十四届三次执委会议上，王兆国主席强调要"突出履行维护职工合法权益的基本职责，进一步加大协调劳动关系的工作力度，切实维护职工的合法权益，主动维权、依法维权、科学维权，积极协助党和政府解决关系职工群众切身利益的现实问题。"这是全总首次明确"主动维权、依法维权、科学维权"的维权思路。同时，全总十四届三次执委会议通过了《关于加强协调劳动关系、切实维护职工合法权益、推动构建社会主义和谐社会的决定》，明确提出了新形势下维护职工合法权益的重要意义、指导思想、主要原则、基本任务、制度建设、实施保证等问题，是改革开放以来工会组织关于维权工作第一个比较系统规范的指导性文件，也是工会推动构建社会主义和谐社会的一项重大举措。2006年7月，全总十四届九次主席团（扩大）会议审议通过了《企业工会工作条例》，这是中华全国总工会历史上首次以条例的形式，就企业工会工作出台的指导性文件。该条例明确了"坚持党的领导、促进企业发展、维护职工权益、团结职工群众"有机统一的中国特色社会主义企业工会工作原则。2006年12月，在全总十四届十一次主席团（扩大）会议上，提出要立足中国国情、适应时代发展，牢固树立"以职工为本，主动依法科学维权"的中国特色社会主义工会维权观，明确了新形势下中国工会"维护什么、怎样维护"的重大理论与实践问题。2006年12月，在全总十四届四次执委会议是，王兆国主席从

"突出维护职工的经济权益"、"切实保障职工的民主权利"、"不断满足职工日益增长的精神文化需求"、"积极组织职工参与社会事务管理"以及"着力解决困难职工的生产生活问题"等方面系统阐释了切实维护职工群体各项合法权益的工作部署。

其次,就工会实践的探索与创新来看,其一,全国总工会积极参与涉及职工和工会的法律法规制定,进一步夯实了维权工作的法律基础,如参与《公司法》、《就业促进法》、《社会保险法》、《企业破产法》、《劳动争议调解仲裁法》等法律法规的制定和修改,特别参与了《劳动合同法》的制定,为劳动者实现劳动经济权益提供了重要法律依据,进一步完善了我国劳动合同制度。同时,配合全国人大开展《工会法》、《劳动法》、《安全生产法》等执法检查,促进劳动法律法规的实施。推动国务院及其有关部委制定颁布了《关于深入贯彻〈工会法〉支持工会工作的通知》、《最低工资规定》、《集体合同规定》、《企业工资条例》、《职工带薪年休假条例》、《劳动保障监察条例》、《关于进一步加强安全生产工作的决定》等一批劳动行政法规,积极参与涉及职工切身利益的就业、分配、保障等政策的制定。其二,树立和落实工会维权观,促进了企业劳动关系和谐。各级工会抓住发展和谐劳动关系这条主线,充分发挥工会与政府联席(联系)会议制度、劳动关系三方协商机制的作用;抓住劳动合同、集体合同和职代会三个关键环节,推进工资集体协商;以社会化维权、双向维权、城际工会维权联动机制为抓手,推动建立了工会组织领导下的维权机制;健全以职工代表大会为基本形式的企事业单位民主管理制度、厂务公开制度,极大地促进了基层民主政治建设。其三,工会组建工作实现历史性突破。各级工会按照"扩大覆盖面、增强凝聚力"的要求,积极开展了改制和关闭破产国有企业工会组织的整顿重建工作,把农民工作为职工队伍的新生力量,把非公有制企业尤其是外商投资企业作为重点领域,扎实推进了工会组建工作。2008年,全国工会会员增加至2.09亿人。其四对职工的教育与帮扶工作迈上一个新台阶。工会"十四大"以后的五年,全总并带领各级工会广泛开展"当好主力军、建功'十一五'、和谐奔小康"和创建"工人先锋号"、"我为节能减排做贡献"、建设"创新型企业"等活动,大力加强职工思想道德素质和科学文化素质建设。同时,各级工会把帮扶困难职工、维护职工权益作为维护稳定、促进和谐的大事来抓,五年间全国各级工会筹集送温暖资金

161.7亿元，走访慰问了64.3万家次困难企业和3191.8万户次困难职工家庭，实现了对困难职工走访慰问广覆盖；五年间共计筹集帮扶资金42亿元，帮扶职工2090万人次，就业帮扶、生活救助、医疗互助、法律援助等帮扶活动形成制度。

2008年10月，中国工会第十五次代表大会召开。王兆国主席作了《高举中国特色社会主义伟大旗帜，团结动员亿万职工为夺取全面建设小康社会新胜利而奋斗》的工作报告，明确之后五年的主要任务是：大力实施职工素质建设工程；大力发展和谐劳动关系；健全完善维权机制，不断增强维权实效；以职代会为基本制度，扩大有序参与，维护职工民主政治权利以及加强基层工会建设等。中国工会"十五大"通过了《中国工会章程》（修正案），在总则中明确写入"坚持走中国特色社会主义工会发展道路，坚持组织起来、切实维权的工作方针，坚持以职工为本、主动依法科学维权的维权观"，进一步明确了中国工会的未来发展方向。修改后的《中国工会章程》最为显著的特点是对于吸纳日益庞大的农民工群体加入工会提供了制度保障。如关于建立工会组织的范围，在"企业、事业单位、机关"之后，增写了"其他社会组织"的内容；关于职工入会条件，在坚持"以工资为主要生活来源"的同时，增写了"与用人单位建立劳动关系"的内容；关于职工入会程序，删除了职工申请入会经"工会小组讨论通过"的规定；此外，还增写了"社区和行政村可以建立工会组织"的条款，这些内容基本明确了农民工入会的依据，也为流动比较频繁的农民工加入工会组织提供了保障。

中国工会"十五大"以后，全总并带领各地方工会和产业工会，以工会"十五大"精神为指针，统筹兼顾、突出重点，扎实做好工会各项工作。其一，积极探索新形势下群众性建功立业活动的新途径和新办法，充分发挥工人阶级在经济社会建设中的主力军作用。2008年，全总十五届二次执委会议通过了《关于充分发挥工会"大学校"作用，提高职工队伍整体素质的决议》，以及《关于在全国职工中广泛开展"同舟共济保增长，建功立业促发展"竞赛活动的决议》；2009年，全总下发《中华全国总工会关于广泛深入开展社会主义劳动竞赛的决定》（总工发〔2009〕25号）；2010年全总十五届四次执委会议还通过了《关于深入学习劳模精神、大力弘扬中国工人阶级伟大品格的决议》，同年，全总印发了《全国职工素质建设工程五年规划》（2010—2014

年),全总女职工委员会还下发了《关于实施女职工提升素质建功立业工程的意见》;2011年1月,全总十五届五次执委会议作出了《关于组织动员广大职工为实现"十二五"规划目标任务创先争优建功立业的决议》,制定下发了《中华全国总工会2011—2015年劳动竞赛规划》(总工发〔2011〕2号)。其二,深入落实"两个普遍",积极构建和谐劳动关系。2009年、2010年,全总并带领各级工会大力开展以推进工资集体协商为重点的"共同约定行动"。2010年7月,王兆国主席在全总十五届四次执委会议的讲话中首次提出"两个普遍",即"依法推动企业普遍建立工会组织"和"依法推动企业普遍开展工资集体协商"。2011年4月,全总颁布《2011—2013年推动企业普遍建立工会组织工作规划》,规划制定了建立企业工会组织和企业工会发展会员3年目标,要求2011年至2013年全国企业法人建立工会组织净增约195万家,总数达到446万家以上,全国企业工会会员净增约3100万人,职工入会率达到90%以上。2011年5月,全总出台《中华全国总工会2011—2013年深入推进工资集体协商工作规划》,规划强调,将着重抓好区域性、行业性工资集体协商、非公有制企业工资集体协商建制、世界500强在华企业建制工作。特别是要在产业集群、中小企业、劳动密集型企业相对集中的地区和行业,重点推行区域性、行业性工资集体协商,着力解决一线职工劳动报酬偏低的问题,促进劳动关系和谐发展。规划制定了推进工资集体协商3年目标,即从2011年起,用3年时间,全面推进企业建立工资集体协商制度,努力实现2011年底全国已建工会组织的企业工资集体协商建制率达到60%,2012年底实现已建工会组织的企业工资集体协商建制率达到70%,2013年底已建工会组织的企业工资集体协商建制率达到80%,其中世界500强在华企业全部建立工资集体协商制度的目标。根据全总的统计,截至2012年6月底,非公有制企业法人建会343.53万家,建会率82.73%,发展会员9929.01万人,职工入会率72.95%。工资集体合同覆盖企业174.2万家、覆盖职工1.04亿人,比2010年分别增长56.1%和37.3%。其三,切实加强维权制度和机制建设,如推广"工会参与职业病防治工作模式",维护职工劳动安全卫生权益;深入开展工会促进就业专项活动,积极维护职工劳动经济权益;积极参与《职业病防治法》、《女职工劳动保护条例》、《实施〈社会保险法〉若干规定》、《企业劳动争议协商调解办法》等10多部涉及职工权益的法律法规的制定和修改,参与全国人大常委会开展的《劳动合同法》执法检查，加强源头维护，积极推动劳动法规政策的制定和实施；大力推行以职工代表大会为基本形式的民主管理制度，积极探索建立区域（行业）性职代会、集团公司职代会等制度，依法落实职工民主政治权利。

2013年10月，中国工会第十六次全国代表大会召开。李建国作了《高举旗帜，改革创新，团结动员亿万职工在实现中国梦历史进程中充分发挥主力军作用》的工作报告。明确今后五年的工作任务是"大力推动全心全意依靠工人阶级根本方针贯彻落实，使广大职工的主人翁地位得到充分保障；有效调动职工群众的积极性主动性创造性，使广大职工的主力军作用进一步发挥；切实加强维权和服务工作，使广大职工的各项权益得到更好维护；努力建设学习型服务型创新型工会，使工会组织的凝聚力影响力显著增强。"大会审议通过了《中国工会章程（修正案）》，增加"各级工会组织应当组织和代表职工开展劳动法律监督"一款；将原来"县和县以上各级工会组织可以建立法律服务机构"，修改为"县和县以上各级工会组织应当建立法律服务机构"；对于工会基层委员会的基本任务，将"帮助和指导职工与企业、事业单位行政方面签订劳动合同"修改为"签订和履行劳动合同"，并增加"对困难职工开展帮扶"的内容。特别，习近平总书记在同中华全国总工会新一届领导班子集体谈话时指出，工会要赢得职工群众的信赖和支持，必须做好维护职工群众切身利益工作，促进社会公平正义。工会维权要讲全面，也要讲重点，重点就是职工群众最关心最直接最现实的利益问题，就是职工群众面临的最困难最操心最忧虑的实际问题，在经济发展的基础上不断提高职工群众生活水平和质量，使他们不断享受到改革发展成果。

中国工会"十六大"以后，全总并带领各地方工会和产业工会，按照工会"十六大"工作部署，进一步加强维护职工权益和服务职工的工作，如制定工会参与深化收入分配制度改革工作的指导意见，完成工资集体协商三年规划目标任务，全国共签订集体合同245万份，覆盖企业612万家，分别比上年同期增长9%和6%；推动健全以职代会为基本形式的企事业单位民主管理制度，推进区域性行业性职代会制度建设，建立职代会制度的企事业单位达551万家，比上年增长36%，非公企业职代会制度得到较大提升；健全完善协调劳动关系三方机制、工会与政府联席会议制度等，推动构建工会参与社会治理各项制度机制;健全以职代会为基本形式的民主管理制度以及为职工办实事的各项制度机制,使基层工会维护职工权益的工作更加制度化、规范化。特别,全总把发挥基层工会作用、增强工会组织吸引力凝聚力问题作为全会的重大课题来抓,按照"会、站、家"一体化的思路,把组建工会、创办职工帮扶服务中心、建设"职工之家"统一起来,为职工提供解忧愁、利发展、有实效、高水平的服务,把工会打造成枢纽型社会组织,把每一个基层工会都建设成直接为职工群众提供服务的基地,成为体现工会服务职工作风和作用的窗口。

总之,改革开放30余年,工会职能定位走向清晰,各项职能得以全面履行,作为党联系职工群众的桥梁和纽带,工会有力地发挥了组织职工参与国家建设的助手职能;同时,作为职工利益的代表者和维护者,工会推动构建和谐的劳资关系,推动企业民主管理,政治社会影响力逐步提升。

二、工会在我国民主政治建设中的作用与影响

中国特色社会主义民主制度由一系列制度体系构成,其中,人民代表大会制度是我国的根本政治制度,也是我国最重要的民主制度;政治协商制度是我国的基本政治制度,是实现协商民主的重要平台;自治制度在我国民主政治的框架中占有极其重要的地位,我国民主自治制度主要由民族区域自治、基层社区自治和行业职工自治三大体系构成。建国以后,特别是改革开放以来,工会作为党和政府联系职工群众的桥梁与纽带,作为职工利益的代表者和维护者,既坚定不移团结带领职工群众服从服务党和国家工作大局,又不断通过体制和机制的创新,推进企业民主管理,还积极通过参与和影响相关立法与政策的制定,和谐劳动关系,代表和维护职工群众的合法利益,促进了社会主义和谐社会的建设。

1. 各级工会指导和引导职工群众参与企事业单位的民主管理,并不断扩大工会所代表的民主基础,是基层民主政治建设的重要推动力量

新中国成立后,工人阶级成为国家的领导阶级,工会组织随之成为国家政治体系的组成部分。建国以后,特别是改革开放以来,全总并带领各级工会依法维护企事业单位职工享有的民主参与权,始终把代表和组织职工参与企事业

单位的民主管理作为重要职能予以履行，并不断扩大工会所代表的民主基础，工会成为我国基层民主政治建设的重要推动力量。

首先，就工会推动基层民主政治建设的政策及工作机制来看，建国前夕，1949年8月，中国工会拟定了《关于在国有、公营工厂企业中建立工厂管理委员会与工厂职工代表会议的实施条例》，并由华北人民政府颁布实施。1950年6月，中央人民政府颁布《中华人民共和国工会法》，明确工会有代表工人同企业订立集体合同和维护工人切身利益的广泛权利；有组织、教育工人拥护人民政府政策法令、积极搞好生产、发挥工人阶级领导作用的职责。企业工会依照《中华人民共和国工会法》的规定，代表职工听取企业行政的工作报告，参加企业管理委员会的工作和生产管理工作。1957年，工会"八大"提出了发挥工会在正确处理人民内部矛盾中的积极作用，扩大和健全企业民主管理，发挥群众的监督作用的工作思路。1957年以后，国营企业试行党委领导下的职工代表大会制度，企业工会委员会承担了职工代表大会的各项日常工作。"文革"结束后，1978年5月，工会"九大"提出了"吸引工人参加管理，保护工人当家作主的民主权利"的工作任务。1981年，中华全国总工会参与起草了《国营工业企业职工代表大会暂行条例》，1978年7月，中共中央、国务院批转了这个条例，条例明确规定职代会对劳动保护基金、职工福利基金、奖励基金以及职工奖惩办法、住宅分配方案等问题有决定权，对企业体制改革事项、工资调整方案、职工培训方案和全厂性规章制度有通过权，并且增加了职代会根据企业主管机关部署选举企业领导人的权力。1986年，为了适应政企分离实行厂长负责制，同时为了防止厂长、经理个人独断专行，1986年中华全国总工会参与起草了《全民所有制工业企业职工代表大会条例》，该条例亦由国务院颁布实施，条例进一步健全职工代表大会制度和各项民主管理制度，发挥工会组织和职工代表在审议企业重大决策、监督行政领导干部、维护职工合法权益等方面的作用。1988年4月七届全国人大一次会议通过的《中华人民共和国全民所有制工业企业法》，以法律形式明确规定："职工代表大会是企业实行民主管理的基本形式，是职工行使民主管理权力的机构。"1988年，工会"十一大"通过了《工会改革的基本设想》，明确提出工会"维护、建设、参与、教育"的四大职能，强化了工会在国家生活和社会事务管理中民主参与和社会监督的作用。1999年，全总十三届二次执委会议上，尉健行主席提出工会工作的"五突破一加强",其中之一即"着眼于切实保障职工的民主权利,实现职工民主管理工作的突破"。2008年,工会"十五大"明确之后五年的主要任务之一即是"以职代会为基本制度,扩大有序参与,维护职工民主政治权利以及加强基层工会建设"。2010年,为适应非公有制中小企业快速发展和劳动关系的深刻变化,全总颁发了《中华全国总工会关于推行区域(行业)职工代表大会制度的意见》(试行),意见要求大力推行区域(行业)职工代表大会制度,扩大职工参与民主管理的覆盖面,充分调动、发挥区域(行业)内中小企业职工投身改革发展的积极性和创造性。由上可见,工会组织不断通过相关政策及工作机制,从制度建构层面保障职工群众参与企事业单位的民主管理。

其次,就工会推动基层民主政治建设的实践来看,大致可以从以下四个方面予以透视。(1)工会通过职工代表大会这个制度平台,组织职工参与基层民主管理。职工代表大会制度最初是在毛泽东的倡导下,总结解放区公营企业的管理经验,在1948年召开的第六次劳动大会上,发出了"企业管理民主化"的号召,并决定在公营企业实行职工代表会议制。企业职工代表会议制度建立之初,正处于两种社会制度交替时期,企业职工代表会议制度对于动员和组织广大职工群众改造官僚资本主义企业,促进基层工会组织的建立和发展,加强企业管理,增强职工群众的主人翁责任感,密切领导与职工群众的关系,恢复和促进生产发展,都起到了积极的作用。建国以后,在1957年召开的工会第八次代表大会上,全总提出把"准备和召集职工代表大会,监督职工代表大会决议的贯彻执行"作为工会的责任。改革开放以后,1978年,工业企业恢复党委领导下的分工负责制和职工代表大会制,同时建立工人参与管理、干部参加劳动和领导干部、工人、技术人员三结合制度。1981年,中共中央、国务院转发了《国营企业职工代表大会暂行条例》,推行职工代表大会制度。1992年修订通过的《中华人民共和国工会法》,明确"国有企业的工会委员会是职工代表大会的工作机构,负责职工代表大会的日常工作,检查、督促职工代表大会决议的执行。"2001年修订通过的《中华人民共和国工会法》明确"工会依照法律规定通过职工代表大会或者其他形式,组织职工参与本单位的民主决策、民主管理和民主监督。"2010年7月,中华全国总工会第十五届执行委员会第四次全体会议通过了《关于进一步加强企业工会工作充分发挥企业工会作用的决定》，再次明确"坚持和完善企业职工民主管理制度"，要求推动各类企业特别是非公有制企业建立健全以职工代表大会为基本形式的民主管理制度，企业工会履行职工代表大会工作机构的职责。2010年9月，全总颁发了《中华全国总工会关于推行区域（行业）职工代表大会制度的意见》（试行），意见要求县级以下一定区域或性质相近的行业内若干尚不具备单独建立职工代表大会制度条件的中小企业，通过民主选举代表联合召开职工代表大会，协调解决区域（行业）内劳动关系共性问题的民主管理制度。2012年4月，中华全国总工会与中央纪委、中央组织部、国务院国资委、监察部、全国工商联联合下发了《企业民主管理规定》。《企业民主管理规定》明确"职工代表大会是职工行使民主管理权利的机构，是企业民主管理的基本形式"，同时明确了在社会主义市场经济条件下，所有的企业都要实行民主管理，这也意味着非公有制企业建立职工代表大会、厂务公开制度，公司制企业设立职工董事、职工监事有了强有力的法律和政策支持保障，更多企业职工将能够规范有效地行使民主管理权力。总之，建国以后，特别是改革开放以来，各级工会不断巩固、规范和深化企事业单位职工参与民主管理的过程，职工代表大会已成为中国特色基层民主政治建设的重要形式之一，不仅有力地保障了职工的知情权、参与权、表达权和监督权，而且极大地推进企事业单位决策的科学化与民主化，职工代表大会在实行民主管理、协调劳动关系、维护职工合法权益、推进企事业单位改革发展稳定等方面发挥着重要作用和影响。这里，应该特别提及的是，近十余年来，一些地方和基层的工会组织借鉴国有企业实行职工代表大会制度的经验，适应中小企业职工人数少、流动性大、劳动关系不稳定的特点，在县以下非公有制企业比较集中的地区或行业，通过建立区域（行业）职代会制度的形式，大力推进企业民主管理制度建设，取得了明显的成效。

（2）工会不断扩大组织覆盖面，最大限度地把职工组织到工会中来，较为充分地发挥了作为国家政权重要社会支柱的重要作用。随着工业化、信息化、城镇化、市场化、国际化的深入发展，我国所有制结构和企业状况发生深刻变化，职工队伍不断发展壮大。中华全国总工会根据国有、集体企业改制和外商、私营、乡镇企业迅猛发展的形势，针对基层工会组织建设面临的新情况、新问题，进一步加大基层工会组建工作。1992年以后，中华全国总工会多次召开外商投资企业、乡镇企业、私营企业工会工作的会议，分别提出了在这些企业加快工会组建步伐的意见，与有关部门共同发布《关于加强外商投资企业工会工作几个问题的通知》、《关于在私营企业组建工会和开展工作的通知》。1998年3月，中华全国总工会下发了《关于加强国有小企业改革中工会工作的意见》，明确提出国有小企业改制为各种形式的企业，都必须依照《中华人民共和国工会法》和《中国工会章程》建立健全工会组织，保障工会组织依照国家法律和工会章程独立自主地开展工作。1998年10月召开的中国工会第十三次全国代表大会提出，"哪里有职工，哪里就必须建立工会组织"，第一次提出"最大限度地把职工组织到工会中来"的要求，有力地推动了基层工会的组织建设。1999年底，中华全国总工会十三届二次执委会议提出，把新建企业工会组建作为重中之重的任务来抓，切实加快新建企业工会组建的步伐。2000年6月，中华全国总工会十三届五次主席团（扩大）会议，专题研究和部署新建企业工会组建工作，提出把新建企业工会组建工作作为重大而紧迫的第一位任务来抓，形成全会抓组建的工作局面。2001年2月，中华全国总工会下发了《关于加强新建企业工会组建工作的意见》，对新建企业工会组建工作作出全面部署。2005年1月，全总十四届二次执委会议审议通过了《中华全国总工会关于进一步加强基层工会工作的决定》，提出"努力推动工会组建工作有新进展，基层协调劳动关系机制建设有新成效，上级工会指导服务基层能力有新提高，基层工会发挥作用有新成绩"的要求。2008年10月，全总第十五次代表大会闭幕后，胡锦涛总书记在与全国总工会新一届领导班子成员和中国工会十五大部分代表座谈时指出，各级工会按照"扩大覆盖面、增强凝聚力"的要求，大力加强工会组建工作。随后，2010年7月，王兆国主席在全总十五届四次执委会议的讲话中提出"两个普遍"，即"依法推动企业普遍建立工会组织"和"依法推动企业普遍开展工资集体协商"。据全总的统计，1949年底，工会会员237.4万人，占全国职工总数的29.3%。而到2011年底，工会会员总数已达2.58亿，工会基层组织覆盖单位数达到530多万家，截至2012年6月底，非公有制企业法人建会343.53万家，建会率82.73%，发展会员9929.01万人，职工入会率72.95%，中国工会成为世界上最大的工会组织。

（3）基层工会"直选"工会主席，彰显工会组织民主化进程的深入，并成为推进基层民主建设的重要力量。所谓工会主席直选，就是由基层工会的工会会员大会或会员代表大会，直接选举产生基层工会主席和副主席，有别于由工会委员会全体会议选举产生工会主席、副主席的一种民主选举办法。1988年，全国总工会关于《工会改革的基本设想》明确提出："基层工会的民主选举，可以自下而上地提名候选人，提倡候选人直接与会员见面。有条件的基层工会可以逐步实行领导人由会员直接选举产生"。1997年，中华全国总工会在《关于推进工会改革和建设若干问题的意见》中明确："基层工会委员会及其主席、副主席须经民主选举产生，中小企事业单位的工会主席、副主席应由会员（代表）大会直接民主选举"。2001年，全总在广东、福建、浙江、山东等省的外资企业进行了直选工会主席的试验。2003年，工会主席直选在东南沿海的城市逐渐普及，例如，是年，浙江省杭州市余杭区的大中型私营企业70%的企业工会主席是通过直选的方式产生的；广东省12万个基层工会中三分之一的基层工会主席是通过直选方式产生的。2008年7月，全总颁布《企业工会主席产生办法》（试行），在这个文件中，全总确认了"民主选举"工会主席的程序，要求"企业工会主席产生均应依法履行民主选举程序，经会员民主选举方能任职"；"选举企业工会主席应召开会员大会或会员代表大会，采取无记名投票方式进行。"同年，工会"十五大"修改通过的《中国工会章程》第27条首次明确："工会基层委员会委员，应当在会员或者会员代表充分酝酿协商的基础上选举产生；主席、副主席可由会员大会或者会员代表大会直接选举产生，也可由工会基层委员会选举产生。"由此，直选企业工会主席更成为中华全国总工会在基层组织建设方面大力推动的探索之一。在2010年8月召开的全国工会基层组织建设工作会议上，全总副主席、书记处第一书记王玉普强调，要进一步完善基层工会委员会民主选举程序，"在条件成熟的企事业单位探索工会主席直选，确保选举工作能够真正体现会员的真实意愿，确保选出的工会主席能代表职工并为职工说话办事"。这里应该说明的是，基层工会主席直选不仅在工会章程和全国总工会有关文件中有明确规定，而且，各地工会基层组织也在此进行了有益的探索和积极的实践，特别是近年来，在一些地方的非公有制企业中，出现了由这些企业工人自主建立的工会组织，并且还进行了工会主席的"直选"。例如，深圳龙岗区日资企业欧姆电子有限公司工会主席的直选。欧姆电子有限公司成立于1996年，拥有员工850人，2007年6月成立工会。2012年3月，一些员工对公司工资制度和福利待遇不满，向公司提出了加薪、提高福利待遇及重新改选工会等诉求。因劳资双方未能达成共识，700余名员工以罢工静坐的方式进行抗议。事件发生后，深圳市和企业所在的区、街道三级工会配合政府部门指导工人理性维权。由于参与罢工的员工不愿选出员工代表和公司进行协商谈判，公司工会主席带领工会委员作为员工代表与公司方进行协商谈判，最后双方于4月6日达成共识并签订了协议书，员工正常复工。事件平息后，深圳市总工会决定依照《工会法》和《工会章程》对欧姆公司工会通过民主选举的方式进行改选，5月底，全体员工直接选举出新一届工会主席和工会委员会。欧姆公司工会直选虽然结束了，但其影响深远，一方面，通过参与工会选举，企业工人参与工会组织的积极性和信心大大提升；另一方面，工人通过直选工会以及集体谈判解决劳资矛盾、协调劳资利益，为缓解和解决社会矛盾提供了一个理性和平的路径。当然，现阶段，工会直选尚处于起步阶段，例如，2010年4月，上海市总工会副主席肖堃涛在上海市基层工会主席直接选举工作推进会议上的讲话中指出："上海开展基层工会主席直接选举试点工作已有10年。从各区县局（产业）工会开展直选工作的情况分析，存在一定的差异。相比较而言，区县开展得较好，……局产业工会进展还不是很理想……"另根据广东省总工会的估算，广东目前有1/3以上企业工会主席是直选产生的，但基本上集中在非公有制企业。虽然，基层工会主席直选实践还面临诸如选举程序、候选人条件等诸多需要深入探讨和明确的事宜，但毫无疑问，工会直选为广大职工提供了进行民主活动的场所与条件，使职工在实践中加深了对民主的理解，在很大程度上锻炼了职工的民主意识和民主技能，具有深远的意义。还可以说，基层工会的直接民主选举是继农村村民自治和城市社区居民自治之后我国基层民主发展的又一个新动向，对于促进社会内部关系和谐与政府与社会关系和谐，都将带来积极效应。

（4）各级工会充分发挥工会的教育作用，不断提高职工群体的整体素质和民主素养。工会组织历来高度重视加强工人阶级队伍建设，注重全体劳动者素质的提高。建国初期，各地工会组织大力开展职工业余教育，大量工人经过文化学习达到脱盲，改变了职工队伍的文化面貌，推动形成了职工教育体系。1953年中国工会第七次全国代表大会还制定了"以生产为中心，生产、生活、教育三位一体"的工会工作方针，将"教育"作为工会的重要职能。改革开放以后，1978年，中国工会第九次全国代表大会上亦将"团结、教育、吸引广大职工不断提高政治觉悟"作为工会工作的重要内容之一。20世纪80年代，工会组织开展振兴中华职工读书活动，产生了广泛的社会影响。随着科教兴国和人才强国战略的贯彻实施，2005年，全总在各级工会开展了"创建学习型组织、争做知识型职工"活动，以提高职工队伍素质。2008年10月，胡锦涛总书记在与全国总工会新一届领导班子成员和中国工会十五大部分代表座谈时指出，"要充分发挥工会'大学校'作用，把提高职工队伍整体素质作为一项战略任务抓紧抓好"。根据这一重要指导方针，2009年，全总十五届二次执委会作出《关于充分发挥工会"大学校"作用，提高职工队伍整体素质的决议》，并下发《中华全国总工会关于全面实施职工素质建设工程的意见》（总工发〔2009〕14号）。2010年，全总制定《全国职工素质建设工程五年规划》（2010—2014年），将实施职工素质工程作为工会发挥组织职工、引导职工、服务职工和维护职工合法权益作用的重要体现。在具体的实践中，工会组织不断创新教育工作的载体和形式，如通过社会主义核心价值体系建设及形势政策教育，开展职工思想政治工作；通过岗位技术比武及技能练兵活动、"创建学习型组织，争做知识型技能型职工"等活动，大力提高职工的思想道德素质和技术技能素质；通过职工文体活动和科学文化教育工作，提高职工的科学文化素质和现代文明素质；通过支持、组织、推动职工参与企业民主管理，提高职工的参与能力、合作意识、团队精神即民主素养。2013年，中国工会第十六次全国代表大会确定"深入开展中国特色社会主义和'中国梦·劳动美'主题宣传活动"，引导职工树立社会主义核心价值观，坚定中国特色社会主义共同理想信念。可以说，工会作为职工利益的代表者和维护者，为全面提高职工整体素质做出了卓越的贡献。

2. 工会不断健全维权机制，构建和谐劳动关系，推动建立和谐稳定的社会主义新型劳动关系

工会本质上是社会经济矛盾特别是劳动关系矛盾的产物，因而，协调劳动关系，维护职工权益是工会的天职。建国以后，特别是改革开放以来，工会组织不仅有序推进基层民主建设，而且，通过健全维权机制，和谐劳动关系，推动构建社会主义新型劳动关系，促进了社会主义和谐社会的建设。

第一，就工会维权理念的形成与发展来看，新中国成立后，在中国共产党的领导下，工人阶级翻身做了主人，成为国家的领导阶级，数量和力量迅速壮大，并为新中国的建设做出了巨大贡献。改革开放以来，随着从计划经济体制向社会主义市场经济体制的转变，从单一公有制经济向公有制为主体、多种所有制经济共同发展的转变，特别是随着国有企业改革的深化，社会原有的利益格局被打破，出现了国有企业内部企业经营管理者与普通职工的矛盾，以及非公有制企业中雇主与雇工的矛盾。由于在改革中某些领域的职工群众处于弱势地位，一些人的利益受到损害，而在非公有制经济领域，由于一些雇主违反《劳动法》，存在故意延长劳动时间、劳动条件差、劳动强度大、工资收入低等问题，有些雇主甚至认为雇佣关系就是人身依附关系，对工人动辄训斥、谩骂，甚至任意解雇工人，严重地侵害了员工的正当权益，致使各种劳资纠纷，如合同、报酬分配、工作条件、人身安全、人格待遇上的纠纷，近年来呈现快速上升趋势。

应该说，中国工会始终重视维护职工的利益。中华全国总工会早在1925年成立时，便在其"章程"中开宗明义地指出，"本会以团结全国工人，图谋工人福利为宗旨"。建国以后，在计划经济时期，工会强调全体人民的利益、国家利益和工人群众个人利益的一致性，制定了以生产为中心，生产、生活、教育"三位一体"的工会工作方针。改革开放初期，1988年工会"十一大"明确了"维护、建设、参与、教育"的工会四项社会职能，第一次明确将"维护"规定为工会的职能。进入20世纪90年代，非公有制经济快速发展带来了劳动关系的多元化、复杂化，一些地方和企业侵害劳动者权益问题日益突出。在此背景下，1994年7月颁布的《劳动法》第七条规定，"工会代表和维护劳动者的合法权益"。同年底，全总十二届二次执委会提出了以贯彻实施《劳动法》为契机和突破口，进一步突出工会维护职能的工会工作总体思路。1998年工会"十三大"通过的《中国工会章程》明确"中国工会的基本职责是维护职工合法权益"，将维护职工合法权益确定为工会的基本职责。2001年经全国人大常委会审议通过的修改后《工会法》明确规定："维护职工合法权益是工会的基本职责"，从法律层面确定了工会的"维权"功能。随即，2003年工会"十四大"强调全面履行各项社会职能、突出维护职能。工会"十四大"后，工会维权理论进一步丰富和发展，2004年12月，全总十四届五次主席团全体会议将"组织起来、切实维权"确定为新形势下的工会工作方针。

2005年12月，全总十四届三次执委会议明确"主动维权、依法维权、科学维权"的维权思路。明确了"组织起来、切实维权"的工会工作方针、"以职工为本，主动依法科学维权"的中国工会维权观和"促进企业发展、维护职工权益"的企业工会工作原则。2010年7月，全总十五届四次执委会议提出依法推动"两个普遍"的重点工作，即"依法推动企业普遍建立工会组织"和"依法推动企业普遍开展工资集体协商"，明确了加强工会组建、维护职工权益的有效手段。2013年，中国工会第十六次全国代表大会提出"不断强化源头参与和制度创新，增强工会工作的法制基础和制度保障"的工作思路。由上可见，伴随我国经济社会的发展，伴随改革开放的进程，伴随劳动关系的变化，工会对自身的基本属性，特别是对社会主义市场经济条件下工会的维权职能的认识的不断深化。

第二，就工会的维权实践来看，改革开放以来，特别是进入新世纪新阶段，全总并带领各级工会按照突出源头参与、强化机制建设的思路，逐步建立起了利益协调、诉求表达、矛盾调处和权益保障的维权机制，构建起了社会化的维权格局。

（1）工会组织积极参与相关法律的制定、修订及监督实施，形成了"源头维权"的维权机制。改革开放以来，工会积极参与各类与职工权益相关的立法工作，推动形成了以《劳动法》、《工会法》为核心，包括《劳动合同法》、《就业促进法》、《劳动争议调解仲裁法》、《社会保险法》等重要法律在内的比较完备的劳动法律体系。

其一，工会参与了《中华人民共和国工会法》的制定与修订。1950年6月中央人民政府主席毛泽东签署命令颁布了《中华人民共和国工会法》，它与《婚姻法》、《土地改革法》一起，构成中华人民共和国建国后的三大法律。十一届三中全会以后，我国的政治、经济和社会状况都发生了深刻的变化。职工队伍有了很大的发展，党中央对工会在新的历史时期的工作作了一系列的重要指示，工会的任务也发生了很大变化。1950年《工会法》已不能适应新的形势对工会工作提出的要求。从1978年开始，全国总工会开始进行修改《工会法》的调研论证和起草工作。其间与全国人大法制工作委员会经过充分调查研究，反复征求各地和中央有关部门的意见进行修改。修改草案提请七届全国人大常委会第二十三次、第二十四次会议审议后，由七届全国人大五次会议审议通过，并于 1992 年 4 月 3 日颁布施行。1992 年《工会法》的颁布实施，进一步肯定了我国工人阶级和工会组织在国家政治、经济和社会生活中的地位，并就工会的性质、任务、权利、义务、活动准则和组织原则等重大问题作出了明确规定，以法律的形式对工会工作进行了规范。但由于 1992 年《工会法》修订时我国还没有明确提出建立和发展社会主义市场经济体制的目标，因而，1992 年的《工会法》存在很大的历史局限性。由此，全总又积极推动对 1992 年《工会法》的修订工作。1996 年 11 月，全国总工会向全国人大常委会提交了《关于对〈中华人民共和国工会法〉作出补充规定的建议》，要求就工会组建问题、工会基层组织的法人资格问题、工会干部的保护问题、工会的经费和财产问题以及违反《工会法》的法律责任问题等作出补充规定，并拟定了补充规定的具体条款。1998 年 6 月，全国总工会又向"李鹏委员长并全国人大常委会"提交了《关于修改〈中华人民共和国工会法〉的建议》，认为 1992 年颁布的《工会法》已明显与社会主义市场经济下对工会的要求不相适应，建议将修改《工会法》工作纳入第九届全国人大常委会的立法议程。该《建议》认为修改《工会法》应重点解决以下四个问题：一是工会组建问题，二是工会干部的保护问题，三是工会的经费和财产问题，四是违反《工会法》的法律责任问题。1998 年 6 月，全总副主席杨兴富等在第九届全国人大常委会第三次会议上联合发言，从我国建立社会主义市场经济体制过程中所有制结构所发生的变化，从社会主义市场经济发展过程中劳动关系的日益复杂化，从企业改制过程中所引发的一系列问题等更为全面地阐述修改《工会法》的理由。1998 年 7 月，全总还出台了《工会法》（修改草案）讨论稿及其说明。由于全国总工会的大力推动，2001 年 10 月，第九届全国人大常委会第 24 次会议终于通过了对《工会法》的修改。

其二，全总积极参与了《劳动合同法》的制定与实施。1996 年，《劳动合同法》被列入国务院立法日程，全总当时积极参加了草案的起草工作。但由于种种原因，1998 年《劳动合同法》的起草工作暂时搁置，直至 2004 年底重新启动。2005 年，全总成立了由各相关部门负责同志参加的"参与劳动合同立法协调领导小组"，并由全总法律工作部具体承担参与劳动合同立法的任务。面对由劳动合同法适用范围、无固定期限合同、劳务派遣工规制、经济补偿金支付等焦点热点问题引发的激烈争论，中华全国总工会始终立足于"明确劳动合同双方当事人的权利和义务,保护劳动者的合法权益,构建和发展和谐稳定的劳动关系"的原则,有理有利有节地表达广大劳动者的利益诉求。为更全面客观地表达劳动者的主张,全国总工会把劳动合同法草案中与劳动者权益相关的条款,归纳成5大方面21个问题,再据此在每个省选5个市、每个市找10个企业、每个企业最少找10名职工,广泛听取职工意见,然后把这些意见进行集中反馈,阐明工会的观点。最后,在公开征求的19万多条修改意见和建议中,63%的意见建议来自职工群众和工会。从《劳动合同法》颁布的内容看,全总在立法宗旨、防止合同短期化、终止劳动合同的经济补偿、工资调整机制、非全日制用工、劳务派遣的限制、集体合同、经济性裁员及工会作用等诸多问题上所提出的意见与建议,90%以上在法律条款中得到了体现。在全总的某些意见与其他部门有较大分歧的问题上,经过力争和坚持,也大部分得到了采纳。《劳动合同法》颁布后,在社会上产生了深刻影响,得到了广大劳动者的认可。2008年1月《劳动合同法》正式实施后,各级工会充分借助媒体的力量对《劳动合同法》进行全方位的宣讲,推动在职工群众和工会干部当中形成学习《劳动合同法》、使用《劳动合同法》、运用法律维护合法权益的良好氛围。

其三,全总积极参与《企业破产法》的修订。1986年,全国人大常委会在制订《企业破产法(试行)》过程中,全总受人大常委会的委托,先后对沈阳、武汉等地区亏损企业情况进行了调查,并分析了造成企业亏损原因是多方面的,其中大部分企业是由于外部因素造成的。反映了全国总工会对制定和实施企业破产法的意见和建议,特别是对企业破产后工人的救济安置问题的建议,人大常委会根据全总和其他委员的意见,对企业破产法草案的不足之处作了修改。1986年12月,全国人大常委会审议通过《企业破产法(试行)》。2003年8月,全国人大财经委启动《企业破产法》起草修订工作。在《企业破产法》修订过程中,全国总工会高度重视从法律上保障破产企业所欠职工工资、社保费和补偿金等劳动债权得到最大限度的清偿,从法律规范和司法实践等方面论证工会提出的"在担保物权之前优先清偿拖欠职工工资等劳动债权"主张的合理性。经全总与国务院法制办和全国人大的协调,《企业破产法》中有关劳动债权清偿问题取得了突破性进展,较好地维护了破产企业职工的合法权益。

其四，全总积极参与《公司法》的修订工作。2004年初，国务院法制办开始着手修订《公司法》，全国总工会组织参与了《公司法》修改领导小组的有关工作。在修改《公司法》过程中，全国总工会提出三项主张：修改《公司法》应当明确规定各类公司都应当通过职工代表大会或者其他形式实行民主管理；应当明确规定公司制企业的董事会、监事会都应当有职工代表；应当增加能够适应市场经济需要，灵活有效协调劳动关系的法律制度的规定，如平等协商签订集体合同的制度。经过工会的努力和社会各界的支持，新《公司法》最大限度地体现了工会的主张。职工评价新《公司法》是构建和谐劳动关系深化企业民主管理制度的公司法。

其五，全总积极参与起草《劳动争议调解仲裁法》。2005年，全总最早建议制定《劳动争议处理法》，并起草了《劳动争议处理法》（草案稿）。2007年4月，全国人大法工委印发《劳动争议调解仲裁法》（征求意见稿），全总立即通过专题研讨、深入企业座谈、进行书面调查等方式进行深入细致的调查研究工作。针对劳动争议处理过程中存在的程序多、周期长、成本高的突出问题，全总提出的"调解原则应成为处理劳动争议的基本原则"和"设立专章规范基层劳动争议调解"的建议被采纳。《劳动争议调解仲裁法》规定了工会组织在劳动争议处理中的职责，为工会履行维权职责提供了法律保障。

（2）工会将构建和谐劳动关系作为职工维权工作的重要内容，并构筑起"社会化维权"的维权格局。在社会主义市场经济体制建立过程中，我国的劳动关系发生了很大变化。一方面，从体制的变革来看，公有制实现形式的多样化、投资主体的多元化、用工制度的市场化，使劳动关系本身出现了复杂化；另一方面，由于我国市场经济体制发育还不完善，相关法律还不健全，因而，劳动关系的市场化使职工合法权益受侵犯的空间增大了，劳动关系的契约化使职工合法权益受侵犯的矛盾因素增多了，劳动关系的复杂化使职工合法权益受侵犯的客观条件增加了。面对改革进程中劳动关系的变化及其带来的巨大挑战，全总并带领各级工会积极通过协调劳动关系，维护职工合法利益，促进了社会主义和谐社会的建设。1993年，中国工会"十二大"通过的《中国工会章程》修正案增加了工会在社会主义市场经济条件下"把参与协调劳动关系，调节社会矛盾作为一项重要工作。"1994年召开的中华全国总工会十二届二次执委会议，适应调整日益复杂多变劳动关系的需要，提出了"在维护全国人民总体利益的同时,更好地代表和维护职工群众的具体利益;既维护职工群众的经济利益,又维护职工群众的民主政治权利和精神文化权益;既维护职工群众的合法权益,又教育和帮助他们不断提高思想道德和科学文化技术素质"的工会工作总体思路。1999年,全总十三届二次执委会议上,尉健行主席在讲话中指出要"推动企业建立调整劳动关系,实现平等协商和签订集体合同工作的突破"。2006年,全总十四届三次执委会议通过了《关于加强协调劳动关系、切实维护职工合法权益、推动构建社会主义和谐社会的决定》,这是改革开放以来工会组织加强协调劳动关系的重要文件。围绕构建和谐劳动关系这一主题,工会组织推动构筑起"社会化维权"的维权格局。具体而言,工会推动构筑的"社会化维权"的维权格局主要包括以下三个方面的内容:

其一,工会推动建立劳动关系"三方协商机制",维护职工利益。劳动关系"三方协商机制"原本起源于西方市场经济国家,是西方市场经济国家处理劳动关系的一项基本制度,三方分别指的是政府、雇主组织和工会,三方协商就是指这三方就劳动关系相关的社会经济政策和劳动立法以及劳动争议处理等问题进行沟通、协商、谈判和合作的原则与制度的总称。为了适应改革开放形势下劳动关系发展的要求,1983年,我国开始引入国际劳工理论与实践中"三方协商机制",并探索建立符合本国国情的政府、工会和企业三方协调机制。1990年,全国人大常委会批准了国际劳工组织第144号公约《三方协商促进履行国际劳工标准公约》。该公约规定,凡批准本公约的国际劳工组织会员国,承诺运用各种程序,保证政府、雇主和工人的代表之间进行有效协商;雇主和工人应以平等地位参加从事协商的任何机构。2001年,中国批准了国际劳工组织1978年第150号《劳动行政管理:作用、职能及组织公约》。该公约规定:"凡批准本公约的会员国应作出符合本国条件的安排,在劳动行政管理系统内,促成公共当局与最有代表性的雇主组织和工人组织、或在适当情况下与雇主代表和工人代表进行协商、合作和谈判。"依照以上两个《公约》的精神,2001年修订的《工会法》第34条第二款中规定:"各级人民政府劳动行政部门应当会同同级工会和企业方面代表,建立劳动关系三方协商机制,共同研究解决劳动关系方面的重大问题。"这为三方协商机制在我国的发展提供了法律保障。2001年8月,劳动和社会保障部与中华全国总工会、中国企业联合会/中国企业家协会共同组成的"国家协调劳动关系三方会议"正式成立，标志着我国开始在国家层面建立正式的三方协商机制。"三方会议"办公室设在劳动和社会保障部劳动工资司，负责协调组织召开会议的日常工作。2002年8月，国家协调劳动关系会议办公室出台了《关于建立健全劳动关系三方协调机制的指导意见》，为推动各地加快建立三方机制提供了具体的指导方针。2003年8月，劳动和社会保障部、中华全国总工会、中国企业联合会联合正式启动劳动关系三方协调机制的建设工作，以此为契机，全总把参与三方协商机制工作作为构建工会维权工作社会化格局的重要平台。2006年3月，中国第十届全国人民代表大会第四次会议批准的《国民经济和社会发展第十一个五年规划纲要》（2006—2010年）明确提出：要健全协调劳动关系三方机制，将这项工作列入国家经济社会发展的总体布局。2007年通过的《劳动合同法》第五条"协调劳动关系的三方机制"规定"县级以上人民政府劳动行政部门会同工会和企业方面代表，建立健全协调劳动关系三方机制，共同研究解决有关劳动关系的重大问题。"同年通过的《劳动争议调解仲裁法》亦规定，"县级以上人民政府劳动行政部门会同工会和企业方面代表建立协调劳动关系三方机制，共同研究解决劳动争议的重大问题。"2008年人力资源和社会保障部、中华全国总工会、中国企业联合会／中国企业家协会共同修订《国家协调劳动关系三方会议制度》，进一步规范国家三方会议的工作内容，包括：推进和完善劳动合同制度、平等协商集体合同制度；企业改制改组过程中的劳动关系；企业工资收入分配；劳动标准的制定和实施；劳动争议的预防和处理；企业民主管理；工会组织和企业联合会组织的建设以及其他问题共七大项。2011年7月，"国家协调劳动关系三方会议"第十六次会议召开，会议对国家协调劳动关系三方会议制度予以修订，增加全国工商联为国家三方会议成员单位，工商联的加入弥补了企联在私营企业上的代表性。据此，全国工商联作为企业组织代表，与人力资源和社会保障部、中华全国总工会、中国企业联合会/中国企业家协会，共同组成国家三方会议。我国"国家协调劳动关系三方会议"制度的建立，三方联席调解制度的建立不仅有力地维护了广大职工的合法权益，而且强化了工会的履职能力，拓展了工会工作的空间，提高了工会的地位和形象，同时，还促进了政府决策的民主化、科学化，促进了政府施政的有效性。

其二，切实推动集体协商制度的发展。就理论层面而言，工会组织牵头的三方协商机制的协商内容十分广泛，就我国而言，现阶段协商重点和协商成果主要体现在协调劳动关系领域，特别在于集体协商制度的发展。事实上，在三方协商机制之前，工会组织就在积极倡导和推动企业工资集体协商。1990年初，中华全国总工会在部分企业进行工资集体协商试点。1994年，全总十二届二次执委会议明确将推行平等协商和集体合同制度作为工会贯彻实施《中华人民共和国劳动法》的重点工作。1995年，中华全国总工会下发了《关于建立平等协商和集体合同制度，做好工会工作的意见和试行办法》。1996年，中华全国总工会与劳动部、国家经贸委、中国企业家协会联合下发了《关于逐步实行集体协商和集体合同制度的通知》。1998年，中华全国总工会提出了《工会参加工资集体协商的指导意见》。许多地方总工会推动当地劳动、经贸等政府部门和工会联合下发关于工资集体协商的试行办法和意见。2000年12月，中华全国总工会十三届三次执委会议提出，要依据《工资集体协商试行办法》，把工资集体协商作为推行平等协商和集体合同制度的重要内容抓紧抓好，落实职工参与工资分配的权利。2001年8月，由劳动和社会保障部、中华全国总工会、中国企业联合会/中国企业家协会共同组成的"国家协调劳动关系三方会议"正式成立后，即联合发出了《关于进一步推行平等协商和集体合同制度的通知》。2004年，国家三方会议重新修订1994年颁布的《集体合同规定》并于同年5月1日实施。2004年9月，全国总工会与劳动和社会保障部、中国企业联合会/中国企业家协会三方联合下发了《关于贯彻实施〈集体合同规定〉的通知》、《关于进一步推进工资集体协商工作的通知》，努力提高集体合同工作的针对性和实效性。2005年，国家劳动关系三方协调机构联合下发了《关于进一步推进工资集体协商工作的通知》。2006年，中华全国总工会与劳动和社会保障部、中国企业联合会/中国企业家协会共同制定下发了《关于开展区域性行业性集体协商工作的意见》，在小型企业比较集中和行业集群的工业园区和乡镇（街道）、村（社区），大力推进区域性、行业性集体合同工作。许多地方工会在综合性的区域性行业性集体合同基础上，分别就工资报酬、劳动安全、工作时间和休息休假、保险福利以及女职工特殊权益保护等方面的突出问题，签订专项集体合同。2010年7月，在中华全国总工会十五届四次执委会议上，王兆国主席在讲话中首次提出"两个普遍"，即

"依法推动企业普遍建立工会组织"和"依法推动企业普遍开展工资集体协商"。2011年初，全国总工会下发了《中华全国总工会2011—2013年深入推进工资集体协商工作规划》，提出从2011年起用3年时间，到2013年底已建工会组织的企业80%以上建立工资集体协商制度，基本实现已建工会企业普遍开展工资集体协商。由此，各级工会按照规划的部署，把推进"两个普遍"作为维护职工合法权益、构建和谐劳动关系的有效载体加以落实和推进。现阶段，全总并带领各级工会就各企业工资协商进行分类指导，如对生产经营正常的企业，突出协商工资增幅和福利待遇，建立工资正常增长机制；对生产经营困难的企业，突出协商工资支付保障，建立工资支付保障机制；对国有企业、国有独资企业和股份制企业，突出理顺按劳分配和按生产要素分配的关系，提高职工工资在企业工资分配中的比重；针对许多地区块状经济、集群经济发展的特点和中小企业开展工资集体协商难的实际，根据同行业、同区域职工相同或者相似利益诉求，开展行业性、区域性工资集体协商，有效解决一些非公企业、中小企业工会在与企业进行工资集体协商中"不敢谈"、"不善谈"等问题。同时，各地工会积极参与地方各级人大、政府关于工资分配的立法和政策制定工作，将集体协商机制逐步纳入法制化、制度化轨道；争取对工资集体协商要约、程序、信息提供等设立必要的强制性条款，强化工资集体协商制度的执行力，等等。到2012年初，在全国31个省（区、市），有23个省（区、市）人大制定了集体合同规定或集体合同条例，20个省（区、市）党委、政府下发开展工资集体协商的文件，26个省（区、市）将推进工资集体协商纳入本地"十二五"规划，15个省（区、市）将工资集体协商列入党政工作考核体系，22个省（区、市）协调劳动关系三方机构联合发文开展工资集体协商，17个省（区、市）开展了工资集体协商集中行动。

其三，工会组织积极参与劳动争议调处。劳动争议是指劳动关系双方当事人（包括用人单位和劳动者）因实现劳动权利和履行劳动义务而发生的纠纷。伴随社会主义市场经济制度的深化，用人制度亦趋于多样化，一些用人单位违反劳动法律法规，同时，由于劳动争议涉及法律关系复杂、配套法规不到位，企业和区域性劳动争议调解组织作用发挥不充分，调处劳动争议的部门协调机制不健全，劳动仲裁力量相对薄弱，致使各种劳动争议多发、高发，成为影响劳动关系和谐和社会稳定的重要因素。如根据全国总工会的统计，2000—2010年的11年间，全国第二产业和第三产业从业人员增长约35%，而全国各级劳动争议仲裁机构受理的劳动争议案件数量由13.5万件上升至60.3万件，增长347%。1987年，我国恢复劳动争议处理制度。1995年，为指导工会参与处理劳动争议，维护劳动者合法权益，协调劳动关系，全国总工会制定了《工会参与劳动争议处理试行办法》。2004年，全国总工会与劳动和社会保障部、中国企业联合会/中国企业家协会共同研究起草了《关于进一步加强和规范劳动争议调解工作的意见》。2005年，为加强工会劳动争议处理工作，中华全国总工会下发了《关于贯彻中央政法委通知精神，加强工会劳动争议处理工作的意见》；同时，与劳动和社会保障部、中国企业家联合会/中国企业家协会联合下发了《关于进一步加强劳动争议调解工作的通知》。2006年，全总推动最高人民法院出台了《关于审理劳动争议案件适用法律若干问题的解释（二）》，积极参与《劳动争议调解仲裁法（草案）》的修改论证，推动解决劳动争议处理周期过长、程序复杂和强化基层调解组织作用等方面的问题，建立及时、便利、有效的解决劳动争议处理的体制。2008年5月1日，我国建国以后首次制定的处理劳动争议的程序法《劳动争议调解仲裁法》正式施行。《劳动争议调解仲裁法》第四条规定："发生劳动争议，劳动者可以与用人单位协商，也可以请工会或者第三方共同与用人单位协商，达成和解协议。"第十条明确"企业劳动争议调解委员会由职工代表和企业代表组成。职工代表由工会成员担任或者由全体职工推举产生，企业代表由企业负责人指定。企业劳动争议调解委员会主任由工会成员或者双方推举的人员担任"，而且对实践中工会参与或主导的"乡镇、街道设立的具有劳动争议调解职能的组织"的地位和职责作出规定，明确了发生劳动争议，当事人可以到上述调解组织申请调解。这些规定，有利于工会在劳动争议调解工作中发挥自身优势，特别是对企业劳动争议调解委员会成员和主任人选的明确，以及赋予乡镇、街道设立的具有劳动争议调解职能的组织的法定地位，对工会进一步做好企业调解和区域性行业性调解工作提供了法律保障。《劳动争议调解仲裁法》颁布实施后，各级工会依照《劳动争议调解仲裁法》的规定，推动建立健全各级劳动争议调解组织，调整、充实调解人员，并通过加强培训等有效措施提高兼职仲裁员等专业人员的业务素质和工作能力，切实加强劳动争议调解工作，最大限度地把劳动争议化解在基层，解决在萌芽状态，切实维护了职工合法权益，推动了和谐劳动关系的构建。

三、工会组织职能发挥过程中的困境及其原因分析

建国以后，特别是改革开放以来，工会作为党和政府联系职工群众的桥梁与纽带，坚定不移团结带领职工群众服从服务党和国家工作大局；同时，作为职工利益的代表者和维护者，始终把代表和组织职工参与企事业单位的民主管理作为重要职能予以履行，并不断扩大工会所代表的民主基础，工会成为我国基层民主政治建设的重要推动力量。特别是进入新世纪以来，各级工会不断强化维权职能，逐步建立起利益协调、诉求表达、矛盾调处和权益保障的社会化的维权格局，推动构建社会主义新型劳动关系，促进了社会主义和谐社会的建设。但较之于工会作为政治社会团体的属性，工会职能的发挥还面临许多困境。

1. 工会双重职能的发挥尚不平衡，工会维权职能落实的实然状态与应然状态存在一定差距

关于工会的组织性质，建国以后，1950年颁布实施《中华人民共和国工会法》明确"工会是自愿结合的工人阶级群众组织"。1953年中国工会第七次全国代表大会通过的《工会章程》亦明确工会的性质是"自愿结合的工人阶级的群众组织"。可见，这个时期强调工会是"工人阶级的群众组织"。1978年，工会"九大"对《工会章程》进行了修订，明确工会"是党联系群众的纽带和中华人民共和国政权的支柱，是广大职工群众学习管理的学校"，1983年工会"十大"再次修订《中国工会章程》，明确："中国工会是中国共产党领导的职工自愿结合的工人阶级群众组织"，1988年，工会"十一大"修订通过《中国工会章程》明确："中国工会是中国共产党领导的职工自愿结合的工人阶级群众组织，是重要的社会政治团体。"1993年工会"十二大"修订通过《中国工会章程》明确："中国工会是中国共产党领导的职工自愿结合的工人阶级群众组织，是党联系职工群众的桥梁和纽带，是国家政权的重要社会支柱，是会员和职工利益的代表。"1998年，工会"十三大"通过的《中国工

会章程》再次明晰:"中国工会是中国共产党领导的职工自愿结合的工人阶级群众组织,是党联系职工群众的桥梁和纽带,是国家政权的重要社会支柱,是会员和职工利益的代表。"2003年工会"十四大"通过的《中国工会章程》明确:"中国工会是中国共产党领导的职工自愿结合的工人阶级群众组织,是党联系职工群众的桥梁和纽带,是国家政权的重要社会支柱,是会员和职工利益的代表。"2008年工会"十五大"通过的《中国工会章程》明确:"中国工会是中国共产党领导的职工自愿结合的工人阶级群众组织,是党联系职工群众的桥梁和纽带,是国家政权的重要社会支柱,是会员和职工利益的代表。"由上可见,自1993年工会"十二大",工会作为"党联系职工群众的桥梁和纽带"、"国家政权的重要社会支柱"与作为"会员和职工利益的代表"的双重属性得以明确并延续。

伴随工会组织属性的明晰,工会职能也逐渐得到明确。首先,就相关法律的规定来看,1950年6月29日颁布的《中华人民共和国工会法》明确建国初期工会的职责是:维护职工权益,如第七条规定:"工会有保护工人、职员群众利益,监督行政方面或资方切实执行政府法令所规定之劳动保护、劳动保险、工资支付标准、工厂卫生与技术安全规则及其他有关条例、指令等,并进行改善工人、职员群众的物质生活与文化生活的各种设施之责。"监督法令执行,如第十二条规定:"各级工会组织的委员或所派遣的代表,持有各该工会组织的证明文件者,得视察各该工会组织所属范围内的企业、机关和学校的工作场所、宿舍等,行政方面或资方不得拒绝,但有特殊规定者除外。"参加企业管理,如第八条规定:"在国营及合作社经营的企业中,各级工会组织有要求其同级企业行政当局在工会委员会、全体会员大会或者代表会议上报告工作之权,并有代表受雇工人、职员群众参加同级企业管理委员会或企业行政会议之权。"提高职工觉悟,如第九条规定:"工会为保护工人阶级的根本利益,根据其章程及决议进行下列工作":教育并组织工人、职员群众,维护人民政府法令,推行人民政府政策,以巩固工人阶级领导的人民政权;教育并组织工人、职员群众树立新的劳动态度,遵守劳动纪律,组织生产竞赛及其他生产运动,以保证生产计划之完成;在国营及合作社经营的企业中,在机关、学校中,保护公共财产,反对贪污浪费和官僚主义,并与破坏分子作斗争;在私营企业中,推行发展生产、劳资两利政策,反对违背政府法令及妨害生产的行为。正是根据1950年《工会法》的这些规定，工会在1950年代便形成了"生产、生活、教育"三位一体的工作方针。1992年4月3日，第七届全国人民代表大会第五次会议通过了中国历史上的第二部《中华人民共和国工会法》。1992年《工会法》明确了工会的两个"维护职责"，即第六条规定："工会在维护全国人民总体利益的同时，代表和维护职工的合法权益。"2001年10月27日第九届全国人大常委会第二十四次会议审议通过第三部《中华人民共和国工会法》，2001年《工会法》第2条增加了第二款规定："中华全国总工会及其各工会组织代表职工的利益，依法维护职工的合法权益。"在第6条第一款增加了"维护职工合法权益是工会的基本职责"的规定。2001年《工会法》将维权职能确立为工会首要和基本的职能，是我国工会立法的一次重大突破。

其次，就工会章程的表述来看，建国初期，工会的职能确定为三项：生产、教育、生活。在企业内部还有没有侵犯个人利益的现象，工会有没有保护职工权益的职责，刘少奇、李立三、赖若愚等工会老一代领导人曾进行积极的探索，但总体上，建国初期，工会对职能的认定和表述强调其政治属性和行政属性。"文革"结束后，1978年，工会"九大"通过的《工会章程》明确中国工会"是党联系群众的纽带和中华人民共和国政权的支柱，是广大职工群众学习管理的学校"。工会"十大"通过的《工会章程》明确"中国工会是中国共产党领导的职工自愿结合的工人阶级群众组织"。1988年，工会"十一大"第一次提出工会具有"维护、建设、参与、教育"四项职能，第一次将"维护"明确规定为工会的职能。工会"十二大"通过的《工会章程》明确"中国工会的主要社会职能是：维护职工的合法利益和民主权利；动员和组织职工积极参加建设和改革，完成经济和社会发展任务；代表和组织职工参与国家和社会事务管理，参与企业、事业和机关的民主管理；教育职工不断提高思想道德素质的科学文化素质，建设有理想、有道德、有文化、有纪律的职工队伍。"工会"十三大"通过的《工会章程》再次明晰"中国工会的基本职责是维护职工合法权益。"这里，在中国工会发展史上，首次明确提出工会的"基本职能"，而这个基本职能就是"维护职工合法权益"。工会"十四大"通过的《工会章程》明确"中国工会的基本职责是维护职工合法权益"，突出了工会的维护职能，使之上升到基本职责的高度。

由上,可以清晰地看到,改革开放以来,伴随我国确定建立社会主义市场经济体制的改革目标,工会"维护职工合法权益"的基本职能从政策与法律上不断得到确认和强化,也日益成为各级工会组织基本的工作理念。在实践中,工会作为党和政府联系职工群众的桥梁与纽带,坚定不移地团结带领职工群众服从服务党和国家工作大局,在帮助困难职工、开展培训教育、组织员工生产建设等方面都起到了举足轻重的作用;但工会作为职工利益的代表者和维护者,对维权职能的履行,特别是基层工会"维权"职能的发挥与其功能定位还存在一定的差距,而造成这一差距的根本原因在于工会的维权工作体制机制存在瓶颈。

工会的维权工作体制机制主要是指"工会维权的具体工作制度、工会组织和工会干部的责权利配置问题等,核心是现行制度及法律对维权行为本身能够提供多少保障和支撑"①。当前,我国正处在经济转体制、政府转职能、企业转机制的社会转型时期,市场经济体制和法制建设还不完善,还未真正建立起完全适应市场经济的分配机制和劳动关系调节机制,由此导致劳动关系双方力量对比严重失衡,企业侵犯职工合法权益的事件屡屡发生。人力资源和社会保障部公布的数据表明,我国劳动争议案件及集体劳动争议案件数量,2000年分别为13.5万件和8247件,2009年则为68.4万件和1.4万件,上升幅度颇大。劳动争议案件涉及到的劳动者,2000年和2009年分别为42.3万人和101.7万人,集体劳动争议(十人以上)以年均11.5%的比例递增,介入劳动争议的劳动者三分之一以上参与了集体争议,而罢工又是集体争议中涉及人数最多的事件。2010年1月至6月,我国劳动争议案件数量出现井喷,其中较大规模的40余起,单件事件参与人数最多达7000余人,持续时间最长达17天。而工会维权工作体制机制的瓶颈在于:

第一,相关法律的粗括在一定程度上限制了工会维权理念向维权实践的转化。有关工会的一系列法律,如《工会法》、《劳动合同法》、《就业促进法》等法律法规及各地所颁布的条例都明确了工会的维权职能,但由于相关法律对工会维权只做出了原则规定,法律规定比较粗括,缺乏必要的可操作性,使工会维权的法律保障被虚化。例如,工会基本职责是维护职工的劳动权、报酬

---

① 田芝健、韦刚主编:《政治文明视野下的工会维权》,人民出版社,2008年,第175页。

权、休息权等基本权利,但是《工会法》中关于此类问题的规定含糊不清,没有规定权利的界限。对集体谈判权和罢工权等未进行确认,也没有规定执行的权利,造成工会只有协调的权利,执行权十分有限和薄弱,实际工作中无执行依据导致了维权的虚化和弱势,需要通过劳动仲裁部门甚至法院进行解决。特别,针对不断变化的全球化经济形势和不断出现的劳动关系纠纷,没有与时俱进的相应法律支持。

第二,体制赋予工会的资源和手段缺乏,工会维权实效低。如前所述,我国相关一系列法律明确规定,维护职工的合法权益是工会的基本职责。但就工会的制度设计而言,特别是基层工会的设置方式,限制了其维权职能的发挥,导致工会维权实效低。建国以后,我国企事业单位的工会基本按照单位建会,基层工会不是一个社会组织,而只是企事业单位内部管理机构的一个组成部分,是企事业组织架构中的职能机构。从正向来看,这种方式可以减少工会组织的运行成本,扩大工会组织的覆盖面,凝聚更多职工群众;从负面来看,其最突出的问题是基层工会干部的"单位身份"过于明显,他的自身利益与所在企业关系密切,而与地方工会、上级工会及职工群体的利益关系不大。企事业单位工会的建制方式在计划经济体制下结构矛盾并不突出,但在经济体制发生深刻变革之后,其弊端是较为严重的。尤其是在一些新兴企业中,"企业经营者指定或通过'选举形式'让办公室主任等企业行政人员兼任工会主席,再由工会主席代表工人与自己'集体协商'、'集体签约',这样的'集体'中是无法包含任何一点工人意愿"的。① 与基层工会的设置方式相应,基层工会的经费主要来源于企事业单位的拨款,按照《工会法》的规定,"企业、事业单位、机关工会委员会的专职工作人员的工资、奖励、补贴,由所在单位支付"。工会经济的不独立直接导致工会对所在单位的依附性,加之工会工作人员的"单位干部身份",不断强化了工会的"行政化"倾向,致使广大工会会员对工会缺乏充分的认同感和归属感。

第三,非公企业工会组织多流于形式。我国《工会法》第三条规定:"在中国境内的企业、事业单位、机关中以工资收入为主要生活来源的体力劳动者和脑力劳动者,不分民族、种族、性别、职业、宗教信仰、教育程度,都有依

---

① 邓海建:《工会能担纲"工资共决"的导演吗》,载《济南日报》,2010年5月10日。

法参加和组织工会的权利。任何组织和个人不得阻挠和限制。"2006年，中华全国总工会第十四届执行委员会第四次全体会议通过《企业工会工作条例》，《条例》明确工会工作的重点在企业，企业工会建设要制度化、标准化、规范化。2010年6月，中华全国总工会发出《关于进一步加强企业工会建设充分发挥企业工会作用的紧急通知》，要求各级工会要全力推动在外商投资企业、港澳台商投资等非公有制企业组建工会，把包括农民工在内的广大职工组织到工会中来。2010年7月，中华全国总工会第十五届执行委员会第四次全体会议通过《中华全国总工会关于进一步加强企业工会工作充分发挥企业工会作用的决定》，《决定》明确要求"加大工会组建工作力度，推动企业普遍建立工会组织"。特别提出要"以非公有制企业特别是外资企业、港澳台资企业、中小企业为重点领域，继续加大企业工会组建工作力度"。但就实际情形来看，非公企业工会的组建状况却不容乐观。一方面，就认识层面看，一些非公企业主对组建工会持消极态度。一些非公企业主片面地认为，工会就是带动员工共同闹事与资本所有者对立斗争的团体，成立工会无异于为自己设置了一个对立面；同时，成立工会后，某些事情就不便于独自决定，无异于作茧自缚；再者，成立工会就不得不按照规定提供办公场所，安置有关人员，还要划拨经费，不仅是负担，还会瓜分利润。另一方面，就非公企业工会组建的实际效果来看，近年来，在全总的推动下，非公企业工会的组建率大幅度提高，但组建方式与实质效果还存在较大差距。也就是说，非公企业相当一部分工会是单纯依靠行政手段直接建立的，而且"只搭台不唱戏"的问题大量存在，很多非公企业所建之工会对于职工和会员而言，基本没有什么实际效果和意义。

2. 以职工代表大会为基本形式的企事业单位基层民主政治建设存在形式主义的流弊，工会在推进基层民主政治建设中还面临瓶颈

职工代表大会是我国企事业单位中保证职工对本单位实行民主管理，实现当家作主的民主权利的基本形式，是我国基层民主制度的重要组成部分。党的十八大报告明确指出："全心全意依靠工人阶级，完善以职工代表大会为基本形式的企事业单位民主管理制度，保障职工参与管理的民主权利。"改革开放以后，党和政府在企事业单位中逐步恢复职工代表大会制度。经过30年的发展，我国职工代表大会制度建设总体上取得了长足的进步，职工代表大会制度在我国基层民主政治建设中亦发挥了积极的作用。但毋庸回避，职工代表大会制度尚未发挥出其应有的作用。例如，《中华人民共和国工会法》明确"工会依照法律规定通过职工代表大会或者其他形式，组织职工参与本单位的民主决策、民主管理和民主监督。"这意味着，工会通过职工代表大会组织职工参与本单位的民主决策、民主管理和民主监督是法律赋予的权力，但在实践中，职工代表大会制度本身的制度化水平较低，职工代表大会制度的作用发挥还存在形式主义的流弊，具体表现为：

第一，职工代表大会的职权规定缺乏刚性和连贯性，在一定程度上制约了职工代表大会作用的发挥。我国的职代会制度是社会主义制度人民当家作理念的产物，因此，职代会制度最初建立于公有制企业，其职权较为广泛。1981年的《国营工业企业职工代表大会暂行条例》曾规定职代会有讨论、审议、决定、通过重大方案、选举企业行政领导人员等权利，并就重大问题作出相应的决议。但1986年的《全民所有制工业企业职工代表大会条例》对此有所修改，规定职代会享有企业重大决策方案听取审议权、相关职工工资福利审议通过权、评议监督权、民主推荐企业领导权等，其中变化较大的是由作出"决议"改为"就上述方案的实施作出决议"，使职代会在文件上的决策者地位改变成执行决策的实施者；由"选举厂长"改为"可以推荐和选举厂长"。① 较之于1981年的《国营工业企业职工代表大会暂行条例》，《全民所有制工业企业职工代表大会条例》的相关规定在一定程度上削弱了职代会的权力。1988年，我国颁布《全民所有制工业企业法》（简称《企业法》）。《企业法》第5章专门规定了职工代表大会职权，即：（1）听取审议厂长关于企业的经营方针、长远规划、年度计划、基本建设方案、重大技术改造方案、职工培训计划、留用资金分配和使用方案、承包和租赁经营责任制方案的报告。提出意见和建议。（2）审查同意或否决企业工资调整方案、奖金分配方案、劳动保护措施方案、奖惩办法及其他重要的规章制度。（3）审议决定职工福利基金使用方案、职工住宅分配方案和有关职工生活福利的重大事项。（4）评议、监督企业各级行政领导干部，提出奖惩和任免的建议。（5）根据政府主管部门的决定选

---

① ［韩］张允美：《中国职工代表大会制与职工参与模式的政治学分析》，载《北京行政学院学报》，2003年第1期。

举厂长，报政府主管部门批准。这五项职权通常被概括为审议建议权、审查同意或否决权、审议决定权、评议监督权、民主选举权。

2007年7月，国资委党委、国资委下发《关于建立和完善中央企业职工代表大会制度的指导意见》，概括出职代会的职权主要有审议建议权、审议通过权、监督评议权、民主选举权以及法律法规赋予职代会的其他权利，并对每一方面的职权初步作了具体的解释。但这主要针对的是中央企业，而且该"意见"也指出由于中央企业的产权结构、组织构建差异较大，职代会的职权内容可以有所不同。

2010年9月，全总颁发了《中华全国总工会关于推行区域（行业）职工代表大会制度的意见》（试行），指出区域（行业）职工代表大会的主要职责：听取区域（行业）执行国家有关劳动法规政策情况报告，区域（行业）劳动关系状况报告，并提出意见和建议；讨论区域（行业）内企业有关劳动报酬、工作时间、休息休假、劳动安全卫生、保险福利、职工培训、劳动纪律以及劳动定额管理等直接涉及职工切身利益的重大问题，提出意见和建议；讨论通过区域（行业）集体合同草案和专项集体合同草案；审议监督区域（行业）内企业执行劳动法律法规和区域（行业）职工代表大会决定事项情况，签订和履行劳动合同、集体合同情况，缴纳社会保险费情况，实行厂务公开情况等；审议决定区域（行业）职工代表大会的其他事项。较之于国资委《关于建立和完善中央企业职工代表大会制度的指导意见》"审议建议权、审议通过权、监督评议权、民主选举权"等职代会权力的确定，《中华全国总工会关于推行区域（行业）职工代表大会制度的意见》关于职代会的权力认定更为柔性。

为规范和促进市场经济条件下职工民主管理的健康发展，中华全国总工会与全国厂务公开协调小组及其成员单位，包括中央纪委、中央组织部、国务院国资委、监察部及全国工商联，于2012年2月联合下发《企业民主管理规定》，这是继1986年中共中央、国务院发布《全民所有制工业企业职工代表大会条例》以来，全面规范以职工代表大会为基本形式的企业民主管理制度的重要规章。该条例重申职工代表大会是"职工行使民主管理权力的机构"，并对企业职工代表大会职权、组织和工作制度作出统一规范，对不同性质、不同规模、不同治理结构企业分门别类作了规定，具有较强的针对性和可操作性。但一个明显的问题是,该条例关于职代会的权利与《劳动合同法》的相关规定有差异,如《劳动合同法》第4条规定:用人单位在制定、修改或者决定有关劳动报酬、工作时间、休息休假、劳动安全卫生、保险福利、职工培训、劳动纪律以及劳动定额管理等直接涉及劳动者切身利益的规章制度或者重大事项时,应当经职工代表大会或者全体职工讨论,提出方案和意见,与工会或者职工代表平等协商确定。但在《企业民主管理规定》第13条中,职工代表大会的第一项职权表述:"审议企业制定、修改或者决定的有关劳动报酬、工作时间、休息休假、劳动安全卫生、保险福利、职工培训、劳动纪律以及劳动定额管理等直接涉及劳动者切身利益的规章制度或者重大事项方案,提出意见和建议。"这里,审定劳动标准应该是职代会最基本的权限,《企业民主管理规定》未能与国家基本法保持一致,在一定程度上弱化了职工代表大会的职权。

第二,职工代表大会的运行模式缺乏规范保障,使职工代表大会的作用未能充分发挥。现阶段,职工代表大会的作用和实践影响有限,除职工代表大会的职权规定缺乏刚性外,职工代表大会的运行模式缺乏规范保障也是重要因素。具体而言,就职代会的构成看,本质上,职工代表应是企事业单位职工代表大会的主体。而且,职工代表结构合理、权利依法得到保障、并切实履行应尽的义务,职代会的作用才能得到应有的发挥。现行相关规章亦明确职工代表大会五分之四都应该是一线的职工,管理层的人员参与最多不超过五分之一。但目前,我国多数企事业单位职工代表结构不尽合理,一线职工为主体的原则在实践中没有得到充分落实,一些单位党政领导、正副职领导兼任职工代表的现象比较普遍。就职工代表的权利看,相关法规、条例的原则性规定比较多,但在实践中,职工代表实际开展民主管理和维权过程的空间有限,也难以真正得到法律的保障和庇护。特别,由于职工代表与企事业单位有着直接的切身利益关系和较强的依附性,在科层制的企事业单位管理体制下,职工代表在职代会中的履职过程与其作为科层制中的一员存在较大的利益冲突,由于缺乏具有独立性和超然性的法律或制度的保障,职工代表很难充分有效地行使民主管理与民主监督的权力。就职工代表大会的日常运行看,相关制度规定职代会每届三至五年,每年至少召开两次。特大型企业每年至少召开一次。每年会议必须有三分之二以上职工代表出席,方可召开。但就目前职代会的运行看,多数企事业单位每年只召开一次，由于会期较短，在会议期间，职工代表很难充分表达自己的意见和建议；而在闭会期间，由于缺乏制度平台，职工代表很难开展与其身份相关的活动。如"上海市人大开展《职代会条例》执法检查"报告显示："一些单位在建立和实施职代会制度的过程中存在形式主义倾向，忽视或淡化职代会的实际作用，认为职代会就是开一次会，每年草草完成任务，会议缺少实际内容，薪酬福利、规章制度、民主评议等内容在职权履行上不到位，组织运作敷衍了事，代表选举、团组讨论、表决程序等没有体现民主、公开、透明。"①

第三，职工代表大会制度的实践效应微弱。建国以后，1956年，党的"八大"明确"在企业中实行党委领导下的厂长负责制"的企业管理制度，1957年，中央对这一制度进行了改革，即在实行党委领导下的厂长负责制的同时，实行党委领导下的职工代表大会制度，作为职工参加企业管理和监督行政领导的权力机构，中共中央还明确规定了职工代表大会的职权：职工代表大会通过民主选举产生，在法律范围内行使职权，贯彻执行党国家的方针、政策，正确处理国家、企业、职工三者的利益关系，保障职工的合法权益和主人翁地位，调动职工积极性，办好社会主义企业制度，是在企业内部行使民主管理权力的一种制度。"文革"中这一制度遭到破坏。改革开放以后，1978年，中共中央颁布了《关于加快工业发展的若干问题的决议（草案）》，决定在工业企业恢复党委领导下的厂长分工负责制和职工代表大会或职工大会制度，同时建立工人参加管理、干部参加劳动和领导干部、工人、技术人员三结合的制度。社会主义市场经济的基本形式确立之后，党中央对职工的民主管理问题做了进一步的完善和发展，1992年修订通过的《中华人民共和国工会法》明确："国有企业的工会委员会是职工代表大会的工作机构，负责职工代表大会的日常工作，检查、督促职工代表大会决议的执行。"2001年修订通过的《中华人民共和国工会法》明确："工会依照法律规定通过职工代表大会或者其他形式，组织职工参与本单位的民主决策、民主管理和民主监督。"可以说，就制度设置而言，职工代表大会制度是我国企业管理的一项基本制度，而且，就法律依据而言，具有依法行使审议建议、审议通过、民主选举、民主评议、监督

---

① 张路、伏淼：《上海市人大开展〈职代会条例〉执法检查》，载《劳动报》，2012年8月1日。

审查等职权。但在实践中，职工代表大会在企业中的地位与其制度设计和法律依据存在较大差距，职代会形式上看似一种共同决策制度，但实质上，除审议决定职工的生活福利事项外，诸如企事业单位重大事项审议权、民主选举权、民主评议权等的落实存在瓶颈。如 2009 年 7 月 24 日吉林通钢集团通化钢铁股份公司的群体性事件、2009 年 8 月 11 日河南省林州市濮阳林州钢铁有限责任公司的群体性事件，均是由于企业改制这样事关企业发展及职工切身利益的重大事项未提交企业职工代表大会或职工大会审议，并按照有关规定和程序及时向广大职工群众公布，导致职工群众强烈不满所引发的；再如"上海市人大开展《职代会条例》执法检查"报告显示："职工代表大会民主评议权落实难的问题，其原因在于'评归评、用归用'，使得职工代表大会民主评议工作虚化、弱化"。鉴于类似的状况相对普遍，有些职工将职代会戏谑为"两手一口"，即听台上讲话"拍拍手"、会议表决"举举手"、会后圆桌"开开口"，这在一定程度上折射出企事业单位职工代表大会制度流于表面、流于形式的问题。

第五章　妇联组织与我国民主政治建设

妇女组织和妇女运动在我国革命和建设时期具有重要的地位和作用。早在抗日战争和解放战争时期，妇女和妇女组织就是发展生产、支援党和军队建设与发展的重要力量。1949年3月，"中华全国民主妇女联合会"正式成立，1957年更名为"中华人民共和国妇女联合会"，1978年又更名为"中华全国妇女联合会"，沿用至今。"中华全国妇女联合会"是"中国各族各界妇女在中国共产党领导下为争取进一步解放而联合起来的社会群众团体，是党和政府联系妇女群众的桥梁和纽带，是国家政权的重要社会支柱"。[①] 改革开放以来，伴随我国经济社会的快速发展和政治民主化的不断推进，妇联组织的地位更加巩固，政治社会影响力不断提升。

一、妇联组织职能发挥的历史透视

中国妇女运动和妇女组织具有悠久的革命历史。1922年7月，中共"二大"决定，在中共中央设妇女部，向警予被任命为妇女部第一任部长。1928年后，中共"六大"特别传达了加强农村妇女工作的精神，在全国8个省普遍建立了党的妇女部、妇女工作委员会、政府的妇女生活改善委员会以及妇女群众组织的女工农副代表会。1945年6月，解放区成立了妇女联合会筹备会。1948年9月，解放区妇女发出召开全国代表大会，成立全国统一的妇女组织的倡议。1949年3月24日，中国妇女第一次全国代表大会在北平召开，根据

[①] 《中华全国妇女联合会章程》第一条，2008年10月31日中国妇女第十次全国代表大会通过。

大会决定，4月3日成立了中华全国民主妇女联合会，从此，中国有了全国性的妇女运动的统一领导机构。1957年9月，中国妇女第三次全国代表大会上将"中华全国民主妇女联合会"改称为"中华人民共和国妇女联合会"，1978年9月，中国妇女第四次代表大会又将"中华人民共和国妇女联合会"改称为"中华全国妇女联合会"。中国妇联成立66年来，其组织发展与功能发挥大致可以分为四个阶段。

第一阶段，妇联组织成立至"文革"前，是妇联组织蓬勃发展及其功能与作用广泛发挥的时期。

1949年3月24日，中国妇女第一次全国代表大会在北平召开，大会决定成立中华全国民主妇女联合会，并选举蔡畅同志为主席，标志着新中国成立后全国统一的妇女组织由此建立。这次会议的宗旨是"团结全国各阶层各民族妇女大众，和全国人民一起，为彻底反对帝国主义、摧毁封建主义及官僚资本主义，为建设统一的人民民主共和国而奋斗，并努力争取废除对妇女的一切封建传统习俗，保护妇女权益及儿童福利，积极组织妇女参加各种建设事业，以实现男女平等，妇女解放"。

在这一精神的指导下，妇联组织率领广大妇女群众积极参与新政权的建立与社会主义建设，极大地推动了广大妇女群众社会参与和自身素质的提高，我国妇女运动蓬勃发展。首先，在社会建设中，在农村地区，"到1952年底，全国参加农业生产的妇女约占农村劳动妇女总数的60%左右……1952年，在生产上组织起来的农业劳动妇女，新区约占妇女劳动力总数的20%左右，老区约占百分之40%—50%"[①]。在城市和工业建设领域，女职工逐年增加，到1952年，"在纺织业中女工约占全体工人的60%强，"而且，这一时期，出现了"第一个女地震组"、"第一个女子测量队"、"第一个女炼铁炉长"。[②]各地妇联组织还密切配合公安部门查封妓院，收容妓女，安排她们接受教养和就业，新中国利用强有力的行政手段基本消灭了数千年来奴役妇女的娼妓制度。其次，在民主建政方面，妇联组织积极推动妇女的政治参与，"据1952年几个地区的不完全统计，乡、县、市的各界人民代表会中女代表约占代表总数的

---

① 见《中华全国民主妇女联合会第二次全国代表大会工作报告》，引自中国妇女网。
② 见《中华全国民主妇女联合会第二次全国代表大会工作报告》，引自中国妇女网。

12%到22%左右。……据华北区不完全的统计，1952年有女的正副县长51名，省、专区、县的法院院长中有女的正副院长144名。在省、市、大行政区中也有些妇女在担任省府副主席、专员、厅长。在中央人民政府中，妇女担任副主席、正副部长、正副局长、司长的，共60余人"。① 特别需要提及的是，在推动妇女自身的解放运动中，妇联组织积极参与1950年第一部《婚姻法》的起草和宣传贯彻。《婚姻法》是新中国颁布的第一部法律，以邓颖超为首的起草小组数十次更易其稿。《婚姻法》直击数千年的封建婚姻制度，使数以千万计的妇女砸碎买卖婚姻、包办婚姻的桎梏走向新生活，为广大妇女的解放提供了强有力的法律保障。

1953年4月，中国妇女第二次全国代表大会召开。大会对全国妇联章程进行了修订。修改后的妇联章程将妇联组织的宗旨界定为"团结全国各民族各阶层妇女，积极参加祖国各种建设事业，保护妇女权益及儿童福利，提高妇女觉悟与能力，实现男女平等，争取妇女彻底解放，并联合全世界爱好和平的妇女为保卫世界和平而奋斗"。

中国妇女第二次全国代表大会后，妇联组织积极发动和组织广大妇女群众，参加工农业生产和祖国各方面的建设，如在社会生产领域，"1956年，约有1.2亿多农户的妇女，同男农民一起，参加了农业生产合作社，从事农业、牧业、副业生产"，"随着农业生产合作社的生产发展和经营管理制度的逐步健全，男女同工同酬的原则，正在逐步实现"。② 女职工队伍迅速扩大，1956年底，"女职工达到300余万人……仅1956年年底，全国各工矿企业中，就有11万余女职工被评选为先进生产者或先进工作者"③。同时，妇联积极组织广大妇女参与国家事务管理，1954年，第一届全国人民代表大会上女代表有147人，占总代表人数的11.99%。到1957年，"全国约半数左右的乡有了妇女担任乡长或副乡长，全国各城市的居民委员会中，妇女干部占到干部总数的80%左右。全国还有1000多位女干部在各级法院中担任院长、庭长、审判员等工作"④。在社会管理领域，城市民主妇联协助工会开展相关的妇女工作，

---

① 见《中华全国民主妇女联合会第二次全国代表大会工作报告》，引自中国妇女网。
② 见《中华全国民主妇女联合会第三次全国代表大会工作报告》，引自中国妇女网。
③ 见《中华全国民主妇女联合会第三次全国代表大会工作报告》，引自中国妇女网。
④ 见《中华全国民主妇女联合会第三次全国代表大会工作报告》，引自中国妇女网。

以解决社会上的重男轻女思想和女职工自身的自卑观念等问题；农村民主妇联与供销合作社等组织一起，帮助解决妇女在农副业生产和手工业生产方面存在的原料供应和产品销路问题，并在产品的规格与生产的技术方面予以指导。在民主政治方面，继续宣传婚姻法，彻底清除重男轻女的封建残余思想，为进一步实现男女婚姻自由、保护妇女合法利益而努力。

1957年9月，中国妇女第三次代表大会召开。本次会议对妇联章程进行了进一步的修订，将妇联组织的宗旨再度修改为"在中国共产党的领导下，团结和教育全国妇女积极参加祖国的社会主义建设，并且组织群众的力量协同社会各有关方面，为妇女群众服务"。关于妇女联合会的具体任务，本次会议章程不仅强调了要团结和教育妇女、动员和组织妇女，而且第一次明确提出要"关心和保护妇女、儿童权利和利益"。应该特别提及的是，中国妇女第三次代表大会专门围绕妇联自身的工作进行了讨论。报告指出："要建成繁荣幸福的社会主义国家，必须依靠全国人民和全国妇女发挥高度的社会主义积极性，勤俭建国，勤俭持家。我们妇联组织的责任，就在于团结教育全国妇女，完成上述光荣的艰巨的重大的任务；为此，妇联组织还必须认真改进和加强妇女工作。"并具体将妇联组织的工作任务确立为：经常地有系统地加强对妇女群众的政治思想教育工作；组织群众自己的力量，推广群众互助互济工作，发展群众性的妇女儿童的福利事业；在社会主义的基础上，扩大妇联组织的团结面，加强全国妇女的大团结。中国妇女"三大"表明妇联除确保其行政性的功能之外，逐渐向组织本身的内在功能方向发展。

1958年，中央妇委会撤销，标志着妇联组织的双重属性开始显现。1958年以前，中国共产党的中共中央妇委会在组织妇联、贯彻党的思想路线和执政方略、确定妇联工作的大政方针中发挥重要的领导作用。1949年全国妇联成立后，两个机构处于合署办公状态。但很多关系到妇女和妇女工作的重大决策建议和活动，都是由中央妇委直接出面提出和组织的。1958年中共中央妇委会撤销，妇联组织作为党联系妇女群众的桥梁纽带的政治属性凸显出来，在很大程度上，妇联成为执政党的妇女工作机构。

总之，从1949年到"文革"之前，是妇联组织成立并蓬勃发展的时期。这一时期，妇联组织率领广大妇女群众积极参与新政权的建立与社会主义建设，在社会建设、民主建政以及推动妇女自身的解放运动中都发挥了积极而有效地作用。这一时期，从妇女"一大"到"二大"、"三大"，妇联在实践探索过程中对自我的组织性质与功能任务的确定也逐渐趋于合理和内在化，特别是"三大"提出"关心和保护妇女、儿童权利和利益"是妇联组织属性归属的明确转折点。

第二阶段：妇联组织的大瘫痪阶段。

"文革"时期，在改造"旧国家机器"的运动指向下，各级妇联遭受到巨大的组织冲击。首先是妇联组织的存废作为一个问题被提出来，至1968年"革委会"体制建立前后，全国妇联实行了"军管"，地方各级妇联亦陷入解体状态。"文革"时期，妇联组织及其工作遭到重创。1970年后，妇联体制问题开始纳入中央高层议事日程。1971年12月，中联部决定成立工青妇组，在工、青、妇尚未恢复对外活动前，统管工运、青运、妇运的研究工作和必要的外事活动。1973年1月1日，"两报一刊"发表元旦社论，提出"工会、共青团、红卫兵、红小兵、贫下中农组织、妇女组织，应当经过整顿逐步健全起来"。3月8日，《人民日报》发表社论《劳动妇女是伟大的革命力量》，进一步强调"要整顿和健全各级妇女组织，使它们成为党委进行妇女工作的有力助手，成为发动妇女群众的战斗组织"。至此，中央高层明确地将妇女组织整顿健全的任务提到日程上来。但由于在一系列理论与实践问题上的模糊不清，全国妇联的组织重建未能及时完成。总体上，"文革"时期，妇联组织陷入了长达21年的瘫痪时期。

第三阶段：改革开放至20世纪90年代初，妇联组织的恢复与重建阶段。

"文革"晚期，特别是1973年，妇联组织的恢复工作已经开始，到1973年底，除山东省外，各省妇女组织的重建基本完成。但由于在一系列理论与实践问题上的模糊不清，全国妇联的组织重建未能及时完成。而中国妇女"四大"的召开真正代表着我国妇女运动走向全面拨乱反正的开端。

1978年9月，中国妇女"四大"在北京召开，蔡畅主持开幕式，邓颖超致开幕词，康克清代表三届全国妇联执委会向大会作了《新时期中国妇女运动的崇高任务》的报告。大会通过了《中国妇女第四次全国代表大会关于工作报告的决议》和《中华全国妇女联合会章程》。这次会议对于妇联组织的一个重大意义在于，它重新定位了妇联的性质：妇联是一个人民团体，是党联系妇女群众的桥梁。当然，由于特定历史时期的限制，"四大"的文件和报告在认识和具体表述上都有明显的局限性。

1978年12月，全国妇联主席康克清发表题为《把妇女工作的重点转移到现代化建设上来的》的广播讲话，号召广大妇女坚决拥护党的十一届三中全会的各项决定，结合妇女的特点扎扎实实贯彻落实；1981年11月2日全国妇联向各省、市、自治区妇联发出关于《总结建国32年来妇女工作中的经验教训和贯彻中央（81）19号文件精神的情况，培养中青年妇女干部方面经验的通知》；1983年4月，全国妇联第四届第七次常委扩大会议通过了《关于认真贯彻中央指示精神，坚决维护妇女儿童合法权益》的决议。这一系列的行动说明，妇联组织已经清醒地认识到自己的职能在于代表和维护妇女的权益，开始转变了自己的工作重心。

1983年9月，中国妇女第五次全国代表大会召开。大会通过的《中华全国妇女联合会章程》明确"中华全国妇女联合会"是中国共产党领导的全国各族女职工、女农民、女知识分子和其他劳动妇女、拥护社会主义的爱国妇女和拥护祖国统一的爱国妇女的群众组织，是党联系妇女群众的纽带。值得一提的是，妇女"五大"会议上，康克清主席在"奋发自强开创妇女运动新局面"的工作报告中，关于今后五年的工作，提出要"宣传执行宪法法律 维护妇女儿童权益"。这是妇联成立以来首次从法律的角度提出妇女维权问题。本次大会的工作报告还就妇联自身的工作与建设提出了具体的思路。康克清主席指出要"真正把妇联组织建设成为代表妇女利益，保护和教育妇女儿童的有权威的群众团体。"妇女"五大"后，各级妇联围绕危害妇女儿童合法权益的问题，深入调查研究，主动配合有关部门，研究、制定和落实解决问题的措施。同时，还在城乡开展"五好"家庭活动，对扫除社会上的歪风邪气，发扬社会主义新风尚，增进家庭民主和睦，实现社会风气根本好转起了积极作用。

1988年9月6日，中国妇女第六次全国代表大会召开。会议通过的《中华全国妇女联合会章程》明确"中华全国妇女联合会"是全国各族各界妇女在中国共产党领导下为争取进一步解放而联合起来的社会群众团体，是党和政府联系妇女群众的桥梁和纽带。妇女"六大"章程明确指出"妇女联合会的基本职能是：代表和维护妇女利益，促进男女平等。"这是妇联组织关于自身职能认定的主要转折点，意味着妇联要在党的领导之下，保持和发扬妇女群众团体的特色，独立自主地开展工作。妇联一旦明确了自身的职能定位，其工作目标逐渐明确化。虽然，它继续是一个行政性组织，但不再是行政性泛化的组织，它有了自身的目标与追求。妇女"六大"之后，妇联具有标志性的工作是妇联抓住妇女工作与经济建设的结合点，与政府有关部门于1989年发起了全国农村妇女"学文化、学技术，比成绩、比贡献"（简称"双学双比"）竞赛活动，1991年在全国城镇妇女中开展了做"'四有'、'四自'女性，为'八五'计划建功"（简称"巾帼建功"）活动。这两项活动得到社会有关部门的热情支持和广大城乡妇女的积极响应。其时，全国有1.2亿农村妇女参加"双学双比"活动，其中9000万人接受了各种实用技术培训，15132人获省以上女能手称号；全国有3776万城镇妇女参加"巾帼建功"活动，4672人被评为省以上"巾帼建功标兵"。女能手和女标兵的精神和事迹，在全社会产生了广泛的影响。同时，各级妇联不断拓宽工作领域，农村妇女工作在引导妇女发展商品经济方面取得了经验，城市妇女工作在面向各界妇女的同时的，注重以职业妇女为重点，妇女联合会的特色更加鲜明。

1993年9月1日，中国妇女第七次全国代表大会召开。妇女"七大"的一个突出成就是明确提出了到20世纪末我国妇女运动的光荣使命和妇女发展的十大目标，以及为了达成这一目标妇联自身改革和建设的目标。关于妇联自身改革和建设的目标中特别强调妇联要"更好地代表和维护妇女利益，促进男女平等，推动妇女儿童事业发展，使妇联成为有较强吸引力、凝聚力和影响力的群众团体，成为党和政府联系妇女更畅通的桥梁、更牢固的纽带。"这反映出妇联组织对自身功能的自我认识的深化。

妇女"七大"以后，各级妇联从我国基本国情和妇女发展的实际出发，把握推进妇女发展和维护妇女权益两条主线，实现了妇联工作的新发展。在推进妇女发展方面，各级妇联深入持久地开展"双学双比"、"巾帼建功"和"五好文明家庭"活动，特别是"巾帼扶贫"、"巾帼创业"、"巾帼扫盲"、"巾帼成才"、"巾帼文明"等一系列活动取得了显著效果。在维护妇女权益方面，各级妇联协助政府大力推动《中华人民共和国妇女权益保障法》、《中华人民共和国未成年人保护法》和《中国妇女发展纲要》、《九十年代中国儿童发展规划纲要》的贯彻和实施，妇联还建立了五级信访网络、妇联法律服务机构、"妇女帮教小组"、"妇女禁赌会"、"妇女禁毒会"等群众性组织，为维护妇女儿童权益和社会稳定办了许多好事、实事。

总之，从改革开放到 20 世纪 90 年代初，是妇联组织恢复与重建的重要阶段，妇联不断拓宽其工作领域，围绕经济建设的中心组织和推进妇女工作，提升妇女群体的素质。特别，妇联重新认识自身的组织性质，确认自身的职能归属，妇女联合会的政治社会影响力逐渐增强。

第四阶段：北京"第四次世界妇女大会"至今，妇联组织的内涵提升与政治社会影响力扩展的时期。

20 世纪 90 年代以后，中国社会步入全面转型期。经济体制的深刻变革、社会结构的深刻变动、利益格局的深刻调整，带来思想观念的深刻变化，女性群体需求与利益走向多元化；而经济体制与社会结构的深刻变化，也带来就业环境与就业结构的深刻变化，女性群体在职业选择及职业晋升中所面临的竞争更加激烈，女性群体利益所面临的挑战更加突显。女性群体利益诉求与利益处境的变化，推动妇联组织的职能定位与履职方式也不断调整，特别是 1995 年，中国成功举办了第四次世界妇女大会，妇联作为"非政府组织"的身份得到明确认定，妇联的组织性质与运行模式开始发生较大的转向。

自 20 世纪 80 年代开始，我国开始推进干部制度改革，以期实现干部队伍革命化、年轻化、知识化、专业化的整体目标。为了有效达成这一目标，在干部选拔过程中确立了破格选拔"四化"干部、实行离退休制度和差额选举制度等等。这些改革措施虽然为妇女提供了新的机遇，但总体上挑战更为严峻，即基层女干部在差额选举中落选情况比较严重，各层次女干部比例急剧下降、女性高层领导比例锐减。造成妇女参政比例下滑的原因十分复杂，既有女性个人的因素，如参政的主动性和综合素质的制约，也有政治因素的影响。面对女性参政的困境，全国妇联在时任全国妇联主席陈慕华的领导下积极探索，将政策引导工作锁定在对妇女参政至关重要的组织部门，带领各级妇联组织积极配合组织部门工作，建立长效的合作机制。1990 年，中共中央组织部和全国妇联在吉林长春市联合召开 20 省（市、自治区）委组织部长、省妇联主任、8 个中央国家机关部委人事司（局）及解放军总政治部代表参加的培养选拔女干部工作座谈会。这是新中国成立以来首次召开的规模较大的专门研究培养选拔女干部座谈会。全国妇联与中组部共同制定了《在改革开放中加强培养选拔女干部工作的意见》，这次会议极大地推进了全国妇女的参政工作。之后，1991 年 11 月，中央组织部和全国过妇联第二次联合召开部分省、区、市培养选拔女干部；1995年2月，中共中央组织部和全国妇联第三次召开培养选拔女干部工作会议，检查各地、各部门落实1990年和1991年两次座谈会精神的情况，总结交流经验。至此，全国妇联和中组部推动女性参政的合作从政策制定推进到相关政策的监督和评估阶段。

20世纪90年代初，是我国经济结构调整、产业结构优化、国有企业改革深入推进的关键时期。在国有企业改制的大潮中，大量城市妇女由于专业素质和受教育程度较低，出现了就业层次较低、下岗数量较多的状况。为配合国家"八五"计划的实施，广泛动员城镇妇女提高自身素质、在国家经济建设和社会发展中建功立业，全国妇联与国家教委、人事部等12个单位共同发起了"巾帼建功"活动。所谓"巾帼建功"活动即在全国城镇妇女中开展的"学政治、学文化、学科学、学技术、学管理，比思想、比质量、比服务、比成绩、比贡献"竞赛活动的简称。"巾帼建功"活动以做"四有"、"四自"女性、立足岗位建功立业为主题，在提高妇女素质、激发妇女活力、凝聚妇女力量、推动妇女发展方面取得了显著成效。

20世纪90年代初，我国加快了由计划经济体制向社会主义市场经济体制转型的进程。这一转型可分为宏观经济层面和微观经济层面两种转型。宏观经济转型主要包括财税、金融、投资、计划和外贸五项改革；微观经济转型主要内容是通过产权制度改革，建立以公有制经济为主导、多种经济成分共同发展到基本经济制度，建立、健全现代企业制度。社会主义市场经济体制的建立，对于女性群体而言，既是机遇更是挑战。一方面，微观经济转型带来女性群体就业结构的巨大变化，在激烈的竞争中，大量女职工下岗，女性群体在激烈的社会竞争中处于明显的劣势；另一方面，建国以后，我国关于妇女权益的保护基本上都是政策性或者说是行政性的，而在市场经济公平竞争的规则中，女性要与男性站在同一起点上，传统上对于女性权益保护的政策或行政措施就失去了、至少部分失去了保障作用。在此背景下，全国妇联在收集各方面信息、开展大量的调查研究和理论分析的基础上，向立法机关提出意见和建议，并得到了立法机关的充分重视和采纳，直接推动了1992年《妇女权益保障法》的出台。1992年的《妇女权益保障法》，是我国第一部以妇女为对象，专门保障妇女合法权益，促进男女平等的基本法律。而在《妇女权益保障法》颁布后，全国妇联并带动地方各级妇联加大妇女维权工作，提出了"一手抓发展，一手抓维权"的工作方针。

1993年9月,中国妇女第七次全国代表大会召开。妇女"七大"的一个突出成就就是明确提出了到20世纪末我国妇女运动的光荣使命和妇女发展的十大目标,以及为了达成这一目标妇联自身改革和建设的目标。关于自身改革和建设的目标中,特别强调妇联要"更好地代表和维护妇女利益,促进男女平等,推动妇女儿童事业发展,使妇联成为有较强吸引力、凝聚力和影响力的群众团体,成为党和政府联系妇女更畅通的桥梁、更牢固的纽带"。这反映出妇联组织对自身功能的自我认识的深化。妇女"七大"以后,各级妇联从我国基本国情和妇女发展的实际出发,把握推进妇女发展和维护妇女权益两条主线,实现了妇联工作的新发展。在推进妇女发展方面,各级妇联深入持久地开展"双学双比"、"巾帼建功"和"五好文明家庭"活动,特别是"巾帼扶贫"、"巾帼创业"、"巾帼扫盲"、"巾帼成才"、"巾帼文明"等一系列活动取得了显著效果;在维护妇女权益方面,各级妇联协助政府大力推动《中华人民共和国妇女权益保障法》、《中华人民共和国未成年人保护法》、《中国妇女发展纲要》、《九十年代中国儿童发展规划纲要》的贯彻和实施,妇联还建立了五级信访网络、妇联法律服务机构、"妇女帮教小组"、"妇女禁赌会"、"妇女禁毒会"等群众性组织,为维护妇女儿童权益和社会稳定办了许多好事、实事。

1995年,中国作为东道主举办了联合国第四次世界妇女大会,全球189个国家和地区的代表、联合国系统各组织和专门机构及有关政府间和非政府组织的代表共1.7万余人出席了会议。会议审查和评价了《到2000年提高妇女地位内罗毕前瞻性战略》的执行情况,制定并通过了加速执行《内罗毕战略》的《北京宣言》和《行动纲领》,指出了提高全球妇女地位的主要障碍,制定了今后的战略目标和具体行动。外界对这次大会给予了极高的赞誉,称其"无论对于中国还是对于世界的妇女运动,都具有里程碑式的意义"。以联合国第四次世界妇女大会在北京举办为契机,我国妇联对自身的组织性质的认识发生了重大变化。正是由于第四次世界妇女大会在北京召开,NGO这个词才被引入中国社会,并促使学术界乃至社会思考中国的群众团体、民间组织的性质与身份认同问题。根据当时第四次世界妇女代表大会中国组委会的宣传材料解释:非政府组织是与政府组织对应的,由关心其他领域问题的群众自愿结合起来的非盈利性的群众团体。它必须在所在国政府的主管部门登记注册,有自己的章程和组织网络,按照本组织的纲领和任务独立自主地开展工作。据此,全国妇联以非政府组织名义组织并参加了大会。妇联以非政府组织身份参与联合国第四次世界妇女大会,对妇联组织的自我认知、自我认同及相应的职能定位与组织发展产生了很大的促动作用,至此,妇联开始审视自身的组织属性,在自我审视的过程中,妇联逐渐强化其群团性质、维权功能和服务功能。

1998年3月,中国妇女第八次全国代表大会召开。会议通过的《中华全国妇女联合会长成》明确"中华全国妇女联合会是全国各族各界妇女在中国共产党的领导下为争取进一步解放而联合起来的社会群众团体,是党和政府联系妇女群众的桥梁和纽带。""妇女联合会的基本职能是代表和维护妇女权益,促进男女平等。"妇女"八大"的工作报告亦明确指出妇联组织要"把握推进妇女发展和维护妇女权益两条主线",并特别指出:"面向二十一世纪的妇联组织,要更好地履行职能,发挥优势,就必须在工作中不断强化妇联组织的群众性、社会性、统战性,努力把妇联组织建设成为工作上有活力,组织上有凝聚力,社会上有影响力,能为妇女儿童说话办事,深受广大妇女信赖的群众组织。"妇女"八大"提出"巾帼创新业"的号召,要求各级妇联坚持"一手抓发展,一手抓维权"的工作方针,以"创业、创造、创新"的精神,不断深化"三大主体活动"("双学双比"、"巾帼建功"、"五好文明家庭创建"活动)和"四项工程"("科技致富"、"社区服务"、"家庭文明"和"女性素质"工程),重点推进新时期农村妇女和城市妇女工作以及妇联组织自身建设问题,进一步促进妇女儿童的进步与发展,进一步强化代表和维护妇女儿童权益的基本职能。妇女"八大"以后,各级妇联坚持一手抓发展,一手抓维权,在推进妇女发展方面,各级妇联动员妇女参与经济发展实现了新跨越,组织妇女参与精神文明建设取得了新成绩,如围绕国有企业改革和城市管理体制改革,培训妇女500万人次,直接帮助200余万妇女实现了就业或再就业;在维护妇女权益方面,妇联工作取得了突破性成就,如积极参与修订《婚姻法》、参与制定《农村土地承包法》,参与《妇女权益保障法》的执法检查;建立健全了妇女儿童维权联席会议等维权协调机制,加强了五级维权工作网络建设,全国共建立了9000多个法律援助和服务机构,推动了社会化维权工作格局的形成。

2003年8月，中国妇女第九次全国代表大会召开。会议通过的《中华全国妇女联合会章程》明确"中华全国妇女联合会是全国各族各界妇女在中国共产党领导下为争取进一步解放而联合起来的社会群众团体，是党和政府联系妇女群众的桥梁和纽带，是国家政权的重要社会支柱。""妇女联合会的基本职能是代表和维护妇女权益，促进男女平等。"妇女"九大"的工作报告亦明确指出："进入新世纪新阶段，妇联工作的主要任务是紧紧围绕经济建设这个中心，积极推动落实男女平等基本国策和实施妇女儿童发展纲要，坚持一手抓发展、一手抓维权，努力提高妇女的思想道德素质、科学文化素质和健康素质，进一步团结动员妇女广泛参与社会主义物质文明、政治文明和精神文明建设，在全面建设小康社会的伟大实践中实现妇女的进步与发展。"应该提及的是：妇女"九大"关于新形势下妇联组织的主要任务专门就"努力提高妇联组织的服务水平"和"以改革的精神加强妇联组织自身建设"问题进行论述，提出要"为促进妇女儿童发展服务、为维护妇女儿童权益服务"。妇女"九大"以后，各级妇联按照服务大局、服务妇女、服务基层的工作宗旨，坚持党政所急、妇女所需、妇联所能的工作定位，落实一手抓发展、一手抓维权的工作方针，充分发挥组织妇女、引导妇女、服务妇女和维护妇女儿童合法权益的作用。在推进妇女发展方面，各级妇联不断深化"双学双比"、"巾帼建功"等活动，创建巾帼科技示范基地26万多个，对1.2亿人次妇女进行培训，带动妇女创业就业及劳动力转移1300多万人次，建立长三角、泛珠三角、环渤海等六个区域妇女发展合作组织。在维护妇女权益方面，各级妇联强化源头参与，紧跟国家民主法制建设进程，主动参与了未成年人保护法、物权法、就业促进法、劳动合同法、社会保险法、禁毒法等多部法律法规的制定修改，推动25个省区市出台预防和制止家庭暴力的法规政策、31个省区市完成"两纲"中期评估督导工作；实施"维权行动计划"，创建2.7万多个妇女儿童维权服务机构，推动查处侵犯妇女儿童权益的典型案件，参与社会治安综合治理，促进社会的和谐稳定。

2008年10月，中国妇女第十次全国代表大会召开。会议通过的《中华全国妇女联合会章程》再次明确"中华全国妇女联合会是全国各族各界妇女在中国共产党的领导下为争取进一步解放而联合起来的社会群众团体，是党和政府联系妇女群众的桥梁和纽带，是国家政权的重要社会支柱。""妇女联合会的基本职能是代表和维护妇女权益,促进男女平等。"妇女"十大"工作报告指出开创妇联工作的新局面,首先要把握发展机遇,引领妇女为促进经济社会又好又快发展再建新功;要突出维权职能,推动解决妇女最关心、最直接、最现实的利益问题,特别要不断增强维权工作的实效性,以源头维权、社会化维权和实事化维权为手段,大力实施"妇女儿童权益维护行动";要按照健全社会管理格局的要求,在政府委托、妇女需要、市场缺位、妇联所能的结合点上强化参与职能,在参与社会管理和公共服务中争取更大作为。

2009年5月,全国妇联召开纪念中华全国妇女联合会成立60周年座谈会,会上陈至立主席作了"高举中国特色社会主义伟大旗帜,推动新时期我国妇女运动的创新发展"的重要讲话。关于"新时期的妇联工作",陈至立指出,"各级妇联组织要认真贯彻落实党中央、国务院作出的各项战略部署,从妇女群众"最关心、最直接、最现实"的问题入手,为妇女办好事、办实事,使妇女真正"得实惠、普受惠、长受惠",切实发挥好党和政府联系妇女群众的桥梁纽带作用以及国家政权的重要社会支柱作用,最大限度地调动亿万妇女参与和谐社会建设的积极性,落实男女平等基本国策。"2009年9月,全国妇联召开新中国成立六十周年纪念大会。陈至立主席在讲话中指出,面对新形势新任务,妇联要"坚持一手抓发展、一手抓维权"的工作方针,按照"党政所急、妇女所需、妇联所能"的工作定位,遵照使广大妇女"得实惠、普受惠、长受惠"的原则,找准"服务大局、服务基层、服务妇女"的结合点和着力点,要狠抓各项工作的落实,使发展和维权的各项措施真正落实在基层,落实在广大妇女身上。陈至立主席这两次的重要讲话,突显了新形势下妇联工作与职能发挥的明确定位。

2009年9月,全国妇联召开维权工作会议。全国人大常委会副委员长、全国妇联主席陈至立明确指出,维权工作是妇联组织的使命所系、职责所在;妇联组织在国家立法和宏观决策过程中,是妇女权益的积极代表者;在政府主导的妇女权益保障工作和维护社会和谐稳定中,是坚定的推动者;在贯彻落实男女平等基本国策进程中,是不懈的宣传倡导者;在妇女权益受到侵害时,是有力的维护者,在促进男女两性协调发展、维护社会和谐稳定中发挥了重要的作用。自此,妇联组织的基本职能得到更为充分的重视和表达。

2010年1月,全国妇联召开十届二次执委会议,总结2009年的工作,安排部署2010年的工作。会议指出2010年妇联工作的总体思路是：首先要紧紧围绕发展这个第一要务，引领妇女在经济建设主战场上发挥积极作用，如以推进小额担保贷款为重点促进妇女创业就业，以及积极为女性人才成长发展创造条件；其次要坚持把推动解决妇女民生问题作为工作重中之重，如大力推动妇女、儿童发展纲要全面如期达标，加强源头维权、社会化维权和实事化维权，以推进"两癌"检查试点为重点推动解决妇女儿童生存发展中的突出问题；再次要以促进妇女进村"两委"为重点引导妇女积极参与基层民主政治建设。

2011年1月，全国妇联召开十届三次执委会议，总结2010年的工作，安排部署2011年的工作。会议指出，2011年各级妇联工作的总体思路是：首先，要围绕推动科学发展、加快转变经济发展方式，以创先争优活动为载体，以"巾帼创新业、建功'十二五'"为主题，团结动员广大妇女为实施"十二五"规划贡献智慧和力量。具体包括：组织开展各具特色的巾帼"十二五"建功活动，着力促进城乡妇女创业就业，把提升妇女素质作为服务大局、促进妇女发展的战略性任务，帮助妇女提高参与发展的能力。其次，要抓住"十二五"发展战略机遇期，推动妇女儿童事业与经济社会同步协调发展，包括推动将妇女儿童发展的重要指标纳入国家和各地经济社会发展"十二五"规划和专项规划，配合国务院妇女儿童工作委员会做好2001—2010年两纲终期评估工作，积极参与2011—2020年两纲的编制和实施。再次，强化维权职能，在推动解决妇女"三最"问题上下功夫，包括继续推动妇女权益保障法执法检查审议意见的落实，进一步推动妇女参政议政，抓住今明两年省、市、县、乡四级领导班子换届的契机，积极配合做好培养、推荐优秀女干部工作，着力促进妇女健康和对困难妇女儿童群体的帮扶，完善维权服务的机制和手段，加强社会化维权机制建设。第四，十届三次执委会议特别就努力做好新形势下的农村、社区妇女群众工作进行安排部署，包括深入推进农村妇女群众工作、积极探索开展社区妇女群众工作的新路子、扎实做好家庭和儿童工作等。最后，十届三次执委会议还特别就各级妇联组织不断提高做好新形势下妇女群众工作的能力和水平进行安排部署，提出大力加强妇联基层基础工作、进一步改进群众工作方式方法、不断加强妇女工作队伍建设等。

2011年12月，全国妇联召开十届四次执委会议，总结2011年的工作，安排部署2012年的工作。会议指出，2012年，妇联组织要进一步团结动员妇女为"十二五"经济社会发展做贡献，在参与中实现自身进步与发展，包括深化巾帼创先争优活动、不断提升服务妇女创业就业的工作水平、扎实做好新阶段妇女扶贫开发工作；要充分发挥妇联组织优势，在参与社会管理和创新中实现新的作为，包括积极参与社会矛盾的排查和化解、强化对困难妇女儿童群体的关爱服务、进一步拓展联系和服务妇女的渠道；要着力推动解决妇女儿童发展与维权中的重点难点问题，包括配合做好新两纲实施工作、进一步推动女性参政水平的提高、着力提升妇女儿童健康水平、积极为女性高层次人才发展创造更加有利条件、以推进国家反家暴立法进程和实施新修订的村民委员会组织法的契机，加大对妇女儿童的法律维权工作力度；以建设"坚强阵地"和"温暖之家"为目标，着力做好抓基层打基础工作，如进一步完善基层组织网络、进一步加强"妇女之家"建设、进一步壮大妇联工作队伍、进一步拓展妇联工作资源、进一步转变工作作风等。

妇女"十大"以来，全国妇联并带领地方各级妇联组织，在促进妇女发展和维护妇女儿童合法权益方面主动作为，开展了许多具有标志性的工作。

首先，在促进妇女发展方面，其一持续推进妇女小额担保贷款工作。2009年全国妇联与财政部、人力资源和社会保障部、中国人民银行联合出台优惠政策，加大妇女小额担保贷款财政贴息力度，2011年5月，在兰州举行了全国妇女小额贴息贷款工作现场推进会，截止2011年9月底，全国累计发放妇女小额贴息贷款486.48亿元，中央及地方财政落实贴息资金18.46亿元，直接扶持110多万城乡妇女创业就业，带动近400万妇女就业。其二切实服务妇女儿童的身心健康。2009年，全国妇联推动将农村妇女妇科病定期检查纳入国民经济和社会发展年度计划、纳入新医改方案、纳入国家重大公共卫生服务项目，联合卫生部在31个省区市221个县的1120万农村妇女中启动为期三年的宫颈癌、乳腺癌免费检查试点工作。截至2011年底，全国221个宫颈癌检查试点县（区）累计检查1058万人，200个乳腺癌检查试点县（区）累计检查118万人，三年试点任务将如期完成。同时，设立"贫困母亲两癌救助专项基金"及救助项目，对困难患病妇女给予每人一次性救助1万元。其三大力促进农村妇女进村"两委"工作。2009年，全国妇联与民政部联合出台指导文件、召开现场会、开展专项培训，推动农村妇女参与村民自治实践。2010年，全国妇联进一步强化源头参与，积极争取法律保障和政策支持，推广"设岗定位"、"专职专选"等办法，极大地提升女性进入村"两委"的比例。2011年，全国妇联抓住新一轮村"两委"换届契机，与中组部、民政部联合召开会议，推动女性进村"两委"相关法律政策的落实。至2011年底，已全部完成换届的5个省百分之百的村委会中都有女性，比上次换届时平均提高了25.4个百分点。其四大力实施女性高层次人才成长政策研究。2009年，在中组部、科技部等部门的指导支持下，全国妇联启动了"女性高层次人才成长政策"重大课题研究，并在全国召开13个不同层面的调研座谈会，确定了研究论证和争取政策的重点方向。2010年，女性高层次人才成长状况研究与政策推动项目完成了现状调研、政策论证工作，推动国家自然科学基金委出台放宽女性申请青年科学基金的年龄限制、女性怀孕可延长课题研究期限、提高评审委员会女性比例等政策措施，推动将促进女性人才成长的内容纳入国家中长期人才发展规划纲要。2011年，女性高层次人才成长状况研究成果转化取得新进展，推动将女性高层次人才成长对策研究列为教育部哲学社会科学研究重大课题攻关项目，与科技部联合出台了加强女性科技人才队伍建设的意见，国家自然科学基金委青年科学基金项目资助的女性比例比2010年提高了10个百分点，第十二届"中国青年科技奖"获奖者中的女性比例比上届提高了18个百分点。推动县处级女干部与男性同龄退休政策逐步落实。

其次，在维护妇女儿童的合法权益方面，妇女"十大"以来，全国妇联并带领地方各级妇联组织大力推进维权服务的源头参与，如主动跟进国家立法进程，2009年参与了选举法、社会保险法、农村土地承包纠纷仲裁法、女职工劳动保护条例等24部法律法规政策的制定与修改，2010年参与了村委会组织法、人民调解法等近20部法律法规的制定或修改，有关提高农村妇女参政比例、社会组织成员参与调解等建议被采纳；持续推动反家庭暴力法立法工作，2011年全国人大常委会已将其纳入立法立项论证试点项目，在各地妇联的积极参与和推动下，27个省区市出台预防和制止家庭暴力的法规，29个省区市出台妇女权益保障法实施办法；推动将妇女儿童发展重要指标纳入"十二五"规划纲要。同时，全国妇联并带领地方各级妇联组织大力推进基层的维权服务，重点关注失业失地妇女、留守流动妇女儿童、老龄妇女等弱势群体的权益保护问题，2010年20个省级妇联与综治部门联合出台政策，在乡镇街道综治中心建立妇女维权服务站，2011年在全国2800多个县开通了12338妇女维权服务热线。

可以说，妇女"十大"以来，妇联更加明晰了其作为政治社会团体的组织属性，凸显并强化了作为党和政府联系妇女群众的桥梁和纽带职能，将维护妇女儿童合法权益的职能提到了前所未有的高度，开创了妇联工作的新局面。

2013年10月，中国妇女第十一次全国代表大会召开。会议审议并通过中华全国妇女联合会第十届执行委员会工作报告；审议通过《中华全国妇女联合会章程（修正案）》。中国妇女"十一大"要求各级妇联通过"六项"工作——动员引领、维护权益、加大服务、提升素质、统战联谊、对外交往和"四大行动"——"巾帼建功"、"巾帼维权"、"巾帼关爱"及"巾帼成才"创新妇联工作发展。中国妇女"十一大"通过的《中华全国妇女联合会章程（修正案）》把妇联的组织定性由"社会群众团体"修改为"群众组织"和"人民团体"；将"宣传男女平等基本国策"修改为"落实男女平等基本国策"；在第三条中增加了"倾听妇女意见，反映妇女诉求"；将"加强与社会各界的联系"修改为"加强与女性社会组织和社会各界的联系"。特别，在"组织制度"部分，将"妇女联合会实行地方组织和团体会员相结合的组织制度"修改为"妇女联合会实行全国组织、地方组织、基层组织和团体会员相结合的组织制度"。妇女"十一大"后，全国妇联将建设"服务型基层妇联组织"作为妇联工作的基础性、战略性任务和生命力工程予以安排和部署，妇联工作进入一个新的阶段。

综观妇联组织及其职能发挥的历史与现状，可以看出妇联的发展是与国家政治、经济发展乃至社会结构的变迁有着密切联系的，是与国家与社会发展相适应、与社会管理及其结构、功能相协调的。因而，妇联组织在未来的发展中需要更加注重解放思想、改革创新，更加注重统筹发展、依法维权，更加注重夯实基础、优化环境，大力宣传贯彻男女平等基本国策，推动实施中国妇女发展纲要和中国儿童发展纲要，扎实做好组织妇女、引导妇女、服务妇女和维护妇女儿童合法权益的工作，促进妇女全面发展，团结动员亿万妇女为夺取全面建设小康社会新胜利做出新的更大的贡献。

二、妇联组织在我国民主政治建设中的作用及影响

中华全国妇女联合会是在中国共产党的帮助和指导下成立的。妇联成立六十余年来，伴随中国共产党由革命党向执政党的转变，伴随我国经济社会变革的步伐，妇联对自我的组织属性的认识逐步明晰，并回归本位，这也正是妇联政治社会影响力逐渐扩大的原因所在。

妇联组织成立之初至改革开放前，妇联组织主要强调和突出其政治属性，如1949年中国妇女第一次全国代表大会通过的《中华全国民主妇女联合会章程》强调其宗旨是"团结全国各阶层各民族妇女大众……为建设统一的人民民主共和国而奋斗……积极组织妇女参加各种建设事业，以实现男女平等，妇女解放"；1953年中国妇女第二次全国代表大会通过的修改后的妇联章程将妇联组织的宗旨界定为"团结全国各民族各阶层妇女，积极参加祖国各种建设事业，保护妇女权益及儿童福利，提高妇女觉悟与能力，实现男女平等，争取妇女彻底解放，并联合全世界爱好和平的妇女为保卫世界和平而奋斗"；1957年中国妇女第三次代表大会虽然明确"中华人民共和国妇女联合会是全国各民族、各阶层、各种不同宗教信仰的妇女群众组织"，但关于妇联组织的宗旨还是强调"在中国共产党的领导下，团结和教育全国妇女积极参加祖国的社会主义建设，并且组织群众的力量协同社会各有关方面，为妇女群众服务。"由上，虽然，妇女"二大"章程提出了"保护妇女权益及儿童福利"，妇女"三大"提出了"为妇女群众服务"的宗旨，但总体上，妇联成立初期主要凸显其组织的政治属性。

1978年，中国妇女"四大"通过的《中华全国妇女联合会章程》指出："中华全国妇女联合会，是中国共产党领导下的，以各族工农劳动妇女和革命知识妇女为主体，广泛团结各界妇女的群众组织，是党联系妇女群众的桥梁。"这是妇联组织首次明晰：妇联是一个群众组织，是党联系妇女群众的桥梁。1988年中国妇女第六次全国代表大会通过的《中华全国妇女联合会章程》明确指出："妇女联合会的基本职能是：代表和维护妇女利益，促进男女平等。"这是妇联组织关于自身职能认定的重要转折点，意味着妇联组织认识到只有代表和维护妇女群体的利益，才能彰显其作为妇女群众组织的组织属性。

妇女"六大"之后，妇女"七大"、妇女"八大"、妇女"九大"及妇女"十大"通过的《中华全国妇女联合会章程》均反复肯定："妇女联合会的基本职能是：代表和维护妇女利益，促进男女平等。"

还需要提及的是，1995 年，中国作为东道主举办了联合国第四次世界妇女大会。在这次大会上，中国妇联以非政府组织身份的参与，对妇联组织的自我认知、自我认同及相应的职能定位与组织发展产生了很大的促动作用，至此，妇联开始审视自身的组织属性，在自我审视的过程中，逐渐强化其群团性质、维权功能和服务功能。

1998 年 3 月，中国妇女第八次全国代表大会召开。顾秀莲代表中华全国妇女联合会第七届执行委员会向大会作了题为《高举邓小平理论伟大旗帜，团结动员各族各界妇女为实现我国跨世纪的宏伟目标努力奋斗》的报告。报告指出："面向二十一世纪的妇联组织，要更好地履行职能，发挥优势，就必须在工作中不断强化妇联组织的群众性、社会性、统战性，努力把妇联组织建设成为工作上有活力，组织上有凝聚力，社会上有影响力，能为妇女儿童说话办事，深受广大妇女信赖的群众组织。"这里，顾秀莲主席所提出的"妇联组织的群众性、社会性、统战性"是对妇联组织属性的更为具体准确的阐释。

由上可见，建国以后，特别是改革开放以来，伴随妇联对自我的组织属性的认识逐步明晰，妇联组织越来越注重在政治体系中代表妇女儿童的合法权益，其政治社会影响力逐步扩大。而妇联在我国民主政治建设进程的作用集中体现为：妇联组织通过推动、参与、影响、监督相关法律和政策的制定与执行，促进性别意识进入政府决策主流。全国妇联及地方各级妇联通过促进妇女发展提升女性群体的整体素质，特别是通过持续推进女性的政治参与水平，促进妇女群体的发展，不断提升女性群体的社会影响力。全国妇联及地方各级妇联，作为性别代表群体，高度关注女性权益，不断推进妇女儿童维权活动的深化，保障妇女儿童的合法权益。

1. 妇联组织通过推动、参与、影响、监督相关法律和政策的制定与执行，促进性别意识进入政府决策主流

1995 年 9 月的北京，在联合国第四次世界妇女大会开幕式上，时任中国国家主席江泽民向国际社会庄严承诺："把男女平等作为促进我国社会发展的一项基本国策",开辟了将男女平等纳入国家政策体系最高层次的新阶段。2005年8月的北京,在纪念第四次世界妇女大会10周年会议开幕式上,中国国家主席胡锦涛面对国内外上千来宾,在致辞中说:"我们将坚持贯彻男女平等的基本国策,不断促进性别平等和两性和谐发展。我们将继续运用经济、法律、行政及舆论等多种措施,使男女平等的基本国策真正落实到经济社会发展的各个领域和社会生活的各个方面。"

男女平等国策提出后,全国妇联积极响应,并组织落实。2003年8月,中国妇女第九次全国代表大会召开。中国妇女"九大"把"坚持马克思主义妇女观,贯彻男女平等基本国策"作为妇联工作的基本要求写入章程。随即,全国妇联将2004年确定为"男女平等基本国策宣传年"。这一年,时任全国人大常委会副委员长、全国妇联主席顾秀莲赴海南、天津、广东等20多个省、自治区、直辖市以及中央直属机关、中央国家机关、一些高等院校,亲自走上讲台为党政领导干部等专题宣讲男女平等基本国策。顾秀莲主席所到之处,省委主要领导不仅亲自主持报告会,而且当场就贯彻落实男女平等基本国策、加强妇女工作作出具体指示。2009年3月,在庆祝"三八"国际劳动妇女节99周年、全国妇联成立60周年的纪念大会上,全国人大常委会副委员长、全国妇联主席陈至立讲话指出,全国妇联将进一步推动男女平等基本国策的贯彻落实,推动妇女儿童最关心、最迫切、最直接问题的解决有新的突破。2010年3月,在纪念"三八"国际劳动妇女节100周年纪念大会上,陈至立再次强调要坚持不懈地为贯彻落实男女平等基本国策而努力,大力推动解决好妇女群众最关心、最直接、最现实的问题。

回顾男女平等国策提出后20年的历程,全国妇联并率领各级妇联着重通过推动、参与、影响、监督相关法律和政策的制定与执行,不断促进性别意识进入政府决策主流。

第一,就相关法律的制定、修订与落实看,全国妇联曾参与了1950年第一部《婚姻法》的起草工作,是1980年第二部《婚姻法》起草的牵头单位,2001年第二部《婚姻法》的修正,妇联也发挥了重要作用。此外,妇联还参与了土地承包法、劳动合同法、就业促进法、物权法、女职工劳动保护条例等多部法律法规的制定与修改。

1950年4月13日,中央人民政府委员会第七次会议通过的《中华人民共和国婚姻法》，是新中国成立后出台的第一部法律。1950年的《婚姻法》全文分8章27条，第一条就开宗明义地宣告："废除包办强迫、男尊女卑、漠视子女利益的封建主义婚姻制度。实行男女婚姻自由、一夫一妻、男女权利平等、保护妇女和子女合法利益的新民主主义婚姻制度。"该法还明确规定禁止重婚、纳妾、收童养媳、干涉寡妇婚姻自由、借婚姻关系索取财物等。《婚姻法》能在建国后不到一年的时间里迅速出台，与中华全国民主妇女联合会的起草工作密不可分。1948年9月，作为迎接新的人民政权工作的一部分，党中央在河北西柏坡召开解放区妇女工作会议。会上，中央书记处书记刘少奇将起草新《婚姻法》提高到新中国制度建设的高度，并将这个工作交给了中央妇委。中央妇委随即成立了以邓颖超为组长的起草小组。以邓颖超为首的起草小组从起草到结稿的一年半中，41次修改其稿，具体条款多则修改30到40次，少则修改10到20次。新中国成立后，中华全国民主妇女联合会把《婚姻法》草案送交中央人民政府法制委员会。在中共中央的领导下，中央法制委员会配合全国妇联首先抓了《婚姻法》的立法工作。邓颖超作为从"五四"运动起就投身妇女运动、接受过民主和男女平等思想熏陶的领导人，在长期的实践工作中深切认识到，妇女是封建婚姻的最大受害者，夫权是封建宗法思想和有关制度在夫妻和家庭关系方面最集中的表现。因此，她在中央妇委会议上，针对多数人主张有条件离婚，她明确表示自己的态度："婚姻问题上妇女的痛苦最多……妇女要求离婚，往往不允许，即在党内也如此……如果加上很多条件，基本上要离的还是要离，反而给下边干部一个控制的借口……今天规定婚姻法是原则性的规定，破坏旧的，建设新的，就必需针对男女不平等现象，给妇女以保障……妇委同志考虑婚姻条例每条内容，必须从最大多数妇女利益出发。"可以说，1950年的《婚姻法》直击数千年的封建婚姻制度，使数以千万计的妇女砸碎买卖婚姻、包办婚姻的桎梏走向新生活，为广大妇女的解放提供了强有力的法律保障。

为保障《婚姻法》的顺利实施，中共中央1950年4月30日下发《关于保证执行婚姻法给全党的通知》，要求各级党委"把保证婚姻法正确执行的宣传工作和组织工作，当作目前的和经常的重要工作任务之一"。同日，全国总工会、团中央、全国青联、全国学联、全国妇联等五大群众团体联合发布《关于拥护中华人民共和国婚姻法给各地人民团体的联合通知》，积极配合工作。

而全国妇联则把工作重点放在调查研究和政策宣传上，派干部参加《婚姻法》执行情况调查组，召开有司法、宣传部门、各大区及省市妇联领导人参加的婚姻问题座谈会，极大地推动了《婚姻法》的贯彻落实。

1976年，伴随"文革"的结束，我国迎来了民主法制建设的春天。在婚姻家庭领域，1950年《婚姻法》的许多条文已远远不能适应变化了的社会关系的新情况，亟须调整修订。1978年8月，全国妇联基于对婚姻状况的调查向中央提出关于修改婚姻法的请示报告。9月，在第四次全国妇女代表大会上，来自不同地区的代表反映和交流了婚姻家庭领域的情况和问题，纷纷提出修改婚姻法的建议。会后在集中妇女代表大会代表意见的基础上，以全国妇联主席康克清的名义，第二次向中央报送《关于再度建议修改婚姻法向中央的请示报告》。报告回顾了1950年《婚姻法》的历史使命和近30年来社会条件的变化，论证了修改婚姻法的必要性，提出了当时婚姻家庭领域存在的各种亟待解决的问题。报告指出："所有这些问题的存在，使千家万户为婚姻问题发愁，广大群众迫切要求颁布社会主义的婚姻法，以便有法可循，有利于树立社会主义的婚姻制度，有利于调动广大群众大干快上的积极性。"报告认为："修改现行的婚姻法，颁布社会主义的婚姻法，是适应实现社会主义四个现代化的需要，在上层建筑领域中进行的必要的改革。"中央研究并批准了这个报告，并决定由全国妇联牵头进行修改婚姻法的前期工作。1978年11月，全国妇联邀集民政部、卫生部、高法、高检、总政、总工会、团中央等单位共同协商。成立了以康克清同志任组长、几位有关部门负责人任副组长的修改婚姻法小组，下设由法律专家杨大文、巫昌祯、马原等人组成的办公室，正式启动婚姻法修改工作。1980年9月1日，由五届全国人大第三次会议审议通过并于当天公布：自1981年1月1日起开始实行新的《婚姻法》。这是我国第二部《婚姻法》。与1950年《婚姻法》相比较，1980年《婚姻法》在原则部分增加了实行计划生育和保护老年人合法权益的内容，对结婚条件做了若干修改，在1950年《婚姻法》的基础上，将男、女各自的法定婚龄提高了两岁，并增加了禁止三代以内旁系血亲结婚的规定。1980年《婚姻法》还扩大了对婚姻家庭关系的法律调整，将亲属关系的调整范围扩大到了祖父母（外祖父母）和孙子女（外孙子女）以及兄弟姐妹之间。

1980年《婚姻法》颁布后，在全国范围内掀起宣传、学习、贯彻执行婚姻法的热潮。中宣部和全国妇联于1980年10月联合发出《婚姻法宣传要点》，阐明实行新婚姻法的重要意义，对如何保证新婚姻法的贯彻实施提出具体要求。修改婚姻法小组及办公室积极参与了婚姻法的宣传教育活动，如为新华社编写一系列宣传婚姻法的统稿，在全国各地报刊刊载；在中央电台举办系列讲座；编写出版通俗读物等，引导婚姻法的学习和贯彻。围绕婚姻法的修改与宣传，全国妇联团结了一批法律和婚姻家庭问题的专家学者。以此为基本力量，全国妇联于1981年11月成立"中国婚姻家庭研究会"，这不仅开创了妇联组织与社会力量在学术团体上的第一次整合，更为新时期深入调查和研究新时期婚姻家庭的状况和变化奠定了扎实的基础，围绕婚姻法开展的婚姻家庭调查研究引领了80年代妇女研究的开展。

随着改革开放的深化和社会主义市场经济体制的逐步建立，整个社会经济活动日益频繁，家庭财产迅速增加，而1980年《婚姻法》中对夫妻财产制的规定过于简单，缺乏对个人权利、经济利益的基本保障；同时，人们的思想观念和生活方式也发生了较大变化，出现婚恋上的放任倾向、离婚率逐年上升等现象。显然，原有的婚姻法已经不适应经济社会发展给婚姻家庭领域带来的新问题，需要调整。九届全国人大第一次会议决定把修改《婚姻法》列入本届人大的立法规划。2001年4月28日，第九届全国人大常委会第二十一次会议通过并颁布了修订后的婚姻法，即2001年《婚姻法》。

全国妇联十分重视2001年《婚姻法》的修正工作，并为此做了大量的工作。首先，全国妇联积极进行调查研究，了解各地妇女对《婚姻法》修改的预期，以便提出有针对性的政策建议。2000年4月，全国妇联在全国范围内独家进行《婚姻法》修订民众意愿调查。调查范围包括北京、河北等10省市，4000名18岁以上的成年人参加了抽样调查。通过调查，基本掌握各地妇女的意愿与实际需要。2000年5月，全国妇联又与全国人大常委会法工委一道赴上海、深圳等地召开了10个座谈会，参加人数达150人左右。座谈会邀请包括妇女代表、人大代表、法院、检察院、公安部门、民政部门和妇联等各方面的人员。2000年7月，全国妇联根据问卷调查和座谈会所了解到的实际情况，经过内部协商与沟通，形成全国妇联"关于对现行《婚姻法》的修订意见"建议稿，送全国人大常委会法工委等有关部门。2000年8月，全国妇联根据全国人大常委会法工委制定的《中华人民共和国婚姻法修正案（征求意见稿)》，再次向全国人大常委会法工委提交《关于"中华人民共和国婚姻法修正案（征求意见稿）"的修改意见》。2000年9月，全国妇联整理了有关讨论的材料，以"近年来对修改《婚姻法》的一些不同意见"为题，送全国人大常委会领导、全国人大常委会法工委，同时，把这一材料呈送相关专家学者，便于沟通。2000年10月底，全国妇联把散见在报纸、杂志、书籍、电视等媒体上，有关社会各界尤其是法学界、社会学界的专家、学者对《婚姻法》发表的不同观点和意见加以综合，形成"近年来社会各界对修改《婚姻法》的意见综述"，同时，也把此材料提交全国人大常委会法工委。2001年3月，全国妇联针对婚姻法修正草案第二次审议稿，再次以"关于婚姻法修正草案的建议"的方式提出自己的意见。可以说，在2001年《婚姻法》的修改工作中，全国妇联工作积极、主动，反映问题重点突出，事实依据充分，对策建设合理，法律专业性强。特别，全国妇联不仅仅是提出了具有很强专业性的立法建议，而且，还通过一系列的沟通和行动，使建议真正进入决策程序，全国妇联提出的五个方面的立法建议——"坚决遏制重婚纳妾、'包二奶'等行为"，"制止家庭暴力应有明确的法律规定"，"完善夫妻财产制度"，"明确探视权规范离异家庭的父母子女关系"和"增设无效婚姻制度"，在《婚姻法》修正中全部被采纳。

2001年《婚姻法》颁布后，全国妇联及各级妇联积极推动《婚姻法》的宣传与实施。全国妇联积极与司法机关和政府其他执法部门协调，推动法院设立妇女的维权合议庭，司法行政部门设立妇女的法律救助工作站，公安、民政部门设立家庭暴力的举报点和受害妇女的救助站，等等。同时，各级妇联组织把《婚姻法》，以及在有关法律当中涉及到妇女权益的法律作为普法的重要内容，利用"三八"节开展妇女维权周，还开通12338妇女维权热线，开展法律咨询。全国妇联及地方各级妇联的行动，有效地推动了《婚姻法》的贯彻落实。

除《婚姻法》外，男女平等原则在立法中最重要的推进，是1992年以妇女为主体的法律——《中华人民共和国妇女权益保障法》的颁布和实施。《中华人民共和国妇女权益保障法》是以宪法为依据，全面、综合地保障妇女权益、促进男女平等的基本法，设立了各种保障性的、协调性的、制裁性的和补充性的条款，将现行宪法、法律法规中有关男女平等、保护妇女权益的规定加以系统化、具体化。全国妇联及地方各级妇联在妇女权益保护法的制定、修订乃至实施过程中均发挥了积极而重要的作用。1985年，全国妇联首先倡议制订一部全国性的妇女法，并组织一部分法学界的专家学者起草了妇女法的试拟稿。1987年、1988年，全国人大代表、政协委员以及妇女代表大会的代表又多次提出议案、提案和建议，要求中央成立保障妇女权益的机构，制订全国性的保护妇女的法律。这些议案和提案得到了中央的重视和采纳。1989年5月，由全国人大常委会内务司法委员会委托全国妇联、民政部会同总工会及有关方面的专家，成立了妇女法起草小组，由20多人组成，开始进行拟订工作。在妇女权益保障法起草的近3年时间里，起草小组分赴外地、少数民族地区，进行了广泛深入的调查研究，召开有关地方、部门和专家的座谈会。同时，还参考了全国28个省、自治区、直辖市制定的保护妇女权益的地方法规，并借鉴了国外有关的法律，经反复的修改论证，形成妇女法草案，最终于1992年4月3日由七届全国人大五次会议通过，自1992年10月1日起施行。

进入21世纪，我国经济、社会和文化教育等各个方面都发生了巨大变化，妇女权益领域出现了许多新情况、新问题，1992年的《妇女权益保障法》已不能有效应对这些情况和问题，针对这一情况，全国妇联积极承担了妇女权益保障法修改的基础性工作。全国妇联在深入调研论证、协调沟通的基础上，形成了有法律依据、有实践基础、操作性较强的妇女权益保障法修改建议稿，于2005年8月28日提请第十届全国人民代表大会常务委员会第十七次会议审议通过，并于2005年12月1日起实施。修改后的妇女权益保障法较之以前，有了很大的进步。首先，在总则部分进一步完善了保障妇女人权的指导原则，规定"实行男女平等是国家的基本国策"，将男女平等基本国策上升为法律；旗帜鲜明地规定了"国家采取必要措施消除对妇女一切形式歧视"；进一步明确了妇女儿童工作委员会的法律地位和职责，执法主体更为确切，强化了政府责任；规范了妇联在维护妇女权益中的作用。同时，修改后的妇女权益保障法明确规定了仲裁制度、法律援助制度和司法援助制度，从而提高了法律的操作性，加大了保障的力度。2005年9月15日，全国妇联发布了"关于切实做好《中华人民共和国妇女权益保障法》宣传贯彻工作的意见"（妇字〔2005〕27号），"意见"要求各级妇联组织认真学习，切实增强妇联组织依法履行职责的能力；大力宣传，努力优化妇女权益保障法实施的社会环境；源头参与，积极推动配套法规制定出台;加强监督,不断推进妇女权益保障法的贯彻落实。随后,31个省、区、市妇联结合本地实际,积极参与并推动各地人大出台了本地妇女权益保障法的实施细则、条例或办法。由上可见,全国妇联积极通过参与相关法律的制定、修订与执行,从制度层面有力地推进和保障了男女平等国策的落实。

第二,就相关政策的制定与执行来看,全国妇联非常注重通过推动和参与公共政策的制定与执行来促进女性群体的发展,从而从政策层面推进男女平等国策的执行与落实。1990年2月,国务院妇女儿童工作协调委员会成立,1993年8月,国务院妇女儿童工作协调委员会更名为国务院妇女儿童工作委员会,简称国务院妇儿工委。目前,国务院妇女儿童工作委员会由33个国家部委和相关的社会团体组成,而其办公室设在全国妇联。作为国务院妇女儿童工作委员会的执行机构,全国妇联积极推动制定妇女发展的国家行动计划。

其一,推动将妇女发展纳入国民经济和社会发展的总体规划,《国民经济和社会发展第十个五年计划纲要》、《国民经济和社会发展第十一个五年规划纲要》及《国民经济和社会发展第十二个五年规划纲要》中,都体现了妇女发展的主要目标。在"十一五"规划的制定过程中,全国妇联针对农村妇女、进城务工妇女、农村留守儿童等特殊群体的权益状况和维权需求开展专项调研,引起中央领导的高度重视,胡锦涛总书记为此作出重要批示,"十一五"规划专门增加了"保障妇女儿童权益"一章。在《国民经济和社会发展第十二个五年规划纲要》制定前夕,2011年2月,全国妇联向全国政协提交了"关于将妇女儿童发展的主要指标纳入国家'十二五'规划的提案"(第2077号)。该提案指出:"由于中国处于经济社会的转型时期,发展不平衡的问题还很突出,妇女儿童发展和性别平等还面临着一些亟待解决的问题。如中国妇女参政的比例与联合国倡导的妇女在各级决策层占30%的目标还有较大差距;女性创业就业相对比较困难;妇女健康值得关注,半数以上的农村妇女受到不同程度妇科疾病的困扰;特困儿童的福利保障明显滞后;留守儿童在安全、健康、心理、情感、教育等方面问题突出,等等。这些都有赖于党和政府将妇女儿童发展和性别平等问题放到重要的战略高度,采取措施加以解决。"基于这样的背景,该提案提出:(1)在"十二五"规划编制的前期调研中吸纳相关妇女儿童研究成果。全国妇联已经开展了妇女发展和性别平等的指标体系研究，组织了新一轮中国妇女儿童发展纲要编制的专题研讨等，同时，与国家统计局即将进行第三期中国妇女社会地位调查，建议国家发改委吸纳相关成果。（2）在"十二五"规划编制过程中听取妇联组织和妇女专家意见。建议在规划编制过程中能够吸纳妇联组织的代表和妇女方面的专家参与研究，在规划草案征求意见的过程中听取妇联组织和妇女专家的意见。（3）在"十二五"规划文本中体现性别平等原则。一是将性别平等与妇女发展问题，放在社会公平的框架下进行论述，不再放在"全面做好人口工作"章节中。二是在规划中体现性别平等的原则。比如有关经济发展、社会主义民主政治建设和社会主义文化建设等内容中，充分考虑男女的不同需求，有针对性地采取措施，确保两性同享社会发展成果。三是将新的妇女儿童发展纲要主要指标纳入"十二五"发展规划。国家发改委对此提案给予了如下答复："按照党中央、国务院部署，当前，我委正在抓紧开展国民经济和社会发展'十二五'规划的研究编制工作，国务院妇女儿童工作委员会也在着手研究《中国妇女发展纲要》（2011—2020年）和《中国儿童发展纲要》（2011—2020年）。我们将在已有的工作基础上，做好'十二五'规划《纲要》与《新两纲》目标、任务和主要指标的衔接。在编制'十二五'规划的过程中，我们将进一步重视和加强妇女儿童工作，更好地体现男女平等基本国策和儿童优先发展原则，加强促进妇女儿童发展的相关内容，积极研究将体现妇女儿童发展的主要指标纳入'十二五'规划。同时，我们将继续认真听取妇联组织和妇女专家的意见和建议，共同努力促进妇女儿童事业的发展。"随即，2011年3月正式发布的《中华人民共和国国民经济和社会发展第十二个五年规划纲要》分别设立两个专节，就"促进妇女全面发展"和"保障儿童优先发展"做了专门规划。在全国妇联的推动和指导下，各地妇联也积极行动，推动各级政府将实施妇女、儿童发展纲要纳入本地区经济社会发展的总体规划，促进妇女儿童发展与国民经济和社会发展同步。

其二，全国妇联作为国务院妇女儿童工作委员会的具体执行机构，协助国务院出台《中国妇女发展纲要》，并承担了纲要执行的监测评估工作。1995年8月，第四次世界妇女大会召开前夕，依据国民经济和社会发展规划的总目标，结合中国妇女平等参与发展的现状，国务院出台了《中国妇女发展纲要》（1995—2000年）。这是我国政府第一部关于妇女发展的专门规划。"九五"妇女发展纲要确定我国妇女发展的总目标是：妇女的整体素质有明显提高，在全面参与经济建设和社会发展，参与国家和社会事务管理的过程中，使法律赋予妇女在政治、经济、文化、社会及家庭生活中的平等权利进一步得到落实。2001年8月，国务院颁布《中国妇女发展纲要》（2001—2010年），确定了妇女与经济、妇女参与决策和管理、妇女与教育、妇女与健康、妇女与法律、妇女与环境六个优先发展领域的主要目标和策略措施；同时颁布《中国儿童发展纲要》（2001—2010年），从儿童与健康、儿童与教育、儿童与法律保护、儿童与环境四个领域，提出了2001—2010年的目标和策略措施。1995年妇女发展纲要和2001年妇女儿童发展纲要颁布后，各地和国家各有关职能部门相应地制定了地方妇女发展规划和实施方案，形成了国家级、地方级与有关部门发展目标相结合，全国性目标与地方性目标相结合，整体行动计划与部门、跨部门行动计划相结合，终期目标与阶段性目标相结合的目标体系。2011年7月，国务院印发《中国妇女发展纲要》（2011—2020年）和《中国儿童发展纲要》（2011—2020年），确定了未来10年，妇女在健康、教育、经济、决策与管理、社会保障、环境、法律七个领域，儿童在健康、教育、福利、社会环境、法律保护五个领域共109个发展目标及其各自的策略措施。特别，《中国妇女发展纲要》（2011—2020年）提出，要将纳入法律体系和公共政策，促进妇女全面发展，促进两性和谐发展，促进妇女与经济社会同步发展。综上，从20世纪90年代，我国政府先后颁布三个"妇女发展纲要"和两个"儿童发展纲要"，把妇女与儿童发展的一些重要的领域和发展的主要目标通过纲要的形式确定下来，然后由各级政府来负责实施。在妇女儿童发展纲要的编制和实施过程中，全国妇联不仅是纲要制定的重要推动者和参与者，而且，全国妇联及地方各级妇联作为政府妇女儿童工作委员会的执行机构，承担了纲要执行的评估督导监测及相关重要指标的落实工作。如《中国儿童发展纲要》（2001—2010），妇联负责纲要的督导、评估、监测等组织实施工作；承担着落实儿童与教育、儿童与环境领域等相关重点指标的职责。

由上可见，全国妇联主动作为，推动将妇女发展纳入了《国民经济和社会发展第十个五年计划纲要》、《国民经济和社会发展第十一个五年规划纲要》及《国民经济和社会发展第十二个五年规划纲要》中，使妇女发展融入经济社会发展体系，使男女平等的国策经由具体的政策得以执行和落实。同时，各级妇联组织是政府妇女儿童工作委员会的执行机构,承担着把主要目标分解到各相关部门,推动落实妇女发展各项目标的任务。在妇联组织的积极推动下,各地政府因地制宜地制定了妇女发展规划(或计划),并将其纳入当地经济和社会总体规划,有力的促进了妇女发展纲要的落实,切实推进了政策目标向男女平等现实的转化。

2. 全国妇联及地方各级妇联通过促进妇女发展提升女性群体的整体素质,特别是通过持续推进女性的政治参与水平,促进妇女群体的发展,不断提升女性群体的社会影响力

第一,妇联组织将全面提升女性群体的素质,促进妇女发展作为各级妇联组织工作的重要方面加以实施和推进。在长期的工作实践中,全国妇联不断强调和彰显的工作理念和价值是:妇女只有积极投身于经济建设和社会发展,才能够获得应有的经济和社会地位;只有不断地提高女性群体自身的综合素质,才能够争取并逐步实现真正意义上的男女平等。因而,妇联组织始终将促进妇女发展作为工作的中心与重心加以实施和推进。建国初期,妇联组织率领广大妇女群众积极参与新政权的建立与社会主义建设,极大地推动了广大妇女群众社会参与和自身素质的提高。改革开放以后,特别是在1988年召开的中国妇女第六次全国代表大会以后,妇联抓住妇女工作与经济建设的结合点,与政府有关部门于1989年发起了全国农村妇女"学文化、学技术,比成绩、比贡献"(简称"双学双比")竞赛活动,1991年在全国城镇妇女中开展做"'四有'、'四自'女性,为'八五'计划建功"(简称"巾帼建功")活动。"双学双比"和"巾帼建功"已成为各级妇联组织的品牌活动和促进妇女发展的重要载体。1995年,男女平等国策提出后,妇联组织积极响应,在妇女"八大"上提出"巾帼创新业"的号召,不断深化"三大主体活动"("双学双比"、"巾帼建功"、"五好文明家庭创建"活动),进而推出"巾帼社区服务工程"、"巾帼科技致富工程"、"女性素质工程"、"家庭文明工程"等"四项工程",重点推进新时期农村妇女和城市妇女工作以及妇联组织自身建设问题。妇女"九大"后,妇联通过开展"巾帼示范村"创建,"巾帼文明岗进社区、进行业、进乡村"等专项活动推进"双学双比"、"巾帼建功"活动的深化。妇女"十大"后,妇联以激励妇女建功创优为目标,以创业带动就业为重点，大力实施"妇女创业就业促进行动"。这些活动大大调动了城乡妇女参与经济建设和精神文明建设的积极性和创造性，大大提高了妇女群体的综合素质，提高了女性群体的经济和社会地位，为真正实现男女平等奠定了坚实的基础。

特别应该提及的是，改革开放以后，面对社会结构的变迁、社会价值的变动、女性群体处境的变化及由此而带来的女性群体生存与发展所面临的机遇与挑战，全国妇联响亮地提出了具有时代特征和中国特色的指导妇女发展的"四自"精神。1983年9月2日，在中国妇女第五次全国代表大会上，时任全国妇联主席的康克清同志作了题为《奋发自强，开创妇女运动新局面》的工作报告。在这份报告中，康克清主席代表全国妇联首次提出"四自"，即"自尊、自爱、自重、自强"。1988年9月1日，在中国妇女第六次全国代表大会上，张帼英书记作了题为《自尊、自信、自立、自强，为争取改革攻坚阶段的胜利建功立业》的工作报告。报告指出："在改革竞争的大环境中，当代妇女要争取自身的进一步解放，必须努力提高思想道德素质和科学文化素质，树立自尊、自信、自立、自强的新女性意识。"在闭幕大会上，陈慕华主席再次向全国妇女发出"自尊、自信、自立、自强"号召，并对"四自"精神作了进一步的解释。中国妇女"六大"对"五大"提出的"四自"作了内容上的修改，以"自尊、自信、自立、自强"取代"自尊、自爱、自重、自强"，所凸显的是在中国改革竞争的大潮中，倡导当代妇女要树立自我发展的群体意识，培养健全的素质，急流勇进，创造业绩。全国妇联之所以在20世纪80年代提出中国妇女发展的"四自"精神，在于全国妇联敏锐地把握住了中国改革开放的时代环境对女性群体处境及发展所带来的巨大挑战，以及中国妇女运动的新发展对新的理念和指导思想的呼唤。建国以后，以马克思主义的妇女观为指导，我国妇女基于社会主义的制度安排，获得了普遍就业及广泛的社会参与和政治参与。改革开放以后，马克思主义的妇女观仍然是并将永远是我国性别发展的指导思想，但由于市场经济的深入，社会竞争机制的形成与逐步强化在一定范围内松动了制度强制给予妇女的保护，女性群体素质发展的欠缺凸显出来。经济转轨、社会转型、文化与价值系统的变化，导致女性群体处境的变化，并进而导致女性群体发展过程中的分化，一部分女性自立、自强，通过拼搏和奋斗赢得社会的认可和成功，成为妇女群体中的典范；但确有少数女性在社会竞争中退缩出来，与庸俗的消费主义商业文化合流，甚至放弃自尊自爱，依附于金钱或权势，走上了自甘堕落的道路，严重损害了当代中国女性的整体形象。中国妇女"六大"提出的"四自"口号，得到了党和国家的充分肯定和热情支持。1989年12月21日，中共中央发出的《关于加强和改善党对工会、共青团、妇联工作领导的通知》中指出："妇联要教育广大妇女'自尊、自信、自立、自强'，激励她们奋发上进，在建设和改革事业中充分发挥聪明才智和积极作用。"1992年4月3日，第七届全国人民代表大会第五次会议通过了《中华人民共和国妇女权益保障法》。该法在"总则"中规定："国家鼓励妇女自尊、自信、自立、自强，运用法律维护自身合法权益。"可以说，妇女"四自"精神的提出，蕴涵着我国妇女运动新的理念和指导思想，即推动妇女群体的发展和进步，既要依靠党和国家的支持与帮助，更要依靠妇女群体自身的努力和奋斗。没有妇女自身的觉醒，没有女性群体意识和素质的全面成长，就不会有真正的女性解放和两性和谐。"四自"精神以后，极大地鼓舞了广大妇女在新的社会历史条件下发展自己、完善自己，在激烈的竞争中主动进取，创造业绩和价值的积极性；对于妇联更有效地组织妇女，推动妇女事业的发展也有巨大作用。各级妇联组织以此为契机，探索新的工作思路和工作机制，特别注重在调动妇女积极性，激发妇女活力上下功夫。各级妇联所开展的诸如"双学双比"、"巾帼建功"、"巾帼文明示范岗"、"巾帼科技致富工程"、"妇女创业行动"等等，皆以提升妇女内在的成就、成才、创造、创业和成功诉求为核心，极大地带动了妇女群体素质的提高，使新时期妇联工作有了全新的局面。

第二，妇联组织持续推动女性参政水平的提升，促进妇女群体的发展，不断提升女性群体的话语权。新中国成立后，由于受到法律和制度的保障，中国妇女的解放事业获得翻天覆地的变化，女性的政治参与热情高涨，特别在20世纪60、70年代妇女参政呈现出一个高潮。如1964年，第三届全国人大女代表比例为17.8%，女常委比例为17.4%；1975年，第四届全国人大女代表比例为22.6%，女常委比例为25.1%。1969年，中国共产党第九届党代表大会，中央委员会女委员13人，占中央委员总数的7.6%，中央候补女委员10人，占比为9.2%；1973年，中国共产党第十届党代表大会，中央委员会女委员20人，占比为10.3%，中央候补女委员21人，占比为16.9%。但从20世纪80

年代开始，我国开始推进干部人事制度改革，以期实现干部队伍革命化、年轻化、知识化、专业化的整体目标。为了有效达成这一目标，在干部选拔过程中确立了破格选拔"四化"干部、实行离退休制度和差额选举制度等等。这些改革措施虽然为女性参政提供了新的机遇，但总体上挑战更为严峻，即基层女干部在差额选举中落选验证，各层次女干部比例急剧下降、女性高层领导比例锐减。例如，1983年第六届全国人大女代表的比例为21.2%，女常委的比例降至9%。例如，1987年10月召开的党的十一届一中全会选举产生的中共中央领导机构情况为：中央政治局没有女委员；中央委员会175名委员中女性10名，仅占5.7%；中央书记处、中央顾问委员会、中央纪律检查委员会中女性均为空白。而在1988年3月举行的全国人大七届一次会议选举产生的新一届国家和政府领导机构中，国家正副主席、政府正副总理、国务委员中均没有一名女性；国务院各部部长共42名，只有2名女性。在相继换届产生的各省主要负责人120人中也仅有女性领导3名。① 与此相应，基层妇女的参政状况更不容乐观。1988年4月河南偃师县、乡两级政府的换届选举中8名女性候选人"全军覆没"；而广东博白县乡镇换届选举中当选的68名主要负责人中无一名女性。造成妇女参政比例下滑的原因十分复杂，既有女性个人的因素，如参政的主动性和综合素质的制约，也有政治要素的影响。

20世纪80年代，面对女性参政的困境，全国妇联在时任全国妇联主席陈慕华的领导下积极探索，将政策引导工作锁定在对妇女参政至关重要的组织部门，带领各级妇联组织积极配合组织部门工作，建立长效的合作机制。在全国妇联的推动下，1988年4月，中央组织部与全国妇联联合下发了《在改革开放中加强培养选拔女干部工作的意见》（中组发〔1988〕6号），要求各级党委和组织部门掌握一批优秀的妇女后备干部，为她们更快成长创造更好的条件。1990年7月，中央组织部和全国妇联在吉林省长春市联合召开了有20个省（区、市）委组织部、省妇联和8个中央国家机关部委人事司（局）的负责同志以及解放军总政治部干部部代表参加的培养选拔女干部工作座谈会。这是新中国成立以来召开的第一次规模较大、专门研究培养选拔女干部工作的座

---

① 资料来源：北京大学法学院妇女法律研究与服务中心编：《当代中国妇女权益保障的理论与实践》，中国工人出版社，第9页。

谈会。会议回顾了贯彻落实《在改革开放中加强培养选拔女干部工作的意见》的情况，印发了中组部、全国妇联关于《培养选拔女干部工作座谈会纪要》的联合通知，要求"各级党委每年至少要专门研究一次女干部工作"，"在各级党政领导班子中配备女干部，力争五年内实现在县级党政领导班子中至少有1名女干部，在全国百分之五十以上的乡镇党政班子中至少有一名女干部"。1990年，全国县乡新一轮换届选举中，各级党委认真贯彻"长春会议"精神。1991年，我国女干部人数占干部总数的40.6%，国务院部委政府部长中女性占6.5%，正副省（市）长中女性占6.21%。从全国情况看，经过换届选举，大部分省市县乡领导班子中女干部所占比例明显上升。1991年11月，中央组织部和全国妇联第二次联合召开部分省、区、市培养选拔女干部工作会议；1995年2月，中共中央组织部和全国妇联第三次联合召开培养选拔女干部、发展女党员工作座谈会。1995年的座谈会有两个重要成果，一是印发了《全国培养选拔女干部、发展女党员工作座谈会纪要》的通知，提出"到本世纪末，省、自治区、直辖市党政领导班子至少要有1名女干部，地（市）、县（区）、乡（镇）党政领导班子至少要有1名女干部，争取配备2名女干部；省、地、县党委部门和政府部门，要有一半以上的领导班子至少配备1名女干部；中央和国家机关部委领导班子要尽可能多地配备女干部；担任党政领导班子正职的女干部数量要有所增加；女职工比较集中的行业、部门以及企事业单位，要多选配一些女干部；村党支部、村民委员会也应有女同志"的目标；二是检查各地、各部门落实1990年和1991年两次座谈会精神的情况，总结交流经验，这意味着全国妇联和中组部推动女性参政的合作从政策制定推进到相关政策的监督和评估阶段。2001年，中组部召开"培养选拔女干部、发展女党员"专门工作会议，下发"关于进一步做好培养选拔女干部、发展女党员工作的意见"，提出2001—2005年培养选拔女干部工作要实现以下工作目标："省、自治区、直辖市和市（地、州、盟）党委、人大、政府、政协领导班子要各配1名以上女干部；县（市、区、旗）党委、政府领导班子要各配1名以上女干部；中央、国家机关部委，省、自治区、直辖市和市（地、州、盟）党委、政府工作部门要有一半以上的领导班子配备女干部；市（地）级以上党和国家机关中45岁以下的厅局级女干部、35岁以下的处级女干部在同级干部中的数量要逐步增加；各级党代会女代表、人代会女代表和政协女委员的比例,要在上一届的基础上进一步提高。"而在此前,2000年,全国妇联进行了一年的调研,向中央报送了《关于培养选拔女干部和妇女参政工作中的问题和我们的建议》,为中组部形成这个五年培养选拔女干部的规划提供了依据。2006年8月,中央组织部再次召开全国培养选拔女干部、发展女党员工作座谈会。2006年9月,全国妇联随即召开部分省区市妇联主席、组织部长培养选拔女干部、发展女党员工作座谈会,传达贯彻全国培养选拔女干部、发展女党员工作座谈会精神。2006年11月,全国妇联下发《全国妇联关于贯彻落实全国培养选拔女干部、发展女党员工作座谈会的意见》(妇字〔2006〕39号)。"意见"提出各级妇联要加大宣传力度,营造有利于妇女参政议政的社会环境;强化培养教育,提高女干部的综合素质;做好基础性工作,促进后备女干部和基层女干部队伍建设;加强协调沟通,形成长效工作机制。特别关于"加强协调沟通,形成长效工作机制",该意见提出要"进一步加强与党委组织部门联系沟通的制度、进一步完善妇联领导班子协管工作制度,加强与党委组织部门的沟通、进一步完善督察评估制度"。可以说,进入新时期以来,在全国妇联并带领地方各级妇联的持续努力下,我国女性的政治参与水平不断提高,据2009年全国妇联成立60周年时的统计数据显示,现阶段,全国人大女代表占代表总数的比例从1954年第一届的12%,提高到2008年第十一届的21.33%;全国政协女委员占委员总数的比例由1949年第一届的6.06%,上升到2008年第十一届的17.7%;2008年,全国女公务员占公务员总数40%以上。各级党代会女代表、女人大代表、女政协委员忠实履行职责,参政议政的社会影响广泛凸显。2011年4月,全国妇联与联合国妇女署共同启动"推动中国妇女参政"项目。"推动中国妇女参政"项目将加强对妇女参政状况的动态监测,推动完善妇女参政的政策和制度,进一步增强女性参政能力和影响力,并促进女性参政比例的提高。该项目为期四年,在湖南、黑龙江和山西三个省同步开展试点,现已产生广泛而积极的社会影响。

全国妇联在持续推动高层女性参政水平逐步提升的同时,近年来还采取扎实有效的措施大力推动农村妇女参与村民自治实践,使大批农村妇女进入了村"两委",极大地提升了基层妇女的政治参与水平,保障了农村妇女依法直接行使民主权利,加强了农村基层民主政治建设。为切实推动农村妇女参与村民自治的实践，全国妇联带领地方各级妇联抓住村级组织换届的有利契机，着重从推动制定政策和开展专项活动两个层面发力。（1）从推动相关政策的制定层面看，在中组部、民政部的重视支持下，在全国妇联的积极推动下，1998年，全国人大颁布的《村民委员会组织法》、2005年全国人大修订的《妇女权益保障法》，均将"村民委员会成员中妇女应有适当名额"写入法律，随即，全国有一半的省区市在地方配套法规政策中写入了"村民委员会成员中至少有一名妇女"的内容，为农村妇女参与村民自治实践提供了法律依据。2001年，国务院颁布的《中国妇女发展纲要》（2001—2010年）亦将"村民委员会、居民委员会成员中女性要占一定比例"作为"妇女参与决策和管理"的主要内容，为农村妇女参与村民自治实践提出了目标要求。2008年，全国妇联和民政部联合下发了《关于充分发挥妇联组织在基层群众自治制度建设中积极作用的若干意见》和《关于进一步加强新形势下妇女参加村民委员会工作的意见》，对扩大基层妇女的民主参与，提高农村妇女当选村委会成员和村民代表的比例作了更加具体的规定。2009年，经过包括全国妇联在内的多方面社会力量的努力，全国人大常委会将《村民委员会组织法》列入修法计划，修订稿草案增加了"村民委员会成员中，妇女应当至少有一个名额"，"妇女名额应当占村民代表会议组成人员的三分之一以上"等规定。全国妇联抓住这个难得的契机，2009年4月，组织召开"推动提高农村妇女参与村民自治实践工作新闻通气会"，借助新闻媒体的力量，营造《村民委员会组织法》修订稿草案得以通过的积极社会氛围；同时，与民政部在河北联合举行了全国"推动农村妇女参与村民自治实践经验交流会"，专题研究农村妇女参与村民自治的实践工作，积极推动建立健全有关部门共同推动农村妇女参与村民自治实践工作的长效合作机制。2010年10月，全国人大常委会通过的新修改的《村民委员会组织法》明确规定"村民委员会成员中，应当有妇女成员"，"妇女村民代表应当占村民代表会议组成人员的三分之一以上"。这些条款对进一步保障农村妇女的民主权利，推动提高女性进村"两委"比例产生了积极而深远的影响。（2）从开展专项活动的层面看，全国妇联非常注重参政女性的专题培训工作，举办了农村妇女骨干培训班、新任女村官培训班，开展"我参与、我竞争、我提高、我发展"主题教育活动，增强了农村妇女的参选意识，提高了农村妇女骨干的参选能力，培养出一大批具备参选条件、熟悉村委会选举办法、有发展潜力的农村女性候选人。由于全国妇联与相关部门的协同努力，2008年完成的村委员换届中，全国村民委员会成员中妇女比例达21.7%，高于上届4.1个百分点。其中，湖南省村民委员会成员中妇女比例达到31.4%，河南、陕西等省份基本实现了村村都有女"村官"，绝大部分省份村委会成员中妇女比例实现历史性突破。2009年，全国妇联与民政部联合下发《关于进一步加强新形势下妇女参加村民委员会工作的意见》。同时，为回应全国人大常委会修订《村民委员会组织法》的契机，全国妇联积极推动把"村民委员会成员中，妇女应当至少有一个名额"、"妇女代表应当占村民代表的三分之一以上"、"妇女名额应占村民选举委员会成员的三分之一"等规定写入此法及配套法规中。全国妇联还制定了推动提高女性进村"两委"比例的工作方案，提出并启动了"五个一"的工作思路，即组织一次专门统计、推出一批"女支书"、"女村长"先进典型、推荐一批"女村长"候选人、营造一个促进妇女参政的良好氛围、促进一个指标的上升，同时采取"五级联动"的工作方法，即全国、省、市、县、乡，形成合力，共同促进农村妇女参与村民自治实践工作。2010年，全国妇联与民政部协同积极推广"设岗定位"、"专职专选"等办法，推动女性进村"两委"工作。根据全国妇联的统计，2010年已完成换届的北京、云南、海南、辽宁四省市女性进村"两委"的比例比上届分别提高了15.4%、14.8%、10.51%和3.34%，北京、吉林、海南达到100%。2011年，全国妇联又抓住省市县乡四级领导班子换届的契机，及时向中组部提出在换届工作中提高女性参政水平的政策性建议，进一步推动各级党委对女干部尤其是正职女干部配备提出明确要求。2011年1月，在全国妇联十届三次执委会议上，全国妇联副主席宋秀岩在关于2011年重点工作的安排中指出要"抓住14个省区市启动新一轮村级组织换届的契机，把握政策制定、宣传发动、选举程序等关键环节，主动配合、及早介入、积极推动，争取所有的村委会中至少有一名女性，村党支部和村民代表中的女性比例进一步提高。"2011年4月，全国妇联与中组部、民政部联合召开部分省区村"两委"换届工作座谈会，对贯彻落实新修订的《村民委员会组织法》，做好村"两委"换届工作进行部署。座谈会把农村妇女参与村民自治实践纳入村"两委"换届工作一同部署，以进一步贯彻落实新修订的村委会组织法关于村委会成员中应当有妇女成员、妇女村民代表应当占村民代表会议组成人员的三分之一以上等新规定。为了进一步加强村"两委"女干部能力建设，2011年，全国妇联与李嘉诚基金会合作开展村"两委"女干部培训试点项目，2011全年举办培训班76期，培训村"两委"女干部2896名。2011年12月，在全国妇联十届四次执委会议上，全国妇联副主席宋秀岩指出，在新一轮村"两委"换届中，农村妇女进村"两委"工作迈上新台阶。至2011年12月，已全部完成换届的5个省百分之百的村委会中都有女性，比上次换届时平均提高了25.4个百分点。

3. 全国妇联及地方各级妇联，作为性别代表群体，高度关注女性权益，不断推进妇女维权活动的制度化，保障妇女的合法权益

妇联在我国政治体系中，具有双重属性，一方面是中国共产党联系妇女群众的桥梁和纽带，是一个半官方性的政治团体；另一方面，还是一个性别组织，是广大妇女群众的政治代表、利益代表。建国以后至改革开放前，妇联组织主要凸显了其政治团体的属性，其首要和核心任务是团结率领广大妇女群众参与国家经济社会建设。改革开放以后，伴随我国民主政治建设的推进，妇联作为性别代表群体的自我属性认同逐渐彰显，相应职能逐渐强化。全国妇联及地方各级妇联，高度关注妇女儿童权益，不断推进妇女儿童维权活动的深化，保障妇女儿童的合法权益。

首先，从妇联组织的维权理念来看，1983年9月，中国妇女第五次全国代表大会召开。康克清主席在《奋发自强开创妇女运动新局面》的工作报告中，指出要"宣传执行宪法法律，维护妇女儿童权益"。这是妇联成立以来首次从法律的角度提出妇女维权问题。1988年9月，中国妇女第六次全国代表大会通过的《中华全国妇女联合会章程》首次明确"妇女联合会的基本职能是：代表和维护妇女利益，促进男女平等。"1993年9月，中国妇女第七次全国代表大会确定了"把握'推进妇女发展'和'维护妇女权益'两条主线，实现妇联工作新发展"的工作思路，着力推动《中华人民共和国妇女权益保障法》、《中华人民共和国未成年人保护法》和《中国妇女发展纲要》、《九十年代中国儿童发展规划纲要》的贯彻和实施。1998年3月，中国妇女第八次全国代表大会召开。妇女"八大"首次明确要求各级妇联坚持"一手抓发展，一手抓维权"的工作方针，着力推进妇女维权工作。妇女"八大"后，全国妇联建立健全了妇女儿童维权联席会议等维权协调机制，加强了五级维权工作网络建设，全国共建立了9000多个法律援助和服务机构，推动了社会化维权工作格局的形成。

2002年7月，全国妇联召开全国省区市妇联主席工作会议，时任全国妇联主席顾秀莲做了"与时俱进，开拓创新，把妇联维权工作提高到一个新水平"的报告，强调指出：抓好源头参与是妇联维权工作的关键环节，不断完善社会化维权工作机制是加强新时期妇联维权工作的重要任务，抓住重点，整体推进妇联维权工作是妇联要研究解决的重要课题。此次会议以后，全国妇联积极推动《妇女权益保障法》的修法工作；积极主动地配合全国人大、全国政协及有关部门对涉及妇女儿童权益的法律、法规、政策及《中国妇女发展纲要》（2001—2010年）和《中国儿童发展纲要》（2001—2010年）实施情况进行督查；特别对妇女参与国家与社会事务管理问题、伴随经济结构调整和就业制度改革给妇女儿童的经济利益和合理享有社会资源带来的利益受损问题等重点领域加强维权工作。

2004年12月，全国妇联在广州召开维权工作会议。时任全国妇联主席顾秀莲在讲话中指出，各级妇联要切实以提高维权能力为关键，大力实施"维权行动计划"。"维权行动计划"要求以推动妇女权益保障的法律政策体系的完善为目标，推进源头维权；以帮助妇女实现自身权益为目标，推进个案维权；以完善维权工作的社会代机制，强化全社会维权的共同责任为目标，推进社会化维权；以建立完备的维权服务网络和服务阵地，提高妇联为妇女提供维权服务的能力为目标，推进实事化维权。

2008年10月，中国妇女第十次全国代表大会召开。围绕妇女维权，妇女"十大"提出：要加大男女平等基本国策的宣传贯彻力度，大力推动将社会性别意识纳入决策主流；要以依法保障妇女儿童权益、促进社会公平正义为目标，以源头维权、社会化维权和实事化维权为手段，大力实施"妇女儿童权益维护行动"，促进维权工作的法制化和规范化，提高维权工作的针对性和实效性；加强妇联信访网络、法律援助网络、维权监督网络和基层维权阵地建设，健全妇女儿童维权预警机制，配合有关部门严厉查处和打击侵害妇女儿童权益的违法犯罪行为。

妇女"十大"以后，2009年9月，全国妇联召开维权工作会议。全国妇联主席陈至立在讲话中指出:"妇联必须切实担负起维权的责任和使命","做好维权工作是妇联组织的重要使命"。全国妇联副主席黄晴宜在"履行职能强化服务,推进妇联维权工作创新发展"的报告中指出:进一步提升源头维权的质量、进一步发挥社会化维权机制的作用、进一步加大实事化维权的力度是今后一个时期妇联维权工作的基本思路。

其次,从妇联组织的维权行动来看,20世纪80年代以来,妇联组织的维权行动大致可以概括为三个层面:

(1) 坚持以源头维权为重点,主动、及时跟进国家立法和政府决策进程,推动保障妇女权益法律政策体系的不断完善。如前所述,全国妇联曾参与了1950年第一部《婚姻法》的起草工作,是1980年第二部《婚姻法》起草的牵头单位,并在2001年第二部《婚姻法》修正过程中发挥了重要作用;全国妇联及地方各级妇联在1992年《中华人民共和国妇女权益保障法》的制定,以及2005年《妇女权益保障法》的修订过程中发挥了积极而重要的作用;2002年8月29日,中华人民共和国第九届全国人民代表大会常务委员会第二十九次会议通过《中华人民共和国农村土地承包法》,正是由于全国妇联的积极推动,男女平等的基本原则写入《农村土地承包法》总则,并就如何保障"出嫁女"和离婚妇女的土地承包权及相关法律责任、司法程序做出具体规定。由于全国妇联的积极推动、主动配合,我国已形成了以《中华人民共和国宪法》为根据,以《中华人民共和国妇女权益保障法》为主体,包括《中华人民共和国婚姻法》、《中华人民共和国继承法》、《中华人民共和国劳动法》、《中华人民共和国母婴保健法》、《女职工劳动保护规定》等法律、行政法规和地方性法规在内的一整套保障妇女权益和促进妇女发展的法律体系。同时,全国妇联也积极推动确立和完善保障妇女儿童权益的国家政策体系。1995年,我国政府颁布了第一部《中国妇女发展纲要》,提出妇女全面参与经济建设和社会发展,参与国家和社会事务的管理等11项主要目标。2001年,我国政府颁布第二部《中国妇女发展纲要》(2001—2010年),涵盖了《北京行动纲领》和《千年发展目标》优先领域的6个主要目标、34项具体目标和100项政策措施。2011年8月,我国政府颁布第三部《中国妇女发展纲要》(2011—2020年),确定了妇女与健康、妇女与教育、妇女与经济、妇女参与决策与管理、妇女与社会保障、妇女与环境、妇女与法律7个领域的57项主要目标和

88项策略措施。1995年、2001年及2011年三个《妇女发展纲要》的共同点是把妇女发展的重要领域和发展的主要目标通过纲要的形式确定下来，各级政府是实施主体，而全国妇联及地方各级妇联作为监测评估机构，从而最大限度地保障了妇女发展指标的落实。

（2）以重点领域的维权为抓手，切实保护广大妇女的合法权益。改革开放以来，特别是进入新世纪以来，全国妇联及地方各级妇联将妇女参政、妇女就业、特殊群体帮困救助作为重点领域，通过以上三个重点领域的维权带动和促进妇女维权工作的全面展开。

其一，在保障妇女的参政权利领域，全国妇联将女性高层次的权力参与与基层妇女的权力参与并行推进。全国妇联带领各级妇联组织积极配合组织部门工作，推动建立了促进女性参政的长效合作机制。特别是在推动基层妇女的权力参与过程中，全国妇联组织开展了卓有成效的工作，如大力推广各地推动农村妇女参与村民自治工作的好做法，大力营造农村妇女参与村民自治的社会氛围，加大教育培训力度，增强农村妇女参与村民自治的能力。同时，各级妇联组织积极发挥组织健全、联系广泛的优势，积极推荐女性候选人，积极动员广大妇女参加选举，积极搭建女性民主参与平台，积极配合做好发展农村女党员工作。

其二，在保障妇女的就业权利领域，我国曾经是世界上较早实现女性普遍就业的国家之一。建国初期，由于受到制度与政策的双重保障，大批女性走出家门走上就业岗位。但改革开放以来，社会结构的深刻变革对女性就业产生了巨大的冲击和影响。女性就业面临着前所未有的尴尬和困境。主要表现在：女性的就业结构总体上处于较低层次，社会职业分工中的性别隔离现象以较大规模和较快的速度呈现出来，即不仅女性在就业结构上总体处于较低层次，而且，同一行业中女性大多处于较低层级的职业岗位，女性在社会就业过程中遇到了前所未有的性别歧视。特别是自20世纪80年代始，关于"妇女回家"的争论多次甚嚣尘上，在妇女群体面临严峻的就业形势的状况下，全国妇联依据马克思主义妇女解放的基本理论，代表妇女群体的权利与利益，充分运用自身所掌握的社会资源和政治影响力，与党和政府的有效沟通，保护了妇女群体的就业权利和利益。20世纪80年代初期，中国就业形势遭遇1949年以来最大的危机：1700万上山下乡的知识青年大批快速返城；"文化大革命"中被精简下来的人员要求重新安排工作；产业结构的调整促使不少企业削减大批冗员。在这样严峻的就业形势下，1980年，"妇女回家"的论调横空出世，而当时的劳动部考虑到社会的就业压力，期望通过已就业的妇女回家来减轻国家主管部门所承担的就业压力。因此，把"妇女回家"以缓和就业压力作为政策建议报告中央书记处。全国妇联迅速反应，积极争取，成功地在决策会议上表达了具有组织倾向的口头意见，有效地阻止了"妇女回家"政策的出台。20世纪80年代中期，随着改革的继续深化，针对就业形势和女性就业问题，理论界有人提出"妇女阶段就业"的观点，一些城市如沈阳市、株州市的有关企业甚至开始试行"女工阶段就业"。全国妇联立即反应，1988年9月，全国妇联"六大"报告提出应探索一套适合社会主义商品经济发展的灵活多样的妇女就业制度，报告的基本立场是赞同探索多种形式的就业方式，但反对"阶段性就业政策"的出台。20世纪90年代中期以后，随着产业结构和企业组织结构的进一步调整，国有大中型企业冗员充斥，城镇企业失业职工逐年增多。在这样的社会背景下，1996年，国务院在北戴河召开会议，提出"失业预警制度、劳动预备役制度和妇女阶段就业制度"三个议题，并指示劳动部研究"妇女阶段就业制度"的可行性。全国妇联再次立即行动予以反对。1996年11月全国妇联在广州等6个城市进行妇女就业意愿调查，在广泛调研的基础上，1997年3月的全国政协会议上，全国妇联提交了强烈呼吁有关政府部门不应出台任何形式的妇女阶段就业的政策法规的提案，由于全国妇联的强有力行动，劳动部承诺"三年内不出台妇女阶段就业"的有关政策。2000年11月，为了确保"十五"计划提出的把城镇登记失业率控制在5%左右的目标，国务院出台的《关于制定国民经济和社会发展第十个五年计划的建议》提出了"建立阶段性就业制度，发展弹性就业形式"政策倡议。与此同时，国务院新闻办公室在2000年12月19日发表的《中国21世纪人口与发展白皮书》中也提出了建立阶段性就业制度，推行灵活的就业形式。虽然，这里"阶段性就业制度"并非明确指向"妇女阶段性就业制度"，但全国妇联仍然积极行动，予以应对。2001年全国"两会"期间，充分利用人大会议和政协会议两个平台反映妇女群体的就业诉求，争取党和政府的支持。在全国人大会议上，时任全国妇联主席的彭佩云同志作为浙江代表团代表和全国人大常委会副委员长，在审议"十五"规划纲要报告的发言中提出"应该在实施千方百计扩大就业政策的过程中体现男女平等的原则"。在全国政协的会议上，时任全国妇联副主席、书记处书记的刘海荣同志，作为全国政协常委在时任中共中央政治局常委、中央书记处书记、中华全国总工会主席尉健行参加工会、妇联界别的联组会议上发言，指出"应在国家宏观政策和整体规划中体现性别意识，落实男女平等的基本国策。"同时，时任全国妇联常委、书记处书记、全国政协委员的康泠同志，在全国政协的大会发言中对阶段就业制度的内涵、阶段就业制度实际可能覆盖到的对象、实行阶段就业制度的益处、实施这一制度需要的条件进行了分析，最后得出结论：我国不宜出台阶段就业制度，但可实行多种多样、灵活的就业方式。时任全国妇联副主席、书记处书记的刘海荣同志则代表全国妇联作大会发言，提出要推动妇女儿童事业发展，保障妇女儿童权益，使之与国家经济和社会发展同步规划。刘海荣同志在讲话中还明确表示，站在妇女群体的立场，支持"十五"规划纲要提出的发展灵活多样的就业方式，但反对纲要所提出的建立针对生育妇女的阶段就业制度的建议。正是由于全国妇联借助于自身所拥有的社会资源和政治影响力，将"妇女阶段性就业制度"议题扩展到全国"两会"的平台上进行讨论，女代表和女委员们的意见凝聚为具有一定影响力的"声音"，国家相关部门在修改"十五"计划纲要时将"建立阶段性就业制度，发展非全日制就业、季节性就业等弹性就业形式，提倡自主就业"修改为"采取非全日制就业、季节性就业等灵活多样的就业形式，提倡自主就业"，并正式写入"关于《国民经济和社会发展第十个五年计划纲要》修改情况的报告"之中。可以说，正是由于全国妇联旗帜鲜明地站在妇女群体的立场，最大限度地支持和保障妇女群体的就业权利，这股横亘在女性群体甚至是全社会的"妇女回家"论争逐渐平息。而针对女性就业的一系列困境，从20世纪90年代开始，全国妇联推动制定了一些政策，并带动地方各级妇联采取了一系列行动。1996年5月，全国妇联与劳动部联合下发《关于开展"巾帼创业"活动促进下岗女职工再就业工作的通知》，要求各级妇联组织积极配合劳动部门开展工作，把"巾帼创业"活动纳入"再就业工程"中去，会同劳动部门，共同做好下岗女职工再就业工作，并计划在"九五"期间培训20万下岗女职工。2004年4月，全国妇联与劳动保障部联合发出关于《进一步推进妇女创业与再就业工作的通知》（妇字〔2004〕14号），通知明确"把妇女创业与再就业工作纳入国家就业和再就业工作的总体规划"，提出"在'十五'期间培训 200 万下岗失业妇女;为 200 万下岗失业妇女提供就业服务;帮助 200 万下岗失业妇女实现再就业,同时,接受劳动和社会保障部的委托,培训 5 万名创业妇女,并努力实现较高的培训合格率和创业成功率。"2009 年 1 月,全国妇联与人力资源和社会保障部联合启动"针对妇女就业困难人群的就业服务系列活动",在全国范围内推广"女大学生创业导师行动",并通过培训、项目资源、小额贷款等措施帮助和支持城镇就业转失业妇女和失业失地妇女创业和就业。2009 年 7 月,全国妇联与财政部、人力资源社会保障部、中国人民银行四部门共同出台了《关于完善小额担保贷款财政贴息政策推动妇女创业就业工作的通知》(财金〔2009〕72 号),该通知将妇联组织纳入小额担保贷款工作体系,加大了妇女小额担保贷款中央财政贴息力度,切实解决妇女创业资金瓶颈问题,并在贷款覆盖、贷款额度、妇联工作经费和奖励资金等方面都实现了重大突破。妇女小额担保贷款项目实施以后,各地妇联组织围绕贷前宣传、贷中审查、贷后服务等工作环节,探索形成了不同的工作亮点和特色。如甘肃省简化办理程序,采取"一门式"服务,把妇联、人社局、担保中心、农村信用社集中办公,将贷款办理时间由原来的两个月缩短为 10 个工作日,在最短的时间将贷款发放到申请者手中。又如云南省对包括创业妇女在内的大学毕业生、农民工、复转军人、留学回国人员 4 类对象提供最高 5 万元的贷款,并为创业妇女提供咨询培训、项目评审、导师帮扶、跟踪帮扶一条龙服务。再如广西壮族自治区采用企业担保、妇联牵线担保公司担保、专业合作组织担保、三户联保担保等方式,降低了贷款担保门槛,有效破解了贷款"担保难"问题。截至 2011 年 12 月 31 日,31 个省区市及新疆生产建设兵团累计发放妇女小额担保财政贴息贷款 556.42 亿元,中央及地方财政落实贴息资金 23 亿元,直接扶持 133.50 万名城乡妇女创业就业,带动近 500 万人就业,得到了妇女群众的广泛拥护。2010 年,全国妇联并带领各地妇联继续面向女大学生、失业失地妇女、进城务工妇女等重点群体,深化创业就业指导和服务工作,如新建女大学生创业实践基地 1400 多个;集合各地妇联的力量,举办妇女创业创新成果博览会,签订对接项目 49 项;作为发展家庭服务业促进就业部际联席会议成员单位的作用,全国妇联参与制定国家发展家庭服务业的有关政策,创建各级各类家政服务实体数 2099 个,家政培训基地 1594 个,累积为 280 多万名妇女提供了技能培训,对于促进我国家庭服务业产业化发展起到了积极推动作用。

其三，在对妇女特殊群体帮困救助领域，全国妇联并带领地方各级妇联重点开展了反对家庭暴力、拐卖妇女儿童等领域的维权工作。家庭暴力问题是世界各国普遍存在的一个社会问题，是对人身权利和公民尊严的一种严重的侵犯。全国妇联旗帜鲜明地反对家庭暴力，坚决不懈地通过多种渠道和途径推进预防和制止家庭暴力工作。首先是推动完善反对家庭暴力的法律法规和政策体系，如2001年，在《婚姻法》修订过程中，由于全国妇联的推动，首次在我国法律中明确规定了禁止家庭暴力。进入新世纪，鉴于我国处理家庭暴力的法律没有形成国家干预家庭暴力行为的指导思想、基本原则和干预机制，而且，反对家庭暴力的内容散见于《婚姻法》、《妇女权益保障法》、《未成年人保护法》及《老年人权益保障法》中。从2007年开始，全国妇联一直积极推动国家出台反家庭暴力的专门法律，连续四年建议将反家庭暴力法纳入国家立法计划。特别是2010年、2011年全国妇联密集行动，先后与全国政协社会法制委员会、全国人大内司委协同进行家庭暴力的问题的调研和执法检查；向全国人大汇报了关于制定家庭暴力立法的建议和对家庭暴力现状的分析，递交了将反对家庭暴力立法纳入国家立法规划的报告，抓住国务院制定五年立法规划和年度立法计划的契机，递交关于将预防和制止家庭暴力纳入立法规划的报告，也引起了国务院法制办和全国人大有关部门的重视。2011年3月，由全国妇联牵头完成了全国性的《反家庭暴力法》草案的起草工作，全国人大法工委与妇联一起召开了《反家庭暴力法》立法研讨会，推动专门的《反家庭暴力法》纳入全国人大2011年首批立法立项论证试点项目，2012年，正式列入全国人大常委会立法计划。其次是推动制定反对家庭暴力的政策，2008年9月，全国妇联会同中宣部、最高人民检察院、公安部、民政部、司法部和卫生部等七部委，依据《中华人民共和国婚姻法》、《中华人民共和国妇女权益保障法》、《中华人民共和国未成年人保护法》、《中华人民共和国治安管理处罚法》等有关法律制定，联合下发了《关于预防和制止家庭暴力的若干意见》。该意见明确了"家庭暴力"的概念，要求各部门依法履行各自的职责，意见的出台对各地各部门开展预防和制止家庭暴力的工作起到了很大的推动作用。由于该意见的推动，随后，28个省（市、区）出台了预防和制止家庭暴力地方性法规或政策，90余个地市制定了相关政策性文件。再次是建立反对家庭暴力的工作机制，全国妇联牵头成立了由 19 个单位参与的全国维护妇女儿童权益的协调组，并推动全国 29 个省区市建立了维权协调机构 2600 多个，形成了纵向的维权协调体系。此外，全国妇联还强化反对家庭暴力的相关维权服务，开通了覆盖全国的维权热线"12338"；成立一万多个妇女法律帮助机构，为受害妇女直接提供法律、心理等帮助，解决她们的实际问题；举办反对家庭暴力的研讨班、性别意识培训班，开展宣传倡导，引导良好的社会氛围。拐卖妇女儿童是一种及其野蛮、残忍的社会丑恶现象，是严重侵害妇女儿童基本人权的犯罪行为。多年来，全国妇联和各地妇联充分发挥妇联的政治优势、组织优势和工作优势，推动多部门合作开展预防、打击拐卖犯罪，参与解救、安置被拐卖妇女儿童的工作。1986 年，全国妇联与最高人民法院、最高人民检察院、公安部、民政部、司法部联合下发《关于坚决打击拐卖妇女儿童犯罪活动的通知》，2000 年，全国妇联与最高人民法院、最高人民检察院、公安部、民政部、司法部联合再次下发《关于坚决打击拐卖妇女儿童犯罪活动的通知》，2010 年，全国妇联与公安部、中宣部、中央综治办、全国人大常委会法工委、最高人民法院、最高人民检察院等 29 个部委联合下发了《中国反对拐卖妇女儿童行动计划的实施细则》。积极参与国家相关政策的制定，为《中国反对拐卖妇女儿童行动计划（2008—2012 年)》建言献策。2007 年，《中国反对拐卖妇女儿童行动计划》实施后，全国妇联第一时间成立了实施《中国反对拐卖妇女儿童行动计划》工作组和反拐工作专家组，结合《行动计划》中赋予全国妇联的 17 项职责和任务，制定了《全国妇联贯彻落实〈中国反对拐卖妇女儿童行动计划〉实施计划》，建立了全国妇联反拐工作协调机制，召开工作组专题会议，组织妇联系统的学习培训，加强参与反拐工作的能力建设，全面部署落实《行动计划》的各项工作。在打击拐卖妇女儿童的工作中，各级妇联组织在预防拐卖和帮助被解救妇女儿童两个环节上发挥较大作用，在预防方面，妇联组织积极通过调查研究，发现问题，参与立法政策的保障制度的制定；在帮助被解救妇女儿童方面，1988 年，全国妇联与公安部、司法部、民政部联合下发《关于做好解救被拐卖妇女儿童工作的几点意见的通知》，2010 年，全国妇联与公安部联合下发《关于建立来历不明疑似被拐妇女儿童和被解救妇女儿童信息通报机制的通知》，为全社会帮助被拐卖妇女孩子回归家园提供了依据和支持。2010 年，全国妇联还推动刑法修正案对拐卖犯罪相关条款的修改完善。提出受拐卖或暴力侵害儿童的临时监护制度的立法建议,明确国家、社会和家庭的责任,对完善我国的监护制度做出了积极的贡献。

应该特别提及的是,20世纪80年代以来,全国妇联并带领地方各级妇联高度关注妇女儿童权益的保障,不仅以重点领域的维权为抓手,切实保护广大妇女的合法权益,而且,坚持普法维权并举,大力推进妇联系统普法规划的贯彻实施,不断提升广大妇女的法律意识和维权能力,优化全社会尊重和保障妇女儿童合法权益的环境。伴随全国法制宣传教育的进程,全国妇联根据中央的统一要求,结合妇联系统和妇女群体的实际情况,1986年,制定《关于在城乡妇女中开展法制宣传教育的第一个五年规划》,1991年,制定《关于在城乡妇女中开展法制宣传教育的第二个五年规划》,1996年,制定《关于在城乡妇女中开展法制宣传教育的第三个五年规划》,2001年,制定《全国妇联系统开展法制宣传教育第四个五年规划》,2006年,制定《全国妇联系统开展法制宣传教育第五个五年规划(2006—2010年)》,2011年,制定《全国妇联系统开展法制宣传教育第六个五年规划(2011—2015年)》。在制定普法规划的同时,全国妇联牵头并配合司法部等部门共同组织,持续开展"三八"妇女维权周活动。2000年,司法部和全国妇联共同发起第一个"三八"妇女维权周,2001年至2003年的"三八"妇女维权周分别以宣传妇女法、婚姻法和保障妇女经济权益的法律法规为活动重点;2004年以办实事、做好事、解难事为活动重点;2005年确定了"提高妇女法律素质,促进构建和谐社会"的活动主题;2006年,全国妇联、司法部、农业部联合启动第七个妇女维权周,活动主题是"妇女法制宣传教育与依法维护妇女权益",活动周期间成立了全国妇联维权与法律帮助志愿者队伍;2007年的活动主题是"深化妇女普法教育,促进构建和谐社会",面向农村妇女和女性农民工重点人群,开展妇女法制宣传教育和维权服务;2008年,全国妇联、中央综治办、司法部共同启动第九个妇女维权周,以"关爱流动妇女,构建和谐社会"为主题,同时开启"流动妇女平安之家"创建暨"亿万妇女学法律"读书活动;2009年,全国妇联、中央综治办、司法部以"促进创业就业,维护妇女权益"为主题,联合启动第十个妇女维权周;2010年,全国妇联、中央综治办、司法部联合启动以"关注服务妇女民生,促进社会稳定和谐"为主题,以家庭、社区为重点,以妇女维权服务站(点)和妇女(儿童)维权岗建设为抓手,以参与推进社会矛盾化解、社会管理创新为主要内容的第十一个"三八"妇女维权周活动，2010年，同时启动为期五年的"心系女性——依法维权、关爱女性"系列普法宣教活动，通过在全国部分大中城市免费发放维权关爱手册，开展社区大讲堂、专家义诊等活动，把法律知识、维权方法送到广大妇女群众身边。2011年，全国妇联与中央综治办、司法部联合启动重在基层维权、重在为广大妇女提供身边的维权服务的以"温暖你我她、维权服务进万家"为主题的第十二个"三八"妇女维权周活动；2012年，全国妇联与中央综治办、公安部、司法部联合启动第十三个"三八"妇女维权周活动，围绕"亿万家庭学法律，户户平安促和谐——预防和制止家庭暴力，促进社会和谐稳定"的主题开展宣传活动，进一步将法制宣传与维权服务送到基层、送到广大妇女身边。"'三八'妇女维权周"是全国妇联牵头开展的一项集中宣传妇女权益保障法律法规、维护妇女合法权益的重要活动，十余年来，每年突出一个主题，围绕党和国家的大局，聚焦普法重点内容，着力解决维护妇女权益的紧迫问题，在全国上下形成普法活动的特色、声势和实效，已成为集中面向社会开展男女平等基本国策宣传、集中面向妇女群众开展维权服务的重要载体、知名品牌和成功模式。

三、妇联组织职能发挥过程中的困境及其原因分析

建国以后，特别是改革开放以来，妇联组织通过推动、参与、影响、监督相关法律和政策的制定与执行，促进性别意识进入政府决策主流；全国妇联及地方各级妇联通过促进妇女发展提升女性群体的整体素质，特别是通过持续推进女性的政治参与水平，促进妇女群体的发展，不断提升女性群体的社会影响力；全国妇联及地方各级妇联，作为性别代表群体，高度关注女性权益，不断推进妇女儿童维权活动的深化，保障妇女儿童的合法权益，妇联的政治社会影响力越来越大。但毋庸讳言，较之于妇联组织作为政治社会团体的属性，较之于妇联组织的章程表述，妇联职能与作用的发挥还有一定的缺失，妇联组织的政治社会影响力也还有一定的局限性。

首先，就政治社团的内在属性而言，政治社团具有聚合群体意志、整合群体力量、表达群体诉求，进而影响公共决策、推进政治社会民主化的功能。政

治社团是具有共同目标的社会成员集合体，其所代表的群体利益，既有成员共同的普遍利益，也有各成员的特殊利益。而政治社团存在的价值就在于它能够把有分歧的群体利益和意志聚合起来，形成统一的整体意志，并将其传达到政治系统。因此，政治社团既是政府与公民团体的纽带与桥梁，同时也是特定社会团体表达利益诉求、争取合法权益的适格主体。妇联作为具有典型意义的政治社团，从功能而言，应该不断聚合妇女群体的利益诉求，并通过积极参与政治过程而保障妇女群体的利益。

其次，就妇联组织职能的章程表述来看，建国初期，妇联对职能的认定和表述强调其政治属性，例如，1949年，《中华全国民主妇女联合会章程》明确指出：中华全国民主妇女联合会宗旨在于"团结全国各阶层各民族妇女大众，和全国人民一起，为彻底反对帝国主义、摧毁封建主义及官僚资本主义，为建设统一的人民民主共和国而奋斗，并努力争取废除对妇女的一切封建传统习俗，保护妇女权益及儿童福利，积极组织妇女参加各种建设事业，以实现男女平等，妇女解放。"1953年，《中华全国民主妇女联合会章程》指出：本会宗旨"在于团结全国各民族各阶层妇女，积极参加祖国各种建设事业，保护妇女权益及儿童福利，提高妇女觉悟与能力，实现男女平等，争取妇女彻底解放，并联合全世界爱好和平的妇女为保卫世界和平而奋斗"。50年代末，中国妇女第三次全国代表大会通过的章程指出："中华人民共和国妇女联合会是全国各民族、各阶层、各种不同宗教信仰的妇女群众组织。中华人民共和国妇女联合会在中国共产党的领导下，团结和教育全国妇女积极参加祖国的社会主义建设，并且组织群众的力量协同社会各有关方面，为妇女群众服务。"首次提出"为妇女群众服务"的理念。改革开放以后，妇联对自我职能的认定开始明晰自身作为"桥梁"与"纽带"的角色，如1978年，中国妇女第四次全国代表大会通过的章程指出："中华全国妇女联合会，是中国共产党领导下的，以各族工农劳动妇女和革命知识妇女为主体，广泛团结各界妇女的群众组织，是党联系妇女群众的桥梁。"1983年，中国妇女第五次全国代表大会通过的章程指出："中华全国妇女联合会是中国共产党领导的全国各族女职工、女农民、女知识分子和其他劳动妇女、拥护社会主义的爱国妇女和拥护祖国统一的爱国妇女的群众组织，是党联系妇女群众的纽带。"1988年，第六次全国妇女代表大会通过的章程指出："中华全国妇女联合会是全国各族各界妇女在中国共产党领导下为争取进一步解放而联合起来的社会群众团体,是党和政府联系妇女群众的桥梁和纽带。……妇女联合会的基本职能是:代表和维护妇女利益,促进男女平等。"第六次全国妇女代表大会关于妇联职能的阐述具有深远的历史意义。1993年,中国妇女第七次全国代表大会通过的章程再次明晰:"中华全国妇女联合会是全国各族各界妇女在中国共产党领导下为争取进一步解放而联合起来的社会群众团体,是党和政府联系妇女群众的桥梁和纽带。……妇女联合会的基本职能是:代表和维护妇女利益,促进男女平等。"1998年,中国妇女第八次全国代表大会通过的章程指出:"中华全国妇女联合会是全国各族各界妇女在中国共产党领导下为争取进一步解放而联合起来的社会群众团体,是党和政府联系妇女群众的桥梁和纽带。……妇女联合会的基本职能是:代表和维护妇女权益,促进男女平等。"2003年,中国妇女第九次全国代表大会通过的章程指出:"中华全国妇女联合会是全国各族各界妇女在中国共产党领导下为争取进一步解放而联合起来的社会群众团体,是党和政府联系妇女群众的桥梁和纽带,是国家政权的重要社会支柱。……妇女联合会的基本职能是:代表和维护妇女权益,促进男女平等。"2008年,中国妇女第十次全国代表大会通过的章程指出:"中华全国妇女联合会是全国各族各界妇女在中国共产党领导下为争取进一步解放而联合起来的社会群众团体,是党和政府联系妇女群众的桥梁和纽带,是国家政权的重要社会支柱。中华全国妇女联合会以宪法为根本的活动准则,依照法律和《中华全国妇女联合会章程》独立自主地开展工作。……中华全国妇女联合会的基本职能是:代表和维护妇女权益,促进男女平等。"2013年,中国妇女第十一次全国代表大会通过的章程指出:"中华全国妇女联合会是全国各族各界妇女为争取进一步解放与发展而联合起来的群众组织,是中国共产党领导下的人民团体,是党和政府联系妇女群众的桥梁和纽带,是国家政权的重要社会支柱。""中华全国妇女联合会的基本职能是代表和维护妇女权益,促进男女平等。"

从上,可以看到,改革开放以来,特别是妇女"六大"以后,"代表和维护妇女权益,促进男女平等"作为妇联组织的基本职能得到确认和肯定,妇联组织的身份自觉越来越明晰。但在实践中,妇联组织的功能发挥与其功能定位还存在一定的差距。

1. 妇联作为政治社团，政治职能与维权职能的落实尚不平衡，妇联聚合、表达乃至保障女性群体利益诉求的制度化水平较低

妇联作为中国社会具有典型意义的政治社团，根据其属性和妇联《章程》的规定，具有双重属性，一方面，是党和政府联系妇女群众的桥梁和纽带，是国家政权的重要支柱之一，各级妇联组织均受本级党委和政府领导，且与本级政府的妇女儿童工作委员会合署办公，"一套人马，两块牌子"；另一方面，妇联组织是代表和维护妇女权益的性别团体，是广大妇女群众的"娘家"。双重属性决定了妇联组织的双重角色，即一方面，妇联在组织序列上隶属于党群系统，在资源配置上依靠政府，置于党和国家的领导之下，担当配合党政中心工作组织发动妇女的助手角色；另一方面，妇联作为性别团体，必须代表妇女的利益，担当保护妇女群体合法权益的维权角色。

从理论上讲，在社会主义的制度架构中，妇联的双重角色是互动关系，具有一致性和协同性。但在具体的实践和运行过程中，妇联作为政治社团，政治职能与维权职能的落实尚不平衡，妇联的政治职能履行的比较充分，而维权职能的落实尚不到位。

关于妇联的政治职能，从妇联组织的产生与发展来看，中华全国妇女联合会是1949年3月由中国共产党成立的妇女组织，其最初的职能定位即是"代表、捍卫妇女权益、促进男女平等，亦同时维护少年儿童权益，以及在全国女性中组织对中国共产党和中华人民共和国政府、政策的支持。"第三届中华全国妇女联合会章程即明确妇联是"在中国共产党的领导下，团结和教育全国妇女积极参加祖国的社会主义建设，并且组织群众的力量协同社会各有关方面，为妇女群众服务"的妇女群众组织。妇联四届章程增加了妇联"是党联系妇女群众的桥梁"；这一表述在妇联六届章程中进一步修改为"是党和政府联系妇女群众的桥梁和纽带"；妇联九届章程又增加了"是国家政权的重要社会支柱"的表述。从1995年开始，全国妇联被定性为非政府组织。在我国现行政治体制中，各级妇联与工会、共青团等都属于群团组织，接受各级党委的领导，各级妇联的人事任免权限在各级党委常委会。上一级妇联对下一级妇联仅有业务指导关系，并无直接领导权力。妇联自身设有党组，作为实际领导决策机构。由上可见，妇联组织本身即是我国政治架构的组成部分。从实践层面来看，建国以后，我国妇女运动一直是在党的领导下，围绕着不同时期党的中心任务开展的。这是中国妇女运动的基本特色。我国妇联从成立时起，在推进妇女运动过程中，一贯坚持和服从党的领导，十分重视建立同党、政府的良好关系，一方面使妇女运动服从、服务于党的基本路线和中心任务，并找到同妇女利益的结合点；另一方面，亦通过参与制定法律、法规及相关政策的活动，使之体现妇女的利益，强化解决妇女问题的政府行为和法律行为，从而提高妇女运动整体水平。建国前，妇联积极致力于组织妇女群众参与革命和生产，为新中国的成立作出了不懈的努力。建国以后，除"文革"期间组织一度瘫痪外，各级妇联始终围绕党和国家的中心任务，发动和组织广大妇女群众参与国家政权的建立和社会主义建设。改革开放以来，各级妇联积极宣传党和国家的新政策、新主张，通过促进妇女发展提升女性群体的整体素质，其政治职能的履行得到了党和国家乃至社会的普遍认可。

就妇联组织的维权职能来看，1988年，妇女"六大"突破性地提出妇联的基本职能是"代表和维护妇女利益，促进男女平等"。1995年，世界妇女大会在北京成功召开，妇联的"非政府组织"身份得以确立，并在市场经济体制改革的社会背景下开始注重其群团性质和维权职能，提出了"一手抓发展，一手抓维权"的工作方针。20世纪80年代以来，全国妇联并带领地方各级妇联坚持以源头维权为重点，主动、及时跟进国家立法和政府决策进程，推动保障妇女权益法律政策体系的不断完善；以妇女参政、妇女就业、特殊群体帮困救助等重点领域的维权为抓手，带动和促进妇女维权工作的全面展开。应该说，维权行动不断向纵深推进，维权成效也逐渐显现。但总体上，妇联维权职能的落实与实效还存在一定的差距与困境。

首先，妇联组织对现阶段妇女群体的利益诉求还缺乏深入的研究和把握。妇联的工作对象是"女性群体"，但"女性群体"是一个需要特别处理的概念。所谓"女性群体"，实质上只是一个分析概念，而非实体概念。从理论层面来看，当一个利益群体以自在状态存在时，其利益要求往往是分散的、肤浅的和多变的，而当群体中的各个成员在共同利益的感召下聚集在一起时，他们的利益诉求就变得理论化、集中化、明晰化乃至于政治化了。也就是说，妇女群众散落在社会的各个地区、各个领域、乃至于社会的各个大群体之中，妇联要真正代表和维护妇女群体的利益，必须将妇女群众各种零散的意见进行梳理、综合及整合。特别是伴随社会主义市场经济体制的建立和深化，中国社会已进入利益分化、利益冲突和利益博弈的时代，妇女问题变得日益复杂。妇女群体不仅有因性别而产生的一致性利益，而且因其所处阶层、地域、年龄等的不同，妇女群体内部出现了利益差异乃至于利益冲突，妇女群体内部在某些方面和某种程度上拉大了不同层次、不同群体间发展的差距，妇女群体处于不断的分化之中。或者，更进一步地说，城乡之间、区域之间、社会群体之间妇女地位的提高处于不平衡状态，甚而，女性群体内部也已出现了"强势群体和弱势群体的分化。"[1] 所谓强势群体是指那些在社会分化与流动中凭借自身实力获得较高社会位置者，包括女性领导干部、女性高级知识分子、女企业家及女性高级白领，她们大都具有较高的学历、能力、心理素质，拥有较高收入和较高职业位置与社会地位。弱势群体则主要是那些处于较低职业位置以及失业妇女、下岗未能再就业的妇女乃至于生活处于困顿状态的女性，她们大都年龄较大、受教育水平低、能力素质差，缺乏基本的职业竞争力。女性群体的分化，特别是其社会位置与社会处境的差异化，使其利益诉求呈现多样化和复杂化，需要妇联组织给予不同的回应和关怀。但现阶段妇联组织的职能运行模式与妇女群体的内在结构分化尚未有机衔接。面对女性群体的分化，妇联组织根据何种原则将妇女具体的或个体的利益归纳、抽象为有代表性的妇女整体利益，又依据何种规则判断不同的具体利益或特殊群体利益在实践中予以保护的优先层级，这些都是妇联组织在实际运行过程中尚未解决的问题。特别，如何将妇女群众各种不同的利益诉求汇聚起来，经过科学、客观的筛选、整合而形成妇联组织的集体意志，进而形成系统化的政策要求，这是妇联组织需要亟待提升的能力。

其次，妇联组织聚合、表达女性群体需求及保障女性群体利益的机制建构不足。当前，妇联维权职能的落实不够到位，主要问题在于妇联组织聚合、表达女性群体需求及保障女性群体利益的机制建构不充分。现阶段，妇联聚合和表达妇女群体需求的实体途径有二：其一是妇联推荐妇女代表参加政治协商会议；其二是通过妇儿工委的协调议事机制向党和政府有关部门提出政策建议。（1）就妇联作为人民政协的组成单位来看，妇联作为参加政治协商会议的八

---

[1] 王小波：《试析我国女性群体的分化与分层》，载《妇女研究论丛》，2005年第9期。

大群团组织之一,其合法性得到了法律的保证,既可以直接向党委和政府提出相关建议,也可以在政协会议上公开地进行讨论和呼吁,从而为所提出的政策建议得到党和政府的支持营造社会氛围。但现在的问题在于,由于特定的推举协商机制,由于政协委员的履职方式,特别在政协闭会期间,女政协委员,特别是女委员集体深入女性群体,反映和表达女性群体诉求的工作机制不完善。而且,作为女性群体参与民主政治的代言人,一些女政协委员在履职过程中存在"不敢代表"和"不会代表"的问题。所谓"不敢代表"是指一些女性政协委员界别意识不强,不敢发出自己所代表的界别、所代表的女性群体的声音;所谓"不会代表"即一些女性政协委员不了解或者说不能有效把握所代表的女性群体的利益诉求,缺乏足够的履行政协委员职责的责任意识和代表能力,女政协委员群体与其所代表的女性还没有形成有机联系。从社会进步和发展的层面来看,女性参政很重要的意义在于从政女性能否自觉代表女性的整体利益,反映女性正当的合法利益,并对政府的决策发生影响,使广大女性的权益在政治领域中得到体现。现阶段,虽然妇联组织是人民政协的组成单位,但由于女性政协委员群体未能与女性群体之间构建有机联系,特别是未能形成一种授权代表与代表的政治契约关系,因此,妇联组织通过人民政协制度这一途径聚合、表达乃至真正保护妇女群体利益刚性不足。(2)就妇女儿童工作委员会这一制度架构来看,妇儿工委办公室设在妇联,办公室主任有妇联主席兼任,虽然为妇联在妇儿工委发挥其影响力提供了便利,但也由此导致妇联组织运行和职能发挥一定程度上的行政依赖,即妇联更倾向于回应政府的角色期待,因而强化了科层化组织结构的路径依赖和对上负责的工作价值取向。这种行政化的路径依赖,使妇联组织在社会结构变迁,妇女群体分化及利益诉求多样、多元、复杂化的形势下,对于除行政手段之外还可以采取哪些行动来维护和保护妇女权益等问题仍然缺乏积极的作为。由此可见,就实践层面看,妇联作为代表和维护妇女权益的特定性别群体,表达、聚合乃至妇女利益诉求的制度支撑和机制建构相对有限。

2. 妇联组织面临"双重角色"的角色冲突,特别是现行的组织架构及运行模式与其"非政府组织"的组织属性未能形成耦合状态

在我国政治政治体系中,工会、妇联、共青团等都是具有典型意义的政治社团，是国家政权的重要支柱之一；另一方面，又是代表和维护特定群体利益的群众团体。但是，虽然都是典型意义的政治社团，妇联与工会、共青团在组织运行上还有所差异。1990年2月，国务院妇女儿童工作协调委员会正式成立，取代了原由全国妇联牵头的全国儿童少年工作协调委员会，成为国务院负责妇女儿童工作的协调议事机构。1993年8月，国务院妇女儿童工作协调委员会更名为国务院妇女儿童工作委员会，简称国务院妇儿工委，是国务院负责妇女儿童工作的协调议事机构，其办公室设在全国妇联。国务院妇女儿童工作委员会的成立标志着我国提高妇女地位国家机制的初步建立，也表明了对妇女事务的协调管理已进入中央政府的框架之中。同时，各级政府将妇儿工委的办事机构设立于妇联，在妇联组织内又形成一个自上而下的纵向职能系统，这表明党和政府把管理国家妇女事务的权利委托给妇联，使妇联成为政府授权管理妇女事务的主体。

同时，1993年，在亚太妇女非政府组织论坛上，时任全国妇联副主席的黄启璪第一次向国际社会表明了全国妇联的"非政府组织"身份。1994年，中国政府在《贯彻"内罗毕提高妇女地位战略"报告》中，正式重申"全国妇联是中国改善妇女地位的最大的非政府组织"。1995年，中国作为东道主举办了联合国第四次世界妇女大会，全国妇联以非政府组织名义组织并参加了大会。此后，妇联在国际活动中一般也都是以"非政府组织"自称。2001年，时任全国妇联主席彭佩云再一次指出："全国妇联是中国最大的全国性妇女组织，也是中国最大的妇女非政府组织，其宗旨是维护妇女权益，促进男女平等。"[1] 上述声明清晰地反映出：无论是妇联组织自身还是政府都对妇联的身份予以了新的认定，即"非政府组织"。

至此，可以看到，较之于工会、共青团等政治社团，妇联具有了超越一般政治社团属性的组织属性，即一方面，妇联是党和政府联系妇女群众的桥梁和纽带，另一方面，从代表和维护妇女群体的利益层面来看，妇联既是作为非政府组织，也就是作为最大的性别团体，扮演着维护妇女权益代言的角色，而同时，各级政府的妇女儿童工作委员会办公室就设在同级妇联，妇联承担了政府

---

[1] 丁娟：《妇女组织与妇女工作研究综述》，载《中国妇女研究年鉴2001—2005》，社会科学文献出版社，2007年，第240页。

关于妇女儿童的工作，参与了妇女儿童政策和方针的制订，因此，可以说，妇联既有非政府组织的功能和群众团体的基本特征，也兼有政府组织的某些特点与职能。由此，使妇联具有了双重组织属性，而且，这种双重组织属性不仅仅是政治属性与特定社会群体的代表属性，由于地方各级妇联是同级政府妇女儿童工作委员会的具体执行机构，这就使妇联的政治属性中增添了行政管理的功能。我国妇联组织的政治与行政属性与其代表与维护职能，在根本上具有一致性和包容性。但在具体的运行过程中，仍然存在一定的张力，特别是现行的组织架构及运行模式与妇联组织的功能未形成耦合状态，致使其"非政府组织"的组织属性难以充分实现。究其内在机理，可作如下剖析：一方面，妇联作为党和政府联系妇女群众的桥梁和纽带，作为国家政权的重要社会支柱，要求妇联的工作要围绕中心，服务大局，也就是要围绕党和政府的决策部署，主动融入经济社会发展大局，把广大妇女的积极性和创造性组织和调动起来，使广大妇女成为国家建设和社会进步的重要生力军。同时，妇联作为政府妇儿工委的具体执行机构，承担着处理国家妇女事务和促进妇女发展的职能，要求妇联组织科学、合理地制定妇女运动和妇女工作方针，有效配置妇女发展资源，更好地推进妇女事业的发展。由上，妇联的政治职能和妇女公共事务管理的职能，决定了相应的工作路径和工作方法是至上而下的，是借助政治系统的制度资源展开的，因而，更多彰显的是妇联组织的行政执行能力。另一方面，1988 年，全国妇联六届代表大会将明确将"妇联的基本职能是代表和维护妇女权益，促进男女平等"写入章程，90 年代之后，我国政府和妇联组织反复强调"妇联是改善妇女地位的非政府组织"。就一般意义而言，非政府组织具有非营利性、民间性、志愿性、服务性等特性，特别，非政府组织是为了表达、维护特定群体的利益或社会公益而自愿组织起来的社会组织，即其民间性特点；非政府组织能够为社会提供公共产品与公共服务，同政府平行存在与市场进行公开、公平、平等的竞争，从而克服因政府垄断经营和管理公共产品的体制所带来的公共产品的高成本现象，即其公共服务性特点。妇联的非政府组织特性，意味着妇联是妇女群体的代言人，在很大程度上应该首先代表妇女群体的利益，应该为妇女群体提供各种公共服务以及解决妇女群体所面临的各种现实问题。由此，要求妇联自下而上的运行模式及与之相应的组织架构，从而真正能够了解并有效回应和解决妇女群体的诉求。

但就妇联的组织架构与运行模式的现实来看，我国的妇联组织实行地方组织和团体会员相结合的组织制度。长期以来，妇联的地方组织是按照国家的行政区划建立起来的，即按照从中央到地方，从全国到省（区、市）、市（地）、县（市）、乡镇（街道）、村（社区）六级纵向组织体系建构的。妇联的团体会员包括机关和事业单位的妇女委员会、厂矿企业的基层工会女职工委员会及其以上各级工会女职工委员会；其他在民政部门注册登记的全国性和地方性的妇女团体，各行业妇女自愿组织的为社会、妇女服务的协会、联谊会、宗教团体和其他群众团体的妇女组织，自愿申请，经全国妇女联合会或当地妇女联合会同意，亦可作为妇女联合会的团体会员。就妇联组织的权责运行看，妇联的组织体系不是严格意义上的层级式组织机构，因为上一级妇联组织与下一级妇联组织之间只有业务上的指导与被指导关系，并无直接领导权力，每一级妇联组织都接受同级党委和政府在人、财、物等方面的领导和控制。从这里可以看到，从组织结构上看，妇联是直线职能型结构，从中央到基层形成了一套完整的组织体系。但从组织运行机制及权责体系来分析，妇联又不是一个自成体系、能够独立运作的组织网络。根据妇联章程的规定：妇联接受同级党组织的领导。由于妇联接受同级党组织的领导，党政部门掌握着妇联干部的晋升、活动经费的划拨等基本的运行资源。特别，从妇联组织作为非政府组织的属性出发，反映妇女群众的呼声、维护妇女群众的权益是妇联的组织使命。这也就要求妇联组织要逐渐减少行政化倾向，不断彰显其群团属性，为广大妇女，特别是基层妇女群众办实事，解难事。但在实践中，妇联组织呈现出上重下轻或上宽下窄的结构特征，越是层级高的妇联组织，组织建制越完善，组织职能发挥的机制越充分，而越是层级低的妇联组织，组织建制单薄，职能发挥缺乏充分的机制依托。事实上，妇联的主要工作在基层，妇女群体的主要问题也集中在基层，在城镇街道、社区的妇联组织和农村妇联组织中，不设专职妇联工作人员或一人身兼数职的情形屡见不鲜，相关人员的待遇和工作经费往往也得不到保障，这与基层妇女工作数量多、情况复杂、涉及面广等特点形成了鲜明的反差，极大地制约了妇联职能履行的效率和实际效果，降低了妇女群众对妇联的信任度，影响了妇联在妇女群众中的凝聚力乃至其在整个社会中的影响力。

进一步地分析，妇联组织"双重角色"引发的角色冲突，在实践中也在一定程度上导致妇联工作价值取向上的偏差。如前反复说明，在我国社会主义体制下，全体人民利益具有一致性，妇联作为政府妇女儿童工作的具体执行机构，与妇联作为妇女群体的代言人，这两种属性具有根本上的一致性与包容性。但还必须看到，妇女群体作为特定的性别群体，有其独特的利益诉求。而且，在市场经济体制下，以市场作为资源配置的主要方式，女性和男性在获取资源和机会方面出现了较大的差异，女性作为一个性别群体自身的特殊利益和需求更加凸显出来。另外，市场经济不仅使性别群体之间出现了明显的分化，即使是在女性群体内部也出现了显著的分化。妇女的利益和诉求的日趋多元化，而且，在市场经济的竞争法则中，妇女群体的利益更易受到损害。这就对各级妇联组织服务妇女、代表与维护妇女利益职能履行提出了更高的要求。但在实际运行中，妇联作为政府妇女工作政策的执行者，与妇联作为妇女群体的代言人，这两种角色主体的履职方式有所差异。政府妇女工作的视角更多地体现为将妇女工作作为社会事务管理的一个部分，是与经济社会发展目标整合在一起的，而妇联工作的出发点和落脚点都是以满足其服务对象的权益为核心的。妇联政治职能与维权职能本身并不冲突，但这两种职能的实现需要借助于不同的组织架构和组织路径来实现，而组织的结构决定其功能的实现，实然性结构与应然性功能之间的落差，导致组织功能不能真正实现，这是妇联双重角色冲突的根本问题所在。

更进一步地分析，妇联组织"双重角色"引发的角色冲突，在很大程度上是淡化了妇联的群团属性。妇联从1949年成立到1978年间，在角色定位上是泛行政化的，主要的工作职能是围绕着当时党的中心工作展开的。改革开放后，妇联逐渐从泛行政化转向以维护妇女的权益为中心的角色。1988年，妇联第六届章程首次提出："在社会主义初级阶段，妇女联合会的基本职能是：代表和维护妇女权益，促进男女平等。"1999年，全国妇联八届二次执委会明确提出"一手抓发展，一手抓维权"的妇联工作方针，2008年，全国妇联"十大"提出要在"党政所急、妇女所需、妇联所能"的结合点上找准妇联工作的切入点，但在实践中，由于妇联承担着一定的行政职能，并依托行政体系进行组织建设和人员配置等等，由于长期发展模式的惯性作用，使妇联组织依然保留着较为浓厚的行政化倾向，组织运行在很大程度上是依托政治体系的路径依赖，工作任务的实现，工作目标的达成，基本还是借助于大规模的活动，在宣传、教育的过程中达到发动妇女、团结妇女、支持妇女的目的，从而最终在社会上产生广泛的影响,同时也在活动中扩大自身的影响力,巩固自身在妇女群体中的凝聚力和影响力。在工作对象的价值定位上,还缺乏与其"非政府组织"组织属性相应的群众视角,也就是更多地将妇女群体作为需要"组织"和"动员"的对象,而较少挖掘妇女群体的主体性,更缺乏通过妇联"组织性"和"主题性"的活动,开发女性群体潜力,促进女性群体发展的赋权妇女的工作模式。

综上,正是由于妇联组织面临"双重角色"的角色冲突,特别是现行的组织架构及运行模式与其"非政府组织"的组织属性未能形成耦合状态,故而,妇联组织在实际运行过程中,自上而下的执行体系和落实机制比较健全和顺畅,而自下而上的利益表达与广泛参与体系和参与机制则有所欠缺;在妇联工作的价值定位上,更多地将妇女群体视为单纯的受教育者与受益者,更多地采用"动员妇女参与发展"的干预模式;而缺乏对妇女自身在整个妇女解放与发展运动中的自主性和能动性的认识,较少采取"赋权妇女"的社会支持模式。

第六章 工商联组织与我国民主政治建设

工商联是中国共产党领导的以非公有制企业和非公有制经济人士为主体的人民团体和商会组织,是党领导的统一战线的重要组织和人民政协的重要界别,是党和政府联系非公有制经济人士的桥梁纽带,是政府管理和服务非公有制经济的助手,在我国经济、政治、文化、社会生活中有着重要影响,在促进非公有制经济健康发展、引导非公有制经济人士健康成长中具有不可替代的作用。工商联工作是党的统一战线工作和经济工作的重要内容,引导工商联健康、有序地发展,对于进一步提升我国工商联的政治社会影响力、促进我国民主政治建设的不断发展具有重要的意义。

一、工商联组织职能发挥的历史透视

全国工商联全称为中华全国工商业联合会(又称中国民间商会)(All-China Federation of Industry and Commerce,缩写 ACFIC),成立于 1953 年。工商联是中国共产党领导的面向工商界、以非公有制企业和非公有制经济人士为主体的人民团体和商会组织,其基本特征是统战性、经济性、民间性的有机统一。其工作对象主要包括私营企业、非公有制经济成分控股的有限责任公司和股份有限公司、港澳投资企业等,私营企业出资人、个体工商户、在内地投资的港澳工商界人士、原工商业者等。工商联工作是党的统一战线工作和经济工作的重要内容。

目前工商联组织是由全国工商联、省级工商联、地市级工商联和县级工商联以及基层组织组成,组织网络健全。截至 2011 年上半年末,全国工商联共有县级以上工商联组织3349个（含新疆生产建设兵团工商联组织197个）。其中，地级工商联组织348个（含新疆生产建设兵团师级工商联组织14个），占地级行政区划总数的100%；县级工商联组织2968个（含新疆生产建设兵团团级工商联组织182个），占县级行政区划总数的97.4%。27个省级行政区实现了县以上工商联组织全覆盖。西藏、青海、宁夏、新疆等4个省区还有81个县级行政区划未成立工商联。共有基层商会组织41551个。全国工商联共有会员2756490个，其中，企业会员1204823个，团体会员26731个，个人会员1524936个。全国工商联同世界上100多个国家和地区的400多个组织、机构、商会、企业等建立了广泛联系和友好合作。

工商联成立62年来，其组织发展及参与我国民主政治建设大致可以分为以下几个阶段：

第一阶段：工商联的创立时期（1949—1956年），协助党和政府贯彻和平改造的政策，团结、教育广大工商业者接受社会主义改造，工商联组织具有鲜明的政治属性。

工商联的前身是旧中国的行会和商会。旧中国的商会是私营工商业者的社会团体，从商会的"阶级属性"出发，商会被认为"常被大商业和地方士绅操纵"[1]，是资产阶级性质的社团。早在解放战争时期，中国共产党就在东北解放区的少数城市建立了工商联组织。在新中国成立前的1949年2月，毛泽东同志就考虑在改造旧中国工业会和商会的基础上，组建新中国的工商业联合会。1949年3月，从中国经济社会的实际出发，毛泽东同志在党的七届二中全会报告中指出，对于资本主义工商业，"在革命胜利以后一个相当长的时期内，还需要尽可能地利用城乡私人资本主义的积极性，以利于国民经济的向前发展。在这个时期内，一切不是于国民经济有害而是于国民经济有利的城乡资本主义成分，都应当容许其存在和发展"。1949年8月，中共中央作出成立工商业联合会的决定。在中共中央发出的《关于组织工商业联合会的指示》中指出，"工商业以合并成立工商业联合会为好。我公营企业的主持人员亦应参加进去一些，以便教育和团结私人工商业家；但公家人员参加者不要太多，以免私营企业家因公家人占多数不便讲话而裹足不前。工商业联合会的重心应是

---

[1] 陈云：《陈云文选》（第2卷），人民出版社，1984年，第361页。

私营企业，工业较商业的比重应逐步增加；公营企业主持人之参加，在各地亦应随各地工商业联合会之发展逐步增加，以便不占多数而能起有效的推动作用。"① 根据中央的指示，一些大中城市在改组改造旧商会、旧同业公会的基础上，先后成立了工商联的地方组织。1951年2月，中央在《关于进一步加强统一战线工作的指示》中指出："必须加强工商业联合会的工作，准备建立全国工商业联合会。国营企业必须积极参加工商业联合会的活动。党和人民政府，则经过统战部门和财经部门去实现对工商业联合会的业务的和政治的领导。"1951年10月，周恩来同志在全国政协一届三次会议的《政治报告》中指出："工商业联合会将逐渐成为全体工商界的、即包括各城市、各阶层和各行业的、并使中小工商业者享有平等权利的组织。"1952年6月，成立全国工商联筹备委员会。1952年8月，中央人民政府政务院公布了《工商业联合会组织通则》，确定了建立工商联的基本原则。

1953年10月，全国工商联第一次会员代表大会在北京召开，全国工商联正式成立。它是以私营工商业者为主体，国营企业和合作社、公私合营企业等各类工商业者参加的，中国共产党进行统一战线工作的一个重要的人民团体。它的主要工作对象是私营工商业者。国营企业和合作社的代表参加工商联，是为了发挥社会主义公有制代表的骨干作用，以保证中国共产党的领导的实现。在党和政府的领导下，工商联在代表私营工商业者的合法权益，引导私营工商业者搞好生产经营，团结他们遵守政府的政策法令，特别是团结、教育广大私营工商业者接受社会主义改造等方面，发挥了重要作用。全国工商联成立之后，各级工商联组织根据国家的过渡时期总路线和总任务以及和平改造资本主义工商业的方针、政策，接受爱国主义、社会主义教育，协助党和政府逐步通过赎买政策把私营企业纳入到国家资本主义的轨道。到1956年春，在全国范围内顺利实现了资本主义工商业的全行业公私合营。

至此可以清晰的看到，工商联已不同于旧中国的商会和行会，从工商联的组成成分来看，虽然私营企业占户数的绝大多数，但国营企业也参加了。从前的总商会是在旧政权领导之下，现在的工商联是在人民政府领导之下。工商联虽然是私营企业利益的主要代表组织，但它又必须服从《共同纲领》。就工商

---

① 李维汉：《回忆与研究》（下），中共党史资料出版社，1986年，第701页。

联的工作来说，主要是协助人民政府和指导工商业者，这也与过去商会不同。因此，工商业联合会是新民主主义性质的工商界的统一战线组织，它是在人民政府领导下，包括全体工商业者在内，以贯彻共同纲领、发展新民主主义经济为目的的人民团体，它不仅应该代表工商业者向人民政府反映意见、提出建议，同时也应该领导工商业者推行共同纲领和人民政府的政策法令，指导私营工商业者在国家总的经济计划下发展生产，改善经营，还应该组织工商业者进行学习和参加各种爱国运动。

总之，新中国成立初期，工商联在党和人民政府的领导下，在引导私营工商业者搞好生产经营、代表私营工商业者的合法权益、团结他们遵守政府的政策法令，特别是团结、教育广大私营工商业者接受社会主义改造等方面，发挥了重要作用，做出了大量积极有益的工作。

第一，辅导私营工商业初步纳入了国家资本主义的轨道。第一届全国工商联会员代表大会闭幕以后，全国工商联和各级组织，一方面广泛宣传国家过渡时期的总任务，同时积极辅导私营工商业逐步地走上国家资本主义的道路。1953年，随着我国国民经济的恢复发展，国家资本主义的中级形式有了大量的发展。协助国家合理地分配生产任务，协商工缴成本，督促加工订货合同的执行，就成为工商联辅导私营工业的主要工作。对于某些没有条件单独地承接加工订货的中小工业和手工业户，经过帮助和推动，逐步地按照不同类型、设备、品种等条件建成不同形式的加工订货小组或生产小组，从而纳入了国家资本主义或合作化的轨道。对于有关加工订货中所存在的问题，如原料供应、验收标准、工缴利润等，作了及时的反映，并得到适当的解决。同时组织同业进行检查，使某些偷工减料、粗制滥造、高估成本和不能按质、按量、按时完成任务的情况，有所改善。随着国家统购统销政策的实施，全国工商联和各级组织于1953年冬和1954年秋，在全国范围内先后辅导粮食、油料和棉布商接受国家的经销和代销业务；同时辅导粮、油加工工业和棉织、针织、染织等业全部地接受国家的加工订货，顺利地贯彻了统购统销政策。从1954年5月起，政府在全国范围内对私营商业实施了各种安排措施，进行了市场调整。全国工商联和各级组织辅导大批零售商同国营商业和供销合作社建立了经销、代销、批购零销关系，协助批发商建立了公私联购、委托代购和委托代销等关系，协助部分进出口商建立了代进、代出关系。同时，还向有关部门提供了有关调整货源供应、批发起点、批零差价、地区差价、经营范围和市场管理等的反映和意见。在初级市场中,全国工商联某些组织还组织小商小贩下乡推销,并帮助解决各种困难,对于加强城乡物资交流,起了一定的作用。对于已失去作用的批发商则协助政府作了安排工作。其中一部分转入了有利于国计民生的事业,一部分经过学习和短期训练以后,由政府作了适当的安排。

第二,开展增产节约、改善经营管理的工作。增产节约运动不仅为国家增加了物资的供应,而且有着改善公私关系、劳资关系和改革企业落后状态的意义。1954年起,全国工商联配合有关部门,在工业领域逐步开展增产节约运动,在商业领域开展改善经营管理的工作,为进一步接受改造创造了必要的条件。提高质量,降低成本是当时协助私营工业开展增产节约的中心内容。为了提高质量,全国工商联和地方组织组织指导工商同业团体公开技术,交流经验,改进产品规格,改造机器设备,研究和改进操作规程,并指导生产新品种,提倡代用品,举办技术讲座和各种展览,给工商同业团体解决一些在生产上、设备上和技术上存在的问题。很多地区,还帮助工商同业团体建立各种必要的民主管理制度,改进了生产管理,改善了劳资关系。许多工业企业在开展增产节约运动以后,提高了产品质量,减少了废次品率,降低了成本,节约了原材料的消耗。由于经营管理的改善,很多经销、代销商业逐步地建立了各种经营管理制度。一般开支费用有所降低,并革除了某些陋规恶习,纠正了不合理的开支;部分企业还调整了不合理的待遇和福利。一般经销商和代销商不同程度地改善了经营作风和服务态度,初步地建立了新的商业道德。

第三,协助国家机关贯彻"统筹兼顾、全面安排、积极改造"的方针。1955年1月,政府提出了"统筹兼顾、全面安排、积极改造"的方针。全国工商联在若干城市若干行业中,做了比较具体的调查研究工作,对于商业的调网并店,工厂的裁并改组,加工订货任务的分配,工缴利润,规格标准,以及税收政策和公私合营方面所存在的问题,作了必要的反映和协商工作。由此,部分地区的主要工业行业,开始采取以大带小,以先进带落后的原则,根据生产上的协作关系,进行并厂、合营。更多的零售商业被纳入了经销、代销的形式。部分手工业和小商小贩开始被组织起来,各种互助合作形式有所发展。这就为全行业公私合营和合作化准备了有利的条件。1956年1月,在全国范围内的全行业公私合营和合作化过程中,全国工商联及地方组织协助政府有关部门积极推动全行业公私合营工作,如帮助业户进行财产清估和审核工作,协助有关部门进行财产复查工作、债权债务的清理及定股定息工作,并对于行业归口、经济改组等工作提供了意见和建议。

第二阶段:工商联的稳定发展时期(1956—1966年),大力推动工商业者参与社会主义建设,工商联组织彰显出鲜明的政治属性。

随着社会主义改造的完成,私营工商业者作为剥削阶级已不复存在。在这个组织是否继续存在下去的问题上,毛泽东同志指出:"对工商联也适用'长期共存、互相监督'的方针"。"工商联可以长期存在。在定息取消以后,还要进行思想改造工作,可以作为一部分劳动者的工会,但名称要保存不要改。"① 中共中央在批准的中央统战部《关于继续发挥工商业联合会的作用的意见》中指出:"几年来,工商业联合会在党和政府的领导下,在反映工商业者的意见,代表他们的合法利益、团结教育他们接受社会主义改造、指导他们改善生产经营、组织他们学习和参加爱国运动等方面做了不少的工作。在全行业合营高潮中,工商联在协助清产定股、人事安排和经济改组等方面,也发挥了积极作用。为了进一步调动工商界的积极因素,组织、推动工商界参加社会主义建设和协助政府继续完成对私营工商业的社会主义改造,我们需要工商联继续工作,一方面代表工商业者的合法利益,反映他们的意见和要求,对党和政府的工作进行监督;另一方面组织和推动资产阶级分子自我改造和参加社会主义竞赛。工商联发挥上述两方面的作用,不仅为国家所需要,而且也是符合工商界要求的。因此,在今后一个相当长的时期内,工商联仍然需要存在,并且需要进一步发挥它的积极而有效的作用。"同时,对于工商联的性质,该意见明确提出:"它仍然应该是以原来的私营工商业者为主的、各类工商业者联合组织起来的人民团体。"② 1956年12月和1960年2月,全国工商联先后召开了第二届和第三届会员代表大会,推动会员进行自我教育和自我改造,发挥经营管理和生产技术专长,为社会主义建设服务。

1956年12月,全国工商联第二次会员代表大会通过的《工商业联合会章程》明确,工商联的基本任务是:(1)领导工商业者遵守国家的宪法、法律

---

① 王德宽编著:《中国工商业联合会简史》,高等教育出版社,1996年,第7页。
② 张铁军等:《当代中国商会研究》,甘肃文化出版社,2006年,第114页。

和政策法令；(2) 团结广大工商业者发扬爱国主义精神，积极参加社会主义建设；(3) 协助政府继续完成对资本主义工商业和手工业、小商小贩的社会主义改造；(4) 代表工商业者的合法利益，反映工商业者的意见和要求，并发挥团体的监督作用；(5) 组织工商业者进行学习，提高思想认识和业务水平；(6) 鼓励和推动工商业者发挥技术专长和经营才能，积极参加社会主义竞赛，搞好生产经营和公私共事关系；(7) 加强与世界各国工商业者的友好往来，促进各国人民之间的经济交流和世界和平事业的发展。

值得一提的是，私营企业在全行业公私合营以后，基本上已经转化成为社会主义企业。而以企业为主要基地通过劳动的实践来推行自我教育和自我改造，有特殊重要的意义。工商业者只有在社会主义企业中从事劳动的实践，才能学会社会主义的经营管理方法，学会以工人阶级的立场、观点和方法来分析和处理问题；才能真正认识到劳动的光荣，改变轻视劳动人民的思想，进一步靠拢劳动人民，把自己改变成为一个名副其实的劳动者。为此，第二届全国工商联常务委员会第五次会议号召全国工商业者积极参加社会主义竞赛，以高度负责的精神积极搞好生产经营，并诚恳地向职工群众学习，在各种不同的工作岗位上，充分贡献出自己的业务经验、技术和专长，争取为社会主义立功。经过全国工商联各级组织大力推动以后，越来越多的工商业者参加了社会主义竞赛，越来越多的工商业者获得了先进生产者和先进工作者的光荣称号。根据十省三直辖市不完全的统计，1956 年第三季度参加竞赛的工商业者共达 38 万余人，获得光荣称号的达 4.9 万余人；获得奖励的达 2.7 万余人。

总之，1956—1966 年，是工商业联合会稳定发展的 10 年，全国工商联及地方工商联组织基金引导工商业者进行自我教育，大力推动工商业者参与社会主义建设，工商联组织仍然彰显出鲜明的政治属性。

第三阶段：工商联的瘫痪时期（1966—1977 年），各级工商联组织被迫停止活动。

中共中央《关于建国以来党的若干历史问题的决议》指出："1966 年 5 月至 1976 年 10 月的'文化大革命'，使党、国家和人民遭受到建国以来最严重的挫折和损失。""文化大革命"期间，各级工商联组织被视为"反动资产阶级的老窝"，受到了"红卫兵"、"造反派"的冲击。工商联组织被彻底砸烂，工商界人士被彻底打倒，工商联干部被全部下放。在"全面专政"的口号下，原工商业者作为"牛鬼蛇神"、"反动资本家"、"黑五类分子"成为了专政的对象。他们中的许多人惨遭迫害,受到了极不公正的待遇,一大批工商界人士受到冲击、批斗、游街、下放。工商联组织受到前所未有的破坏,从而导致了工商联发展历史中的十年断裂和空白。

第四阶段:工商联的恢复重建时期(1978—1991 年),积极引导工商业者为改革开放和社会主义建设事业服务,工商联组织的民间性和经济性属性逐渐彰显出来。

粉碎"四人帮"以后,党中央开始拨乱反正。1977 年 8 月,中共中央第十一次代表大会召开,会议宣布了"文化大革命"的结束,重申了党的爱国统一战线政策。1977 年 10 月,中共中央在下发的 41 号文件中提出"各民主党派和工商联应恢复组织,开展活动"。同年 12 月 24 日,中共中央统战部召开了各民主党派中央、全国工商联临时领导小组成员会议。由此开始了全国和地方恢复工商联组织机构的工作。中共十一届三中全会以后,党和国家的工作重点转移到以经济建设为中心的社会主义现代化建设上来,也使工商联工作进入了一个新的发展阶段。

1979 年 1 月,邓小平约见工商界领导人胡厥文、胡子昂、荣毅仁、周叔弢等同志,座谈如何搞好经济建设问题。邓小平指出,落实政策以后,要发挥原工商业者的作用,"钱要用起来,人要用起来",为改革开放服务。邓小平就加速社会主义现代化建设、对外开放、调动原工商业者的积极性为社会主义现代化服务等问题发表了重要讲话。1979 年 6 月 15 日,邓小平在全国政协五届二次会议的开幕词中指出:"我国的资本家阶级原来占有的生产资料早已转到国家手中,定息也已停止十三年之久。他们中有劳动能力的绝大多数人已经改造成为社会主义社会中的自食其力的劳动者。""现在,他们作为劳动者,正在为社会主义现代化建设事业贡献力量。"[①] 1979 年 10 月 19 日,邓小平在全国政协、中央统战部宴请出席各民主党派和全国工商联代表大会代表时的讲话中再次强调:"建设和发展社会主义事业,已成为各民主党派、工商联和我们党的共同利益和共同愿望。在新的历史时期中,各民主党派和工商联仍然具有重要的地位和不容忽视的作用"。以邓小平同志为核心的党中央在对待工商

---

① 黄孟复:《中国商会发展报告(2004)》,北京:社会科学文献出版社,2005 年,第 27 页。

联、对待原工商业者的问题上，从政治上、思想上、经济上拨乱反正，极大地调动了工商联和原工商业者为社会主义建设事业服务的积极性和主动性。

1979年10月，中华全国工商业联合会第四届会员代表大会召开，会议提出了"坚定不移跟党走，尽心竭力为四化"的工作方针。工商联第四次代表大会后，中华全国工商业联合会与中国民主建国会协同开展经济咨询服务和工商专业培训工作。到1983年8月工商联第五届代表大会召开前夕，全国已有227个地方组织开展了咨询服务活动，建立了807个咨询服务机构，经常参加咨询服务活动的两会成员达2万多人。咨询服务工作逐步从个别的、分散的献计献策，发展到有组织地提供专业、专题咨询服务；从大中城市扩大到中小城镇、少数民族地区和边远地区。经济咨询服务过程中提出的关于加强设备管理和维修、扶持和振兴中药事业、恢复和发展传统食品等建议书，受到国家领导同志的重视，对于有关部门改进和加强这些方面的工作，发挥了积极作用。此间，中华全国工商业联合会与中国民主建国会开办各类业余学校、训练班938个，培训学员12万多人。有1200多名两会成员为有关单位举办讲座，讲专业课，受教的学员近31万人次。特别，还应该提及的是，这个时期，工商联各级组织代表会员的合法权益，协助国家落实对原工商业者的政策，如1982年，各级工商联组织对在企业担任工程师以上或相当职务，在政府机关担任厅局长以上领导职务，以及在工商联担任副秘书长以上职务的知识分子会员的政策落实情况进行了一次认真的调查了解，并向有关部门作了反映，提出了建议，极大地调动了会员的积极性。

1983年11月，中华全国工商业联合会第五届代表大会召开，会议明确新时期工商联的任务是：团结和组织全体会员在实现国家新的历史时期的总任务、加紧社会主义现代化建设中，充分发挥会员的积极作用。工商联五次代表大会后的五年，各级工商联组织继续延续其经济咨询服务和工商专业培训工作，而且，服务范围不断扩大，服务水平和质量不断提高。为各类工商企业提供咨询服务1.5万项，其中一些项目是国家"星火计划"和扶贫计划的重点项目，为支援少数民族地区发展经济文化，为贫困地区脱贫致富，为推动东西部地区加强协作，进行了大量的工作；工商专业培训工作有了进一步的发展，举办包括大专学校在内的各类学校152所、培训班6452个，培训人员130多万人次，比五年前增加了三倍多。培训形式更加灵活多样，培训范围和对象日益扩大,办学路子越走越宽,初步形成了以工商专业培训为主,多层次、多形式的职业技术教育与成人教育的培训网络。

1987年5月,中央书记处十二届338次会议在审议中央统战部《关于工商联吸收新会员,进一步发挥积极作用》的请示报告时,对工商联工作作了重要指示:(1)工商联是我国民间的对内商会,也是对外商会,在对内搞活、对外开放中,应发挥更加积极的作用。(2)工商联吸收新会员可以按照现在的路子先搞试验(注:根据自愿原则,不少地区工商联吸收了一些国营企业、集体企业、"三资"企业、乡镇企业、私营企业者、个体工商户代表,不同地区,各有侧重)。(3)我国经济是以社会主义公有制为主体的多种经济,参加工商联相当大的一部分是个体户。单靠工商局管不住,工商联应配合做工作。工商联工作要适应新的情况,要有新的经验。要加强私营企业者的工作,使他们做一个合法的经营者,通过各种形式的经营为社会主义经济建设做出贡献。该指示对工商联是统一战线组织,是我国民间的对内对外商会的界定,明确了新时期工商联的性质这一重大问题。

1988年11月,中华全国工商业联合会第六届会员代表大会开幕。在工商联历次代表大会中,第三届、第四届、第五届代表大会分别是与中国民主建国会第二次、第三次、第四次全国代表大会共同举行的。1988年,在中央关于工商联工作重要批示的背景下,工商联第六次代表大会对章程进行了修订,明确"中国工商业联合会是中国工商业界组织的人民团体,民间的对内对外商会。"并强调工商联的主要职能是参政议政,即参加国家事务和经济、社会重大决策的政治协商,发挥民主监督的作用,对政府的有关政策、经济法规的制订提出建议并协助贯彻执行;维护会员的合法权益,即反映会员的意见、要求,成为会员与政府之间协商和对话的民主渠道,发挥桥梁作用等等。其中,"维护会员的合法权益"是在工商联组织章程中首次明确的职能。

工商联六次代表大会后,工商联各级组织发挥统一战线性质的人民团体和民间商会的各项职能,其一围绕经济建设的中心任务,积极参政议政。全国工商联围绕小商品生产和流通、非公有制经济情况、工业企业亏损和振兴地方经济、少数民族地区脱贫致富、发展边境贸易等问题开展了专题调查,分别写出报告,提出建议,并向国务院转报了广州市工商联《关于强化税收,严格依法治税的建设》。其中,《对搞活小商品生产和流通,方便人民生活的一些建议》报送中共中央办公厅和国务院办公厅，收到了国务院办公厅的复函。其二将组织建设作为自身建设的重要内容予以安排和落实。为了切实发挥工商联作为民间对内对外商会的作用，各级工商联加强自身组织建设，这一时期，出现了工商联领导下的同业公会、同业会、行业工作委员会、外商公会、民间企业家协会等组织形式，还有的地方吸收外商联谊会作为团体会员。1989年8月，中华工商业联合会召开同业公会工作经验交流会，围绕同业公会的性质、组织特点、具体工作及试点工作取得的初步成效进行交流。

总之，中共十一届三中全会以来，在党中央的积极支持下，工商联的各级组织积极探索为改革开放、为发展社会主义商品经济服务的途径方法，走出了新路子。

第五阶段：工商联快速发展时期（1991年至今），工商联作为党领导的人民团体和商会组织，其统战性、经济性、民间性"三性"有机统一，相互依存和促进，工商联围绕党和政府的中心工作，开拓进取、与时俱进，在促进非公有制经济健康发展、促进民主政治建设和和谐社会建设等方面发挥了重要作用。

20世纪90年代以后，党和政府赋予工商联在新时期的历史使命，工商联组织获得快速发展，在我国经济社会发展和民主政治建设中的作用和影响愈益凸显。首先，20世纪80年代随着改革开放政策的实施、市场经济的发展，非公有制经济进一步快速地发展起来，随之而来的是个体私营企业主阶层的壮大和发展。为适应新的形势，中共中央于1991年7月下发《中共中央批转中央统战部〈关于工商联若干问题的请示〉的通知》（15号文件），是工商联发展史上重要里程碑。《通知》全面回答了工商联发展的一系列重大问题，为工商联工作指明了方向。文件指出：工商联是中国共产党领导下的以统战性为主，兼有经济性、民间性的人民团体；其工作对象是私营企业、个体工商户、"三胞"投资企业和部分乡镇企业；其工作任务主要是做非公有制经济代表人士的思想政治工作；其地位作用是党和政府联系非公有制经济的桥梁，政府管理非公有制经济的助手。《通知》明确了工商联是统一战线性质的人民团体和民间商会，是党和政府联系非公有制经济人士的桥梁，为工商联赋予了新的职能，指明了工商联工作的重点和努力的方向。

随之，1993年11月，党的十四届三中全会通过的《中共中央关于建立社会主义市场经济体制若干问题的决定》明确指出:"转变政府职能,改革政府机构,是建立社会主义市场经济体制的迫切要求。""必须培育和发展市场体系,发展市场中介组织,发挥行业协会、商会等市场中介组织的服务、沟通、公证、监督作用。"1996年3月,全国人大第八届四次会议《政府工作报告》中也指出:"把应由市场解决的问题交给市场,充分发挥行业协会、商会等市场中介组织的作用。"显然是将商会和行业协会等中介组织视为市场经济体系中不可或缺的重要环节来看待。2003年10月,十六届三中全会上通过的《中共中央关于完善社会主义市场经济体制若干问题的决定》中更加明确地提出,"积极发展独立公正、规范运作的专业化市场中介服务机构,按市场化原则规范和发展各类行业协会、商会等自律性组织"。将发展行业协会和商会作为完善市场体系,规范市场秩序的重要举措之一。2004年9月,十六届四中全会通过的《中共中央关于加强党的执政能力建设的决定》明确提出了三项职能:"发挥社团、行业组织和社会中介组织提供服务、反映诉求、规范行为的作用,形成社会管理和社会服务的合力。"2005年2月,《国务院关于鼓励支持和引导个体私营等非公有制经济发展的若干意见》首次在政府文件中明确,要"充分发挥工商联在政府管理非公有制企业方面的助手作用"。

2006年,中共中央颁布《关于巩固和壮大新世纪新阶段统一战线的意见》,对工商联的性质地位、职能作用和目标任务作出了与时俱进的阐述,指出"工商联是党领导的以非公有制企业和非公有制经济人士为主体的具有统战性、经济性、民间性的人民团体和商会组织,是党和政府联系非公有制经济人士的桥梁纽带,是政府管理非公有制经济的助手。"强调要"充分发挥工商联在非公有制经济人士参与政治和社会事务中的主渠道作用,就有关问题听取非公有制经济人士的意见和建议。充分发挥工商联在非公有制经济人士思想政治工作中的重要作用,引导非公有制经济人士健康成长。充分发挥工商联在政府管理非公有制经济方面的助手作用,健全和完善工商联民间商会职能,政府及有关部门在制定非公有制经济有关政策和在协调非公有制经济有关工作时,要吸收工商联参加。在建立新型劳动关系的过程中,工商联既要维护非公有制经济人士的合法权益,又要与工会等人民团体密切配合,维护职工的具体利益。"

随着我国非公有制经济规模的不断发展壮大和地位作用的日益重要,工商联工作遇到了许多新情况、新问题,需要进一步明确新时期工商联的性质、作用、职能、组织结构等问题,中共中央于2010年9月出台了《中共中央、国务院关于加强和改进新形势下工商联工作的意见》(16号文件),在工商联事业发展史上具有里程碑意义。《意见》指出,工商联是中国共产党领导的以非公有制企业和非公有制经济人士为主体的人民团体和商会组织,是党和政府联系非公有制经济人士的桥梁纽带,是政府管理和服务非公有制经济的助手,在我国经济、政治、文化、社会生活中有着重要影响,在促进非公有制经济健康发展、引导非公有制经济人士健康成长中具有不可替代的作用。《意见》强调,统战性、经济性、民间性有机统一,是工商联的基本特征。统战性主要体现在工商联是党领导的统一战线组织,决定了工商联的政治方向、政治地位和政治功能;经济性主要体现在工商联由工商界及其人士组成,直接服务于经济建设;民间性主要体现在工商联具有商会性质和职能,其组织方式和工作机制不同于政府机构。可以说,《意见》是适应中国特色社会主义现代化建设的新形势和非公有制经济发展的新特点,汇集了20年来工商联理论创新和工作实践的智慧和成果,是今后较长时期内工商联工作的指导方针和行动指南。

在党的相关政策的指导和推动下,伴随我国非公有制经济规模的不断发展壮大和地位作用的日益重要,20世纪90年代以后,工商联进入一个快速发展时期,其政治社会影响更为凸显。

1993年10月,中华全国工商业联合会第七届会员代表大会召开。会议通过的《中国工商业联合会章程》明确"中国工商业联合会是中国工商业界组织的人民团体和民间商会。"《章程》明确"中国工商业联合会作为党和政府联系非公有制经济的一个桥梁,其主要任务与职能是参政议政、自我教育、维护会员的合法权益"等等。这里,以中华全国工商业联合会第七届会员代表大会为起点,中华全国工商业联合会正式命名为中国民间商会,至此进一步明确了工商联不仅是具有统战性和民间性的人民团体,还是具有经济性的民间商会。中华全国工商业联合会第七届会员代表大会之后,各级工商联的工作取得了突破性进展。首先,积极参政议政,认真履行政治协商、民主监督的职能。例如,期间工商联界别的政协委员在政协大会共提交提案近400件。在全国政协八届四次会议上,全国工商联提交的"努力改善投资环境,真正做到外商在华投资安全平等案",被全国政协提案委员会从8000多件提案中选出,评为

"12件优秀党派提案"之一。其次,调整会员结构,非公有制经济代表人士队伍不断发展壮大。工商联"七大"以后,全国工商业联合会研究制定发展会员的长期规划,到1997年工商联"八大"前,非公有制经济成分的会员由"七大"时的20.59万个,发展到68.48万个,占会员总数的58.68%;在省级工商联执委中,非公有制经济人士的比例占执委总数的52%;在省级常委中,非公有制经济人士占常委总数的50.4%;在省级工商联正、副会长中,非公有制经济人士也占有一定比例。工商联发展成为以非公有制企业会员为主、包括股份制企业会员、部分公有制企业会员、团体会员和原工商业者、部分个体工商户组成的人民团体。再次,强化商会职能,初步形成了为会员服务的新格局,包括在协助政府管理非公有制经济方面探索开拓新的职能,以及融资服务、信息服务、法律服务乃至宣传舆论服务。第四,推动光彩事业,创造性地开辟了民间扶贫的新领域,如1994年,在工商联七届二次常委会后,成立了全国工商联光彩事业工作委员会,各省、自治区、直辖市也成立了光彩事业工作机构。到1997年工商联"八大"前,全国2296位非公有制企业家投资光彩事业,实施光彩事业项目2731个,投资到位资金51亿元。

1997年11月,中华全国工商业联合会第八届会员代表大会召开。会议通过的《中国工商业联合会章程》明确:"中国工商业联合会是中国共产党领导的中国工商界组成的人民团体和民间商会,是党和政府联系非公有制经济人士的桥梁和纽带,是政府管理非公有制经济的助手。""中国工商业联合会的主要职能与任务是:参与国家大政方针及政治、经济、社会生活中的重要问题的政治协商,发挥民主监督的作用,参政议政;引导会员积极参加国家经济建设,推动社会主义市场经济体制逐步完善,促进社会全面发展;代表并维护会员的合法权益,反映会员的意见、要求和建议。"中华全国工商业联合会第八届会员代表大会之后,各级工商联认真履行参政议政、民主监督等职能,积极为改革开放和现代化建设建言献策,提出了许多重要意见和建议,如工商联参与了《个人独资企业法》、《个人所得税法》、《中小企业促进法》、《行政许可法》等涉及非公有制经济法律法规的制订工作;工商联代表和维护会员的合法权益,组织各类培训,加强与国外商会的联系,发挥商会职能,为会员服务,开展了同业公会和行业商会的试点工作,为完善和维护社会主义市场经济秩序起到了积极作用;深入贯彻中共中央关于新时期工商联要大力加强非公有制经济人士思想政治工作的重要指示,按照"团结、帮助、引导、教育"的方针,对非公经济人士进行爱国、敬业、诚信、守法和"致富思源、富而思进"教育,积极探索非公有制经济人士思想政治工作的新途径。

2002年11月,中华全国工商业联合会第九届会员代表大会召开。会议通过的《中国工商业联合会章程》明确:"中国工商业联合会是中国共产党领导的中国工商界组成的人民团体和民间商会,是党和政府联系非公有制经济人士的桥梁和纽带,是政府管理非公有制经济的助手。"会议通过的《中华全国工商业联合会第八届执行委员会作的工作报告》强调:"作为中国工商界的人民团体和民间商会,工商联一肩挑两头,既要发挥党联系非公有制经济人士的桥梁作用,又要当好政府管理非公有制经济的助手;既要配合党做好引导非公有制经济人士健康成长的工作,又要协助政府促进非公有制经济健康发展;既要引导教育非公有制经济人士,做好他们的思想政治工作,又要反映他们的正确意见,代表并维护他们的合法权益,向他们提供力所能及的服务。"工商联"九大"后,各级工商联组织开始深入探索把发挥工商联统战性人民团体和民间商会的双重职能作用有效地结合起来的途径。首先,各级工商联积极组织工商界人士参政议政,工商联的统战性得到充分彰显。如全国工商联参加了《国务院关于鼓励支持和引导个体私营等非公有制经济发展的若干意见》的起草工作,在《物权法》、《企业所得税法》、《反垄断法》等法律的起草、修订过程中,提出了必须平等保护私有财产权和加快实现各类企业公平税负等重要意见。全国工商联在地方工商联的配合下,开展了民营经济发展分析、商会发展分析、私营企业抽样调查、上规模民营企业调查、民营企业自主创新和劳动关系状况及承担社会责任调查等一系列重点调研和专题研究,形成了一批有价值的研究成果。其次,各级工商联组织努力维护会员合法权益,较好地彰显了工商联作为民间商会的经济属性。如受国务院委托,全国工商联参与完成了个别大型企业的重组,积累了处理企业危机的初步经验。全国工商联制定了《关于指导民营企业加强危机管理工作的若干意见》,推动企业重视和加强危机管理工作。在此期间,许多地方工商联成立了维权服务机构,参与做好非公有制企业民商事纠纷仲裁等工作,工商联组织的维权工作影响日益增大,作用更加突出。

2009年9月,中华全国工商业联合会第十次会员代表大会召开。会议通过的《中国工商业联合会章程》明确:"中华全国工商业联合会是中国共产党领导的中国工商界组成的人民团体和商会组织，是党和政府联系非公有制经济人士的桥梁纽带，是政府管理非公有制经济的助手。"并明晰"本会具有统战性、经济性、民间性相统一的特征。充分发挥在非公有制经济人士参与政治和社会事务中的主渠道作用，在非公有制经济人士思想政治工作中的重要作用，在政府管理非公有制经济方面的助手作用，在构建和谐劳动关系过程中的协调作用，在行业协会商会改革发展中的积极作用"。这里，在工商联的章程中首次明确工商联具有统战性、经济性、民间性三个属性，并首次明确工商联要在构建和谐劳动关系过程中发挥积极的协调作用。工商联"十大"后，各级工商联坚持统战性、经济性、民间性的有机统一，不断提高工商联组织的凝聚力、影响力、执行力，首先，工商联在促进非公有制经济健康发展和非公有制经济人士健康成长中发挥了不可替代的作用，例如，2008年国际金融危机爆发后，中小企业特别是小微企业生产经营遇到较大困难，成为影响我国国民经济平稳较快发展的制约性因素。全国工商联集中力量开展中小企业调研，鲜明提出中小企业的问题主要在小微企业，对国务院陆续制定出台扶持中小企业特别是小微企业发展的政策措施发挥了重要作用，产生了广泛而积极的社会影响。2010年6月，全国工商联十届五次常委会议出台《关于推动非公有制企业加快发展方式转变的决议》，着力引导和服务企业在加快转变发展方式、保障和改善民生、提升自身素质上有更大作为。其次，工商联充分发挥作为党领导的统一战线组织的特性，团结、教育和服务于非公有制经济人士。例如，2008年，全国工商联与中央统战部共同召开首次全国非公有制经济人士思想政治工作会议，下发《关于加强和改进非公有制经济人士思想政治工作的若干意见》，为确立工商联在非公有制经济人士思想政治工作中的引导作用，奠定了重要的思想认识和工作实践基础。同时，工商联组织还在构建和谐劳动关系过程中发挥积极的协调作用，2011年5月，在"国家协调劳动关系三方会议"第一次执行主席会议上，经中央批准，全国工商联加入"国家协调劳动关系三方会议"①。由此，全国工商联作为企业组织代表，与人力资源和社会保障部、中华全国总工会、中国企

---

① 2001年8月，劳动和社会保障部与中华全国总工会、中国企业联合会/中国企业家协会共同组成的"国家协调劳动关系三方会议"正式成立，标志着我国开始在国家层面建立正式的三方协商机制。"三方会议"办公室设在劳动和社会保障部劳动工资司，负责协调组织召开会议的日常工作。

业联合会/中国企业家协会，共同组成国家三方会议。而工商联的加入，弥补了中国企业联合会在私营企业上的代表性，健全了我国劳动关系三方协商机制。再次，工商联自身建设取得突破性进展，为有效履行职能奠定力坚实基础。例如，2008年10月，全国工商联召开组织工作会议，就县级工商联组织建设进行专题研究，形成了《全国工商联关于加强县级工商联组织建设的若干意见》。2008年12月，中共中央统战部办公厅正式下发这个意见，由此，全国工商联组织各地深入总结经验，建立健全县级工商联联系点制度，明确县级工商联建设标准，切实加强县级工商联组织建设。同时，工商联以"三性"有机统一为方向加强商会建设。行业协会商会是工商联工作的重要基础，是工商联发挥助手职能作用的重要"抓手"。2011年11月，全国工商联召开商会建设工作会议。时任全国工商联主席黄孟复指出：工商联商会要充分认识其作为工商联基层组织的统战性、经济性、民间性特征，准确把握"团结、服务、引导、教育"的工作方针，坚持围绕中心、服务大局开展商会工作，推动会员企业加快转变经济发展方式，着力提高商会的凝聚力和影响力。随后，全国工商联制定下发《工商联商会章程范本》和《工商联商会管理办法（试行）》，分级分期对商会会长和秘书长开展集中培训，工商联对商会建设的指导开始走向制度化和规范化。

2012年12月，中华全国工商业联合会第十一次会员代表大会召开。会议审议通过的《中华全国工商业联合会章程》（修改草案）明确"中国工商业联合会（简称工商联）是中国共产党领导的面向工商界、以非公有制企业和非公有制经济人士为主体的人民团体和商会组织，是党和政府联系非公有制经济人士的桥梁纽带，是政府管理和服务非公有制经济的助手。工商联工作是党的统一战线工作和经济工作的重要内容。""工商联具有统战性、经济性、民间性有机统一的基本特征，以非公有制经济健康发展和非公有制经济人士健康成长为工作主题。""充分发挥在非公有制经济人士思想政治工作中的引导作用，在非公有制经济人士参与国家政治生活和社会事务中的重要作用，在政府管理和服务非公有制经济中的助手作用，在行业协会商会改革发展中的促进作用，在构建和谐劳动关系、加强和创新社会管理中的协同作用，是工商联的主要职能。"这里，《章程》第一次明确"工商联工作是党的统一战线工作和经济工作的重要内容"，确立了"两个健康"作为工商联工作主题的重要地位，强调了工商联的"引导、重要、助手、协同"四个作用,工商联"十一大"的召开,标志着工商联事业发展进入了一个新阶段。

综上,工商联成立以来,其性质和地位经历了一个变化过程。建国初期工商联是包括工业、商业、对外贸易业以及服务业、手工业等联合组成的人民团体,发挥了民间商会职能,在社会政治生活和经济建设中,在沟通政府和工商企业的联系、调整经济关系等方面,起了积极作用。改革开放以后,工商联作为党领导的人民团体和商会组织,统战性、经济性、民间性"三性"紧密结合,统战性主要体现为工商联是中国共产党领导的统一战线性质的组织,统战性定位工商联的政治方位;经济性主要体现在工商联是商会组织,在经济领域活动,经济性定位工商联的服务内涵;民间性主要体现在工商联是人民团体,民间性定位工商联的社团职能,工商联在我国经济社会发展和民主政治建设中发挥着越来越重要的作用。

二、工商业联合会在我国民主政治建设中的作用及影响

进入改革开放的新时期,工商联从成立初期的以私营工商业者为主体、各类工商业者联合组成的人民团体,发展成为以非公有制企业和非公有制经济人士为主体的人民团体和商会组织,不仅在我国经济发展中发挥着重要作用,而且在国家政治社会生活中具有重要影响,工商联事业成为中国特色社会主义事业的重要组成部分。

1. 通过引导非公有制经济人士爱国、敬业、诚信、守法、贡献,做合格的中国特色社会主义事业建设者,促进了社会阶层关系的和谐

改革开放 35 年来,我国非公有制经济快速发展,已经成为我国社会主义市场经济的重要组成部分和社会主义现代化建设的重要推动力量。伴随着非公经济的快速发展,我国非公有制经济人士队伍迅速成长,已成为新社会阶层的重要组成部分。2005 年,十届全国人大二次会议在我国宪法修正案关于统一战线的表述中,把非公有制经济人士增加为社会主义事业的建设者,这是对非公有制经济人士社会属性和政治地位的明确和肯定。

非公有制经济人士是具有特殊性的社会阶层,表现为:其一人员结构具有

多样性，如从政治成分来看，中共党员有一定比例，但主体是无党派人士；从原职业构成看，大部分来自于农民和工人，只有少量来自干部和知识分子。其二文化水平总体较低，如大专以上学历虽有一定比例，但主体是高中及中专学历及以下学历，由于文化水平参差不齐，加上自我学习的程度不同，思想政治状况呈现出多层次性。其三主流思想呈积极向上的态势，但消极思想也普遍存在于一些人的思想意识之中。目前，我国非公经济人士以中青年为主体，这批人年富力强，社会阅历丰富，思想观念普遍较新，敢闯、敢冒、敢试，具有较强的拼搏创新精神；在经营管理方面，许多非公有制经济人士正在摆脱家族型、经验型、粗放型的落后管理模式，逐步向现代企业管理模式转变；在价值取向方面，多数非公有制经济人士在实现自身价值的同时，能够致富思源，富而思进，积极参与扶贫济困、扶助社会弱势群体以及社会公益事业等活动。但同时也应该看到，一些非公有制经济人士因文化水平的局限，受固有思维的约束力强，企业经营到一定程度易陷入固步自封的境地；还有一些人，致富后腐化堕落，贪图享受，抛弃了勤劳致富的观念，有些人不能正确处理企业内部的劳资关系，不与职工签订劳动合同，甚至克扣、拖欠工人工资；有些人偷税漏税，参假制假，唯利是图，甚而拉拢腐蚀官员，搞钱权交易。其四政治上积极要求进步，参政意识逐步增强，但也存在政治上的幼稚性。现阶段，大多数非公有制经济人士希望得到组织关心，提高自己的政治社会地位，赢得更多的政治话语权；但其中一些人更多围绕自己企业的需求和利益来参政议政，在一定程度上缺乏大局意识和政治觉悟。

针对非公有制经济人士的群体特点、价值取向及思想状况，各级工商联组织承担起了非公有制经济人士思想道德建设的政治责任。早在新中国建立初期，工商联对工商业者提出了爱国、敬业、守法的基本要求。2008年，全国工商联与中央统战部共同召开全国非公有制经济人士思想政治工作会议，下发《关于加强和改进非公有制经济人士思想政治工作的若干意见》。2010年11月中共中央、国务院下发了《关于加强和改进新形势下工商联工作的意见》（中发〔2010〕16号），意见提出了工商联要"促进非公有制经济健康发展、促进非公有制经济人士健康成长""两个健康"的基本工作方针，提出引导非公有制经济人士爱国、敬业、诚信、守法、贡献，做合格的中国特色社会主义事业建设者，是工商联的重要职责。在16号文件的指导下，全国工商联并引导各级工商联组织，在非公有制经济人士中广泛开展思想政治教育，促进了社会阶层关系的和谐。如 2010 年在非公有制经济人士中开展以"八荣八耻"为主要内容的社会主义荣辱观教育，通过形式多样的学习教育活动，引导非公有制经济人士以"八荣八耻"为道德准则和行为规范，努力做社会主义荣辱观的实践者和推动者。2010 年，各级工商联组织广泛开展了以接受革命传统教育、提升思想政治素质为根本出发点的"感恩行动"，在"感恩行动"中，非公有制经济代表人士与帮扶对象结对，涌现出一批先进典型，即使非公经济人士受到了教育，弘扬了社会新风，同时也营造了良好的舆论环境，塑造了非公经济人士的良好形象。2011 年 12 月，全国工商联与中央统战部共同举办改革开放以来的第一次全国非公有制经济先进典型事迹报告会，通过先进典型的模范事迹，引导非公经济人士树立中国特色社会主义事业建设者的时代精神。党的十八大以后，2013 年 4 月，在中央统战部的指导下，全国工商联启动了以"信念、信任、信心、信誉"为主要内容的非公有制经济人士理想信念教育实践活动，并与中央统战部联合下发《关于开展非公有制经济人士理想信念教育实践活动的意见》。目前，非公有制经济人士理想信念教育实践活动正在全国轰轰烈烈的展开，而且各级工商联组织都不断探索和形成了教育实践活动的路径与特色。如江西省工商联实施"万企培训计划"，全面开展非公有制经济人士理想信念教育；湖北省将"万名楚商信誉承诺、诚信倡议"活动作为非公有制经济人士理想信念教育实践活动的重要抓手，引导非公经济人士切实履行遵守法律法规和社会公德的责任，发展和谐劳动关系的责任，参与公益慈善事业的责任；吉林省工商联在深入开展理想信念教育实践活动中，注重发挥优秀典型的引领和示范带动作用，积极组织开展向先进典型学习的多种活动，以先进典型教育人、感染人、鼓舞人，引导非公有制经济人士把典型作为镜子、作为尺子，学一学、照一照、量一量，让学习典型成为广大非公有制经济人士的自觉行为，引导广大非公有制经济人士以先进典型为榜样，努力形成学习先进、争当先进、赶超先进的良好氛围。

伴随我国改革开放的深化，社会阶层结构不断分化和重组。现阶段，我国社会阶层间关系总体是和谐的，同时也出现了一些不和谐迹象。各级工商联组织积极引导非公有制经济人士爱国、敬业、诚信、守法、贡献，不断打造支持非公有制经济人士回馈社会的平台和载体，不断影响和带动非公有制经济人士做合格的中国特色社会主义事业建设者，极大地促进了社会阶层关系的和谐。

2. 工商联积极表达非公有制经济人士的诉求和政策建议，引导非公有制经济人士有序参与国家政治生活和社会事务，促进了我国民主政治建设

较之于工会、妇联等政治社团，工商联有一个显著特征，即工商联是中国共产党领导下的由非公经济代表人士参加的统一战线组织，自成立之日起就是人民政协的组成单位，具有政治协商、民主监督、参政议政、协调关系等基本功能。工商联的统战性决定了工商联在非公经济人士参与政治和社会事务中发挥着"主渠道"作用，在党和政府与民营企业人士之间具有"上情下达"和"下情上传"的独特政治优势。而在实践中，工商联组织亦比较重视通过调查研究，深入了解广大非公经济人士及非公企业发展的合理诉求，建言献策，从而切实彰显了工商联作为党和政府联系非公有制经济人士桥梁与纽带的地位与作用。

如九届全国政协会议期间，全国工商联共提交了30多个团体提案，涉及保护私有财产、建立中小企业信用担保机制、安排具备条件的非公有制企业改制上市、建立中小企业发展基金、贯彻公平税负原则、为社会化征信体系立法等各方面的内容。特别，2005年，全国工商联组织民营企业家围绕风能、太阳能等新能源的开发开展了专题调研，建议新型可再生能源应该是中国经济发展和能源建设的重点。国务院听取全国工商联的建议，及时修订尚在制定中的"十一五"规划，最终在公布的"十一五"规划中，国家支持新能源发展的比例大幅提升。十届全国政协会议期间，2010年全国工商联参与起草《国务院关于鼓励支持和引导个体私营等非公有制经济发展的若干意见》。2011年，工商联围绕中小企业融资难问题，向中央报送了《把中小企业融资难的政策着力点放到小型企业上》的调研报告，明确提出我国中小企业融资难主要难在小企业，应当改变对问题的认识角度与政策思路，将解决中小企业融资问题改变为解决小企业融资问题，从小企业融资的供给与需求两个方面着手，改革相关制度，调整相关政策。2012年全国工商联与商务部共同制定了支持民营企业"走出去"的文件，还围绕发展实体经济、解决企业融资难、扩大民间资本投资领域等提出意见和建议，为国家制定相关政策提供了重要参考。2014

年全国政协会议期间，全国工商联的大部分提案都围绕促进非公有制经济发展，减轻民营企业负担等方面展开。特别，全国工商联的一号提案为《关于进一步激发民间资本活力加快发展混合所有制经济的建议》，该提案建议国有资本除极少数关键领域必须保持投资和绝对控股外，应从一般竞争性领域有序退出或只保留参股权，通过减持、增资扩股和发展可转换债券等方式吸收民间资本参与国有企业股权多元化改革。

还应该提及的是，各级工商联积极参与了涉及非公有制经济法律法规和相关政策的制定工作。20世纪90年代，我国私营经济的发展非常迅速，而法律上的障碍确实存在。为此，全国工商联分别于1998年、2002年和2003年向全国政协提交了宪法保护私有财产的提案，在很大程度上促成了2004年十届全国人大二次会议上，《中华人民共和国宪法》第四次修改用"财产权"代替原来的"所有权"，以及"国家为了公共利益的需要，可以依照法律规定对公民的私有财产进行征收或者征用，并给予补偿"等私产入宪的条款的出台。此外，全国工商联还参与了包括《个人所得税法》、《行政许可法》、《个人独资企业法》、《中小企业促进法》等在内的40件法律法规修正草案的修订。工商联及时反映非公有制企业和非公经济人士的利益诉求，维护其合法权益，最大限度地凝聚了新社会阶层的正能量。

工商联不仅深入了解和及时反映非公经济人士的利益诉求，而且，工商联作为统一战线组织，本身就是非公经济人士参与国家政治生活与社会事务的制度平台。改革开放以来，随着非公有制经济人士数量的不断增加，其在政治和社会生活领域地位作用不断提高，参与国家政治生活和社会事务的意愿和要求也越来越强烈。据统计，目前担任全国县级以上人大代表、政协委员、工商联执委和光彩会理事的非公有制经济人士共计23万人（含交叉安排），其中人大代表4万人、政协委员8万多人、工商联执委10万人、光彩会理事5600人，有的非公有制经济人士还担任了省级政协副主席、工商联主席。民主政治无论采取何种形式，其关键都是民众参与。而由于工商联组织体系完备、与非公有制经济人士联系广泛等众多优势，通过工商联这个制度平台，实现了非公有制经济人士有序参与国家政治生活和社会事务，促进了我国民主政治建设。

3. 各级工商联组织引导非公有制经济人士构建和谐劳动关系,促进了社会的和谐稳定

改革开放以来,我国非公有制经济持续快速发展,已经成为国民经济的重要组成部分和社会主义现代化建设的重要推动力量。根据统计,1996年,我国个体工商户2704万户,从业人员5017万人,注册资金2165亿元,私营企业82万户,从业人员1171万人,注册资金3752亿元;2002年,私营企业增长到221.52万户,从业人员增加到2930.61万人,注册资金增加到21042.79亿元,分别比1996年增长了1.7倍、1.5倍和4.6倍;2007年,我国私营企业现达538万户,占全国法人企业的80%以上,成为我国最大的企业群体,个体私营经济已占全国GDP的40%左右,成为推动经济发展的重要力量;2012年,我国私营企业达1025万户,个体工商户达3896万户,提供了80%的城镇就业岗位和90%的新增就业岗位,国内生产总值贡献超过60%,税收贡献超过50%;2013年底,我国私营企业超过1250万户,个体工商户超过4400万户,民营经济占GDP的比重超过50%,民间资本在固定资产投资中占比超过62%,吸纳了城镇就业的80%和每年新增就业的90%.非公有制企业已经成为我国劳动关系的重要主体。

但同时,我国非公有制企业劳动纠纷比较突出,仍然存在劳动合同签订率低、职工工资水平低、社会保险参保率低、劳动争议和安全生产事故发生率高的"三低两高"现象,一定范围内的非公有制企业劳动关系已经成为社会关注的焦点,非公有制企业已经逐步成为我国构建和谐劳动关系工作的重点。

工商联作为党和政府联系非公有制经济人士的桥梁纽带,党和政府始终重视发挥其在构建和谐劳动关系中的作用。1952年政务院第147次政务会议通过的《工商联组织通则》规定,工商联是各类商业者联合组成的人民团体,代表私营工商业者的合法权益,向人民政府或有关机关反映意见、提出建议,并与工会协商有关劳资关系等问题,是工商联的基本任务之一。2005年《国务院关于鼓励、支持和引导个体私营等非公有制经济发展的意见》指出:充分发挥工商联在政府管理非公有制经济方面的助手作用,在建立新型劳动关系的过程中,工商联既要维护非公有制经济人士的合法权益,又要与工会等人民团体密切配合,维护职工的具体利益。2010年,中共中央国务院下发《关于加强和改进新形势下工商联工作的意见》，文件明确提出要充分发挥工商联在构建和谐劳动关系中的积极作用，工商联参与协调劳动关系三方会议，同人力资源社会保障部门、工会组织和其他有关企业方代表一道，共同推动劳动关系立法和劳动关系协调机制建设，共同研究解决劳动关系中的重大问题和调处劳动争议。

就实践层面看，工商联主要通过制度、机制与教育多层面、多渠道促进非公企业劳动关系的和谐。

首先，工商联通过劳动关系"三方会议"的制度平台，推动非公企业工资集体协商，构建和谐劳动关系。2011年5月，全国工商联加入"国家协调劳动关系三方会议"，由此，工商联作为党和政府联系非公有制经济人士的桥梁纽带，以非公有制企业和非公有制经济人士为工作对象和会员主体，在协调社会关系、促进社会和谐稳定方面开始发挥独特作用。目前所有省级工商联均已加入本级三方机制，市县两级工商联加入三方机制数量和覆盖面也在不断扩大。如北京市工商联自2011年5月加入北京市协调劳动关系三方会议后，参与审议《企业创建和谐劳动关系实施方案》、《工资集体协商意见》等重要文件，努力推进首都非公有制企业构建和谐劳动关系。天津全市各区县工商联目前均参加区县协调劳动关系三方会议，实现了区县三方工作的全覆盖，在此基础上天津市工商联不断完善行业商会职能，建立了以行业商会与行业工会为主的行业工资集体协商机制。

其次，工商联积极参与调处劳动争议，推动构建非公企业和谐劳动关系。现阶段，在劳动争议案件高位运行的态势下，工商联发挥自身优势，把调处劳动争议作为重要抓手，推动构建非公企业和谐劳动关系。如2005年，全国工商联和国务院法制办多次联合发文，对在非公企业中推行仲裁法律制度进行部署。2007年，修订的全国工商联章程明确将商会参与仲裁工作列为工商联的组织职能。2013年，由人力资源社会保障部牵头，中华全国工商业联合会参与，共同发布《关于加强非公有制企业劳动争议预防调解工作的意见》，明确加强非公有制企业劳动争议预防调解工作的目标任务是：在大中型企业普遍依法建立劳动争议调解委员会，在小型微型民营企业设立劳动争议调解员，在商会（协会）建立劳动争议调解组织，建立健全企业内部劳动争议协商解决机制，形成企业、商会（协会）、乡镇街道调解组织与仲裁机构协调配合的劳动争议预防调解工作网络。并明确工商联组织要发挥职能优势，加强对非公有制企业经营者的培训，引导企业认真执行劳动保障法律法规及政策，搞好劳动争议协商调解工作，参与处理重大集体性劳动争议。工商联参与调处劳动争议，有助于平衡协调投资者的利益与劳动者的权益，共同解决非公企业发展的重大劳动关系，从而最大限度促进劳动关系的和谐。

再次，工商联将"关爱员工、实现双赢"活动作为构建和谐劳动关系的重要载体，通过评选和表彰带动非公企业构建和谐劳动关系。自2004年始，全国工商联与全国总工会共同启动全国非公有制企业"关爱员工、实现双赢"、"双爱双评"活动，迄今已举办七届，共评选表彰全国关爱员工优秀民营企业家915名，全国热爱企业优秀员工884名，全国双爱双评先进企业工会902个。其中，"全国关爱员工优秀民营企业家"的评选表彰条件特别强调了构建和谐劳动关系的内容，如要模范遵守《劳动合同法》，要依法建立工资集体协商制度，要依法为全体职工缴纳养老、失业、工伤、生育、医疗等各项社会保险，等等。"关爱员工、实现双赢"、"双爱双评"活动真正树立一批可信、可比、可学的典型，在引导民营企业尊重和关爱员工、调动员工积极性，建立互利共赢、和谐稳定的劳动关系方面发挥了积极作用，也产生积极的社会效应。

三、工商业联合会职能发挥中存在的问题及原因分析

工商联是在新中国诞生后，在接收、改造旧工业会、同业公会、商会的基础上成立的。十一届三中全会后，我国进入以经济建设为中心的新的历史时期。工商联提出了"坚定不移跟党走，尽心竭力为四化"的工作方针，以经济建设为中心，广泛联系多种经济成分的企业、经济团体和工商界人士，发挥特有的服务功能。随着改革开放不断推进，个体私营经济得到发展，出现了以公有制为主体的多种经济成分。

1987年5月，中共中央书记处在审议中央统战部《关于工商联吸收新会员进一步发挥积极作用的请示》时，对工商联工作作出重要指示，明确"工商联是我国民间的对内商会，也是对外商会，在对内搞活、对外开放中，应发挥更加积极的作用"，明晰了工商联统一战线组织和民间商会两者结合的性

质。20世纪90年代，随着我国改革开放的深化扩大和社会主义市场经济体制的建立，非公有制经济得到迅速发展。1991年7月，中共中央批转了中央统战部《关于工商联若干问题的请示》（中发〔1991〕15号），对新时期工商联的性质和作用、会员结构和主要职能做出重大调整，明确工商联是中国共产党领导的以统战性为主，兼有经济性、民间性的人民团体和民间商会，并强调工商联是政府管理非公有制经济的助手，党和政府联系非公有制经济代表人士的桥梁。从21世纪开始，我国进入全面建设小康社会、加快推进社会主义现代化的新的发展阶段。2006年《中共中央关于巩固和壮大新世纪新阶段统一战线的意见》（中发〔2006〕15号）对工商联的性质、职能、作用、地位等赋予了新的内涵，进一步明确了工商联以非公有制企业和非公有制人士为主，把民间商会改为商会组织。为进一步加强和改进新形势下工商联工作，2010年9月，中央下发了《关于加强和改进新形势下工商联工作的意见》（中发〔2010〕16号），明确工商联工作是党的统一战线工作和经济工作的重要内容，工商联是中国共产党领导的以非公有制企业和非公有制经济人士为主体的人民团体和商会组织，是党和政府联系非公有制经济人士的桥梁纽带，是政府管理和服务非公有制经济的助手，在我国经济、政治、文化和社会生活中有着重要影响，在促进非公有制经济健康发展、引导非公有制经济人士健康成长中具有不可替代的作用。统战性、经济性、民间性有机统一是工商联的基本特征。

伴随工商联性质与职能的不断明晰，工商联在我国政治社会中的影响力不断扩大，但也应该看到，较之于工商联的组织性质与职能定位，工商联作用发挥的实然状态与应然状态还有差距。

1. 工商联统战性、经济性、民间性"三性"的发挥尚不平衡，工商联的服务职能亟需加强和彰显

建国前夕，1949年8月，中共中央作出成立工商业联合会的决定，根据中央的指示，一些大中城市在改组改造旧商会、旧工业会、旧同业公会的基础上，成立了工商联的地方组织。当时，中央对成立工商联的最初考虑是：把民族工商业者组织起来比不组织起来有利，把个体工商户管起来比散着好，因而，工商联成立之初如新中国第一任中央统战部部长李维汉所指出的："工商联合会是重要的人民团体，并且是我们在私营工商业者中进行统一战线工作的重要环节之一。"改革开放以后，个体私营经济得到发展，出现了以公有制为主体的多种经济成分，1987年，中共中央书记处对工商联工作作出重要指示，明确了工商联统一战线组织和民间商会两者结合的性质，1988年11月，全国工商联六大修改了会章，规定"工商联是中国工商界组织的人民团体，民间的对内对外商会"，工商联的经济属性彰显出来。20世纪90年代以后，非公有制经济在整个国民生产总值中的比重不断扩大，1991年，中共中央批转了中央统战部《关于工商联若干问题的请示》，首次明确工商联是中国共产党领导的以统战性为主，兼有经济性、民间性的人民团体和民间商会，并强调工商联是政府管理非公有制经济的助手，党和政府联系非公有制经济代表人士的桥梁。进入21世纪，伴随非公有制经济的不断发展，非公有制经济人士队伍的不断壮大，为加强和改进新形势下工商联工作，2010年9月，中央下发了《关于加强和改进新形势下工商联工作的意见》，进一步明晰了工商联的性质和基本特征，即工商联是中国共产党领导的以非公有制企业和非公有制经济人士为主体的人民团体和商会组织，是党和政府联系非公有制经济人士的桥梁纽带，是政府管理和服务非公有制经济的助手。统战性、经济性、民间性有机统一，是工商联的基本特征。统战性主要体现在工商联是党领导的统一战线组织，决定了工商联的政治方向、政治地位和政治功能。经济性主要体现在工商联由工商界及其人士组成，直接服务于经济建设。民间性主要体现在工商联具有商会性质和职能，其组织方式和工作机制不同于政府机构。

  就实践层面看，工商联在其职能履行的过程中，统战性彰显得比较充分。例如，新中国成立初期，工商联在党和人民政府的领导下，在引导私营工商业者搞好生产经营、代表私营工商业者的合法权益、团结他们遵守政府的政策法令，特别是团结、教育广大私营工商业者接受社会主义改造等方面，发挥了重要作用，也取得了良好的社会效果。进入改革开放的新时期，全国工商联并引导各级工商联组织，在非公有制经济人士中广泛开展思想政治教育，如以"八荣八耻"为主要内容的社会主义荣辱观教育，以接受革命传统教育、提升思想政治素质为根本出发点的"感恩行动"，乃至以"信念、信任、信心、信誉"为主要内容的非公有制经济人士理想信念教育实践活动。同时，工商联作为人民政协的组成单位，是非公有制经济代表人士参政议政的重要渠道。目前，一大批非公有制经济代表人士被选拔进入了各省、市、县级工商联领导班子,一些被选拔担任工商联主席,少数还被安排进入了同级人大、政协班子。可以说,工商联的统战性在实践中获得了较为充分的实现。

比较而言,工商联的经济性与民间性属性体现得还不充分,其具体表现可通过工商联商会的组织建设与作用发挥予以诠释。

2010 年中央《关于加强和改进新形势下工商联工作的意见》,首次明确工商联是中国共产党领导的以非公有制企业和非公有制经济人士为主体的人民团体和商会组织,而工商联以非公有制企业和非公有制经济人士为主体的组织架构,也决定了商会在工商联工作中的依托作用和基础地位。就工商联商会的发展状况来看,目前,商会组织得到快速发展,根据全国工商联的统计,至 2013 年底,各级工商联共有商会 32525 个,在 32525 个工商联所属商会中,全国工商联直属行业商会 31 个,占商会总数的 0.1%;省级工商联所属商会 1327 个,占商会总数的 4.1%;地市级工商联所属商会 12395 个,占商会总数的 38.1%;县级工商联所属商会 18772 个,占商会总数的 57.7%。从类型分布情况看,行业商会 10051 个,占商会总数的 30.9%,乡镇商会占商会总数的 40.5%,街道商会占商会总数的 9.2%,异地商会占商会总数的 12.3%,市场、楼宇、村商会等占商会总数的 7.1%。乡镇、街道商会数量已接近商会总数的 50%,成为工商联所属商会的半壁江山。异地商会发展较快,同比增长 2.3%。总体上,工商联商会积极提供各种服务,帮助企业解决生产经营过程中面临的实际困难,对促进非公有制经济健康发展发挥了积极的作用。但也必须看到,商会在积极反映企业利益诉求,维护会员合法权益,在发展和管理会员、团结和引导会员、联系和服务企业、当好政府参谋助手等方面,其作用发挥尚有距离。

工商联的经济性是其会员特点决定的。它必须与经济工作相联系,维护和代表好会员的合法权益,为会员在法律范围内的经济活动提供服务,从而更好地体现工商联存在的价值和意义。工商联的民间性是由其人民团体的性质决定的。与政府职能部门不同,工商联以民间方式参与国家的经济、社会、政治生活,通过协调沟通、信息咨询、融资服务、行业自律、权益维护、国际交流等方式和渠道来发挥作用,其工作手段主要是提供服务。但就目前来看,商会发展的数量和质量与非公有制经济发展的形势要求不相适应,表现在:其一商会发展不平衡。一方面是各地商会发展不平衡,目前,我国商会的发展已有政策层面的保障，但由于各地落实政策的情况不一，非公有制经济发展的情况不同，商会发展也有差异；另一方面是行业商会和异地商会发展不平衡，异地商会发展迅速，而行业商会发展相对较慢，还有许多行业没有组织起来成立行业商会组织，尤其是新兴的产业领域和高科技产业领域中成立行业商会较少。而异地商会之所以发展迅速，原因在于各地企业家以乡情为纽带，容易组织和团结在一起；同时各地政府为招商引资的需要，更加重视和支持成立异地商会。行业商会发展缓慢的原因在于"一业一会"等规定制约了行业商会的发展；同时，"行业领军人物"较少，缺少组建商会的带头人；当然，也可能受"同行是冤家"等陈旧思想观念的影响，企业对成立行业商会的积极性不高，有的甚至不愿意参加行业商会组织。其二商会作用发挥不够。纵观世界各国，商会在市场经济中发挥着举足轻重的作用。例如，在日本，商会能够为企业提供多功能服务，在美国，商会能够协助政府制定行业政策，在德国，商会是企业利益的忠实代表，在奥地利，商会是企业的服务者与协调人。我国商会作用发挥还远远不够，一方面是商会自身运作的制度化、规范化水平不高，一些商会领导班子缺乏管理经验，不会管和不善于管理商会的问题比较突出，一些商会长期不开展活动，在政治和社会事务中缺乏足够的影响力；另一方面是商会与有关部门沟通合作不够，在为会员提供融资、维权、信息等方面的服务方面，方法不多，效果不明显，在会员中没有威信和吸引力。

2. 工商联作为人民政协的组成单位和重要界别，还需要进一步发挥其在协商民主建设中的作用和影响

在我国政治体系中，中国共产党领导的多党合作与政治协商作为基本政治制度，是我国协商民主的重要制度平台。2010年，《中共中央国务院关于加强和改进新形势下工商联工作的意见》则明确要求，工商联作为党领导的统一战线组织和人民政协的重要界别，要认真履行政治协商、民主监督、参政议政的职能。

就制度设计而言，工商联界别参与政治协商主要有两种基本方式：其一是中国共产党同各民主党派、无党派代表人士的协商，主要采取民主协商会、小范围谈心会、座谈会等形式；其二是中国共产党在人民政协同各民主党派和各界代表人士的协商，主要采取政协全体会议、常务委员会会议、主席会议、常务委员专题座谈会、各专门委员会会议等形式。工商联参政议政职能主要表现为两种方式：其一是对国家政治、经济、文化和社会生活中的重要问题以及会员企业、人民群众普遍关心的问题，开展调查研究，反映社情民意，进行协商讨论，通过调研报告、提案、建议案或其他形式，向中国共产党和国家机关提出意见和建议；其二是通过参加国家政权，参与国家大政方针和有关领导人选的协商，参与国家事务的管理，参与国家方针、政策、法律、法规的制定执行，在国家政治和社会生活中发挥作用。工商联民主监督职能具体表现为：通过向党委、政府提出建议案，通过开展调研、视察活动以及提交提案、社情民意，以及通过开展有组织的民主评议等各种方式，对国家宪法和法律法规的实施情况，党和政府重要方针政策的制定和贯彻执行情况，党委依法执政及党员领导干部履行职责、为政清廉等方面的情况，切实开展民主监督。

　　但就实践层面而言，工商联在协商民主建设中的作用与影响还不充分，主要表现在：其一工商联参政议政、建言献策的界别特色还未充分彰显出来。政协界别设置的目的，就是为了能够充分反映和代表社会各方面的利益，而发挥政协界别作为扩大社会各界有序政治参与的重要渠道作用，是当代中国民主政治建设的要求，也是人民政协的重要任务。工商联作为政协界别，必须表达界别的主张和意见建议，通过政协平台，开展协商座谈，建言献策，向党委和政府提出建设性意见和建议，从而不断提高政治协商的针对性和实效性。但目前，工商联的地方组织和基层组织还未能抓住促进非公有制经济健康发展这个重点，针对改革发展中遇到的热点难点问题，开展调研、视察活动，形成前瞻性高、专业性强、具有可操作性的意见和建议。当然，非公有制经济发展中的问题与情况很复杂，既有制度中的问题，也有企业自身的问题；既有环境的问题，也有企业家本人素质的问题等等，这更需要工商联组织深入实际，弄清问题的本来面目，找出问题存在的根源，提出具有针对性的建议和意见。其二工商联委员的作用发挥不到位。工商联界别的政协委员，主要来自非公有制企业和个体工商户代表人士，但一些委员在履行政协参政职能过程中，往往是就自身企业生产经营中遇到的困难来谈问题、提意见。一些委员甚至是从是否有利于本企业发展的角度来评判国家或地方政策的效能。而且，由于这些委员本身是非公企业的法人代表，大小事务缠身，很多人难以静下心来参与政协活动。就是一年一度的全委会，往往是开幕、闭幕时到一下，很难集中精力开好会，以至于对提交的提案,准备不足,把一些非全局性的问题而写成提案,质量不高。工商联界别委员作用发挥不到位,即使工商界的声音和诉求不能及时而全面地反映到党和政府那里,也在一定程度上折射出工商联对成员的教育工作还需加强。

综上,作为具有典型意义的政治社团,工商联从成立初期的以私营工商业者为主体、各类工商业者联合组成的人民团体,发展成为以非公有制企业和非公有制经济人士为主体的人民团体和商会组织,通过引导非公有制经济人士爱国、敬业、诚信、守法、贡献,做合格的中国特色社会主义事业建设者,促进了社会阶层关系的和谐;通过积极表达非公有制经济人士的诉求和政策建议,引导非公有制经济人士有序参与国家政治生活和社会事务,促进了我国民主政治建设;通过引导非公有制经济人士构建和谐劳动关系,促进了社会的和谐稳定,不仅在我国经济发展中发挥着重要作用,而且在国家政治社会生活中具有重要影响。当然,较之于工商联的组织性质与职能定位,工商联作用发挥的实然状态与应然状态还有差距,如工商联统战性、经济性、民间性"三性"的发挥尚不平衡,工商联的服务职能亟需加强和彰显;工商联作为人民政协的组成单位和重要界别,还需要进一步发挥其在协商民主建设中的作用和影响。

第七章　完善和发展政治社团，推进民主政治建设

政治社团是政治体系的重要组成部分。在当代中国社会，工会、妇联、工商联是具有典型意义的政治社团，它们一方面代表特定社会群体的利益，并将其利益诉求传达给国家或政权机构，另一方面又将国家的意志和信息传达给所代表的社会群体，是相关群体与党和政府联系的桥梁与纽带，是提升公民有序政治参与、推进我国民主政治建设的重要力量。但还应该看到，我国政治社团在政治参与过程中还存在功能畸形现象，即重视协助党和政府开展工作，轻维护和增进其所代表群体的利益；重参与党和国家各项决策的贯彻和执行，轻能动的影响党和国家做出反映所代表群体利益诉求的决策。

民主政治的有序推进都有赖于政治参与水平与政治制度化水平之间的关系。为此，需要进一步探索国家与社会、政府与政治社团的关系架构，探索政治社团参与政治过程的模式体系，从而使政治社团成为推动民主政治建设的积极力量。

一、公民有序政治参与是实现民主政治的题中之义和有效途径

政治参与是公民个人或群体通过各种合法方式参加政治生活，影响政治体系构成、运行方式、运行规则和政策过程的行为。政治参与是现代民主政治最主要的特征之一，其参与水平是衡量政治形态中民主发展程度的一个重要标志。

1. 民主内涵的一般性诠释

现代意义上的民主（democracy）一词源于古希腊文，由 Demos 和 Kratia 合并而成。前者是指"人民"或"民众"之意，后者是指"权力"和"统治"。两者合在一起意即"人民的权力"或"多数人的统治"。希腊历史学家希罗多德（Herodotos）首次使用这一概念，用来概括和表述希腊城邦这样一种政治实践：即城邦事务是由公民所参加的公民大会通过直接讨论和投票表决的方式来做出最终决定的，这种方式既不同于某一君主的独裁统治，也不同于少数贵族的寡头统治。这种民主是直接民主，它强调平等的直接参与。作为人类民主的雏形，它是简单的、质朴的和粗糙的，民主的实体与程序亦没有分离。

1863 年，亚伯拉罕·林肯（Abraham Lincoln）在著名的葛底斯堡演说（Gettysburg Address）中曾用"民有、民治、民享的政府"来描述民主政治的基本特征，此后这一名言几乎成为民主政治的代名词。政治学家们也开始给民主下各种各样的定义。概言之，政治学者对民主的定义方式主要有：（1）将民主理解为按照人民的意志进行政治统治，这也就是古典民主理论的立场。如亚里士多德（Aristotle）认为民主制是多数人执政的政体，17 世纪英国政治思想家洛克（J. Locke）认为民主就是人民的统治，18 世纪法国思想家卢梭（J. Rousseau）发展了洛克（J. Locke）的理论，提出了人民主权原则。（2）将民主理解为人民投票决定权力的归属，是对于政治精英的选举，这被称为"精英民主理论"。如奥地利经济学家熊彼特（J. A. Schumpeter）把民主视为"某些人通过获取人民选票而得到做出决定的权力"。[①] 在 1942 年出版的《资本主义、社会主义和民主》一书中，熊彼特"决心强调一种程序方法"来认识民主。他批评"古典的民主理论"把民主解释为"人民的意志"（来源）、"共同的善"（目的），嘲笑所谓"人民主权"的虚构。他认为，民主是政治精英竞取权力和人民选择政治领袖的过程。民主的标志是选举。政治精英掌握政治权力，但其合法性源于人民的选择。熊彼特指出："民主的方法是为

---

① [奥]约瑟夫·熊彼特：《社会主义、资本主义和民主主义》，吴良健译，商务印书馆，1979 年，第 337 页。

了做出政治决定而做的制度上的安排。在这种安排下，想获得决策权的人要在人民的选举中通过竞争而产生。"① 当代美国著名政治家塞缪尔·亨廷顿（S. P. Huntington）在研究民主问题时表示服膺熊彼特的观点，采用他的定义。亨廷顿指出，作为政府形式，民主取决于政府权力的来源、政府服务的目的、构建政府的程序。故此，亨廷顿指出，民主制度就是"最有权力的集体决策者通过公平、正直和定期的选举产生，选举中候人可以自由竞争，在事实上使所有成年人有资格参加选举"，"全民选举最高决策者是民主的实质"②。（3）把民主理解为多种利益集团的相互作用，这被称之为"多元民主"理论。例如美国政治学家罗伯特·达尔（Robert A. Dahl）给民主下的定义是："民主是所有成年公民都可以广泛分享参与决策机会的政治体系。"③ 在《现代政治分析》一书中，达尔对民主的定义强调了三个方面的内容：其一，通过制度化的、自由和公平的选举来进行有组织的竞争；其二，所有成年人在事实上拥有投票和竞选公职的权利；其三，出版、集会、言论、请愿和结社的自由。在前两项衡量尺度中，达尔也像熊彼特和亨廷顿一样强调了竞争性选举，而在第三项尺度中则将民主的定义进行了扩展，从而将古典的自由观包括在内。（4）把民主理解为人民参与政治决策，这被称之为"参与民主理论"。例如，美国学者卡尔·科恩（Carl Cohen）提出"公众参与"的民主理论，他认为"民主是一种社会管理体制，在该体制中社会成员大体上能直接或间接地参与或可以参与影响全体成员的决策"④。（5）把民主理解为政府形式。法国政治思想家托克维尔（A. Tocqueville）把民主视为一种"政府的形式"。他认为在政府中由谁来统治是无关紧要的，应关注的是"行使权力的形式"。德国社会学家马克斯·韦伯（M. Weber）也认为，在政治领域"少数人法则"，即少数人控制政治的普遍原则是不可避免的，即使在实行普选权的情况下也是如此，只不过在民主政治下其发生作用的形式出现了变化。他并不认为当代民主政治的功能是发现

---

① 约瑟夫·熊彼特：《社会主义、资本主义和民主主义》，吴良健译，商务印书馆，1979年，第337页。
② Samule P. Huntington, *The Third Wave, Democratization in the Late Twentieth Century*, University of Oklahoma Press, 1991, pp. 6 – 9.
③ 罗伯特·达尔：《现代政治分析》，王沪宁等译，上海译文出版社，1987年，第21页。
④ 卡尔·科恩：《论民主》，聂崇信等译，商务印书馆，1988年，第68页。

和表达"民意",或实现人民主权,而是选拔政治领袖和监督行政。

综合各种对民主的定义方式,现代社会的民主概念实质上蕴涵两层涵义:其一,民主可以代表一种价值理念,即民主政治所体现的是多数人民的意志和利益;其二,民主代表一种制度设计,即通过民主的制度安排来实现社会普遍的公平正义。综合民主作为价值理念和作为制度设计,现代民主所要解决的核心问题是少数人行使权力与多数人的利益和权利的保障问题。

2. 政治参与是民主政治的核心内容

政治参与(political participation)的概念是由西方政治学者在20世纪50年代首先提出的,20世纪80年代初,政治参与问题开始大量出现在我国政治学理论的研究中。关于政治参与这一概念的界说,由于各国的研究者所处的政治环境不同,所持的政治视角和思维方式不同,因此对政治参与的理解和认定也有所不同。政治学者诺曼·尼(Norman H. Nie)和悉尼·维巴(Sidney Verba)认为:"就政治参与这个术语来说,我们指的是平民或多或少以影响政府人员的选择及(或)他们采取的行动为直接目的而进行的合法活动。"[①] 国内有的学者将政治参与定义为"一个国家的公民依法通过一定的方式和程序,直接或间接地对政府政策的制定和执行表达集体或个人的政治意愿的活动"[②]。也有学者将其表述为"普通公民通过各种合法方式参加政治生活,并试图影响政府决策的行为"[③]。虽然有不同的表述,但总体上,政治参与是指一个国家的公民个人或团体以某种方式涉入政治过程并对政治系统的运行及其结果施加影响的努力和活动。

政治参与与民主政治建设相伴相随。从理论形态来看,传统上,研究政治参与的学者有两个假定:其一是政治参与需要有一个民主的政体;其二是选择领导人的权力是普通公民表达他们权益的必要条件。如政治学家罗伯特·达尔在回答民主是什么的问题时,把政治参与列为首要标准。达尔认为民主本身就是一项权利,民主程序本身就"赋予了公民以广泛的权利、自由和资源,这

---

① 格林斯坦等:《政治学手册精选》(下卷),竺乾威等译,商务印书馆,1996年,第290页。
② 王松等:《政治学》,高等教育出版社,1991年,第210页。
③ 邓志伟:《变革社会中的政治稳定》,上海人民出版社,1997年,第131页。

些足以使他们作为平等公民充分地参与所有对他们构成约束的集体决策的制定"。① 而法国政治学家托克维尔是首位系统探讨和分析政治参与与政治民主的理论家。在托克维尔的研究中，民主是一个涵盖了政治、经济、文化、社会各个领域的词汇。其至少包含两个层面的意思，即社会层面的民主和政治制度层面的民主，也就是社会民主与政治民主。托克维尔所谓政治民主的核心含义就在于人民对政治的参与和对统治的分享。托克维尔认为，美国是19世纪最民主的国家，其原因正在于：美国公民不仅仅享有一些平等的条件，还在于他们在各个领域有着广泛的政治参与的权利和机会。

从实践形态来看，"民主政治的历史本质上就是一部政治参与制度的发展史"②。如就古典民主来看，公元前5世纪雅典民主政治的核心就是所有公民都有权利参加"公民大会"，直接决定重要政策。除此之外，全体公民也有资格参加抽签，以期出任"审议委员会"委员，从而按月轮流主持"审议委员会"，决定经常性的政治事务。这样的政治参与，也是古罗马共和国的核心制度。近代以来，西方民主政治的演化，实质上就是政治参与不断扩展和扩大的过程，包括只有少数人享有政治参与的权利到全体公民都享有这项权利，以及从选举权到请愿权、申诉权、出任公职权、结社权等政治参与权利项目的不断增加。以政治参与为枢纽而建立起人民与政府的关系，成为近代以来政治架构区别于古代专制政治体系的基本标识。进入现代社会，民主成为一个充满争议的概念，正如罗伯特·达尔所言："对于民主理论来说，存在着如此之多不同的思路……涉及民主的问题时，对于几乎所有的可能性，人们都可以找到一个良好的例证来加以证明。人们试图借以发展一种民主理论的可替代思路如此之多，以致开列出这些思路的清单是一件相当令人恐怖的事情。"③ 但可以看到的是，尽管对于民主的诠释，林林总总，甚至充满分歧，然而，无论采取哪一种诠释，大家有一个基本共识，即民主的本意，或曰民主政治的核心就是公民的政治参与。政治参与自身既是一种政治价值，也是一种政治制度或行为，是民主政治在价值层面和制度层面的有机结合。"缺乏政治参与，民主便无法体

---

① Robert Dahl, *Democracy and its Critics*, New Haven and London: Yale University Press, 1989, p. 163.
② 郭秋永：《当代三大民主理论》，新星出版社，2006年，第131—132页。
③ [美]罗伯特·达尔：《民主理论的前言》，顾昕等译，三联书店，1999年，导言第2页。

现人民主权、自由和平等,就失去了民主的价值意义;同样,缺乏政治参与,民主无法从行为上实践民主的工具性的功能,也不可能建构真正的民主政治的制度。因此,政治参与是民主政治的必要条件,是民主所必须包含的基本元素,在实践中,政治参与的充分与否,还检验着各种民主理念的实现程度和民主制度的完善程度。"①

具体而言,政治参与从以下两个方面实现着民主的价值:(1)政治参与是公民表达、维护、实现个人及团体利益的现实途径。按照工具主义观点的解释,个人是自身利益的最佳判断者,由被管理者参与的管理,才是有效的和合乎道德的管理。由于政府的政策涉及到公众的利益,公众有权利通过参与影响政府政策的形成,此乃民主政治的基本要求。来自公民参与的持续压力,以及通过选举等参与行为所显示出来的政策倾向,将成为政府制订政策的重要依据,从而有助于保证政府决策更符合民意,更能反映公众的利益和要求。约翰·杜威(John Dewey)曾经评论道:"作为一种生活方式的民主,其要旨可以表现为……必须让每一个成熟的公民参与价值标准的确定以调节人们的共同生活。……不获得民众的允诺,任何明智和能干的人或少数人集团都无法统治他们。……所有受制于社会管理体制的人都必须参与制定和管理这些社会体制。"② 从公众的角度看,他们参与政治的动机本质上是出于利益的考量,首先是物质利益的考虑。美国政治学者达温斯(A. Downs)经过实证分析得出结论:公民参与政治的目的是寻求以最小的代价来获取最大的利益,他们通过比较投入与产出的关系来决定自己的参与范围和形式。政治学者帕特曼(C. Pateman)也持类似的观点,他认为,人们最感兴趣的,并可能会较好地把握的,是与他们的生活密切相关的那些问题和事务。(2)政治参与是防止专制和暴政,巩固发展民主制度,强化公众对政府的控制的有效手段。广泛的政治参与,意味着社会公众与政治国家之间的积极互动。公众通过各种不同形式的参与,一方面表达自身利益、愿望、要求;另一方面也在监督、制约着国家权力的行使。大众的普遍参与所形成的政治效应,能够发挥强大的监督功

---

① 张伟:《政治参与是民主政治的核心内容》,载《学习时报》,2007年11月20日。
② [美]安东尼·奥罗姆:《政治社会学》,张华清等译,上海人民出版社,1989年,第280页。

能，要求政府必须对法律和社会公众的利益负责。

当然，政治参与与政治民主之间并非简单的对应关系。政治参与是实现民主政治的核心因素。通过政治参与公民可以对政治精英施加某种程度的影响，使政府的政策以民意为依归。但政治参与并不必然导致政治民主，有时还可能引起"政治衰退"，造成政治动荡。而政治参与与政治民主化之间究竟有怎样的相关，取决于在政治参与过程中的公民意愿和政治制度的承载能力。正如政治学家塞缪尔·亨廷顿所论述的政治制度化程度与政治参与程度相比偏高的政治系统比较能够从容吸收现代化动员起来的社会力量，使整个现代化进程始终保持在一个良性的轨道；而在一个政治制度化程度与政治参与相比偏低的政治系统中，由于政治参与程度超过了现有制度框架的承载能力，导致政治参与溢出秩序所能够容许的范围，就会导致政治动荡。亨廷顿指出"任何政体的稳定都依赖于政治参与水平和政治制度化程度之间的关系……要保持政治安定，就必须在政治参与发展的同时，一个社会政治制度的复杂性、自主性、适应性和凝聚性也必须随之提高"。① 换言之，制度化的政治参与往往有助于政治稳定，而非制度化和制度外的参与则往往会对既定政治秩序构成威胁。可见要使政治参与与政治民主化之间保持良性互动关系，就必须加快制度建设步伐，尽可能将公众日益增长的参与要求纳入制度化的轨道。

马克思主义经典作家亦十分重视在民主政治建设中发挥人民群众政治参与的作用，并强调这是社会主义民主的重要特点和重要内容，是维护和实现人民的民主权利、参与管理国家和社会事务的重要标志和重要途径。扩大公民的有序政治参与是我国经济社会发展的客观要求，是衡量政治文明程度的重要标准，也是实现社会主义民主的重要体现。

3．现阶段我国公民政治参与的状况及存在的问题

建国以后，特别是改革开放以来，中国共产党成功开辟和坚持了中国特色社会主义政治发展道路，社会主义民主政治建设取得了一系列成就。如确立了坚持党的领导、人民当家作主和依法治国有机统一的社会主义民主政治的根本

---

① ［美］塞缪尔·亨廷顿：《变革社会中的政治秩序》，李盛平等译，华夏出版社，1988年，第59页。

原则。经过长期建设和探索，我国社会主义政治制度逐步定型，包括人民代表大会制度这一根本政治制度，中国共产党领导的多党合作和政治协商制度、民族区域自治制度和基层群众自治制度等构成的基本政治制度。随着中国特色民主政治基本框架的确立和完善，政府民主和司法民主健康发展，进一步扩大人民民主，不断健全民主选举、民主决策、民主管理、民主监督，保障人民的知情权、参与权、表达权、监督权。

当然，我国社会主义民主政治建设在取得巨大成就的同时，还有许多需要克服和解决的问题。这主要表现在：民主制度还不够健全，人民在社会主义市场经济条件下当家作主管理国家和社会事务、管理经济和文化事业的权利在某些方面还没有得到充分实现。特别，公民有序的政治参与还需要扩大，并逐步走向程序化、制度化。

2010年，我国国内生产总值跃居世界第二位，同时，民主政治建设稳步推进，文化日趋繁荣，社会稳定，民众的精神面貌更是发生了巨大变化。与此同时，社会阶层不断分化，利益格局不断调整，唤醒了公民的政治主体意识，普通公民开始主动关心政治，公民政治参与成为人们实现利益要求的重要手段。但总体而言，目前公民政治参与的总体水平仍然较低，仍然处于不很成熟、不够完善的状态。

第一，民众政治参与愿望强烈，但政治参与存在一定的盲目性、功利性和理想化。改革开放30多年来，伴随社会的开放及国家政治民主化程度的不断提升，公民的政治参与意识不断觉醒，政治参与热情逐步提高，他们通过多种形式和渠道主动地参与政治、表达意愿，有力地促进了我国民主政治建设的发展。但同时，我们还应该看到，我国的公民政治参与在一定程度上存在盲目性、功利性和理想化。所谓盲目性，即在现实政治生活中，许多公民有强烈的参与热情与愿望，由于对政治生活不了解，不知道怎样运用自己的民主权利来实现自己的政治参与愿望，甚而参与行为具有一定的从众性。所谓功利性，即政治参与主要是经济利益性、经济权益性的。如现阶段，私营企业主政治参与的主要目的是发展私营企业，保护自己的经济利益；产业工人和农民的政治参与主要是为了保护自己原有的经济利益、经济性权利，或者因为自己的经济利益、经济权利受到损害、剥夺而进行的。虽然我国民众的民主意识正在觉醒和增强，民主性政治参与呈发展之势。但总体上功利性经济参与仍然居于政治参与的主导地位。所谓理想化，即许多人缺乏客观、可行的参与目标，对基层参与不够重视，一旦参与，就要把目标指向国家的最高决策，指向国家的大政方针，似乎只有这样才算实现了政治参与。民众政治参与一定程度的盲目性、功利性和理想化，反映出我国公民的政治参与素质亟需提高。

第二，政治参与由"动员型"向"自主型"发展，但非制度化、非理性化的政治参与依然存在。所谓动员型政治参与，是指公民由于受到他人的号召、动员、暗示等而被动地参与政治生活的实践活动。所谓自主型政治参与，即公民基于自身的利益和需要而自觉地以某种形式对政治过程施加影响的参与行为。建国后到改革开放前较长一段时间，我国公民的政治参与主要是动员型政治参与，它以执政党自上而下强有力的组织系统、坚持不懈的科学理论的宣传与灌输、深入细致的思想政治工作、党员的先锋模范作用和一套行之有效的方法和技术，激发人民的政治热情、思想觉悟和参与愿望，并使之投身到党领导的伟大事业中去。改革开放以来，动员型参与虽然还时有出现，但随着市场经济的不断发展以及人们利益意识的不断增长，公民开始积极地通过各种制度化的途径，自下而上、主动积极地参与国家事务的管理，特别，越来越多的民众通过自我管理、自我教育、自我服务的方式，参与基层公共事务和公共管理，我国公民政治参与已开始逐渐由动员型参与向自主型参与过渡。但同时，应该看到，现阶段我国公民政治参与以个体参与为主，有组织的政治参与呈增长之势，但其参与形态在很大程度上还属于非正常状态。如现阶段一些产业工人、农民工、农民等社会群体，当利益受损时，会团结起来采取集体行动，争取和维护自己的利益和权利，有学者把这种现象称为群体性事件，或曰劳动者的群体性"抗议"或"抗争"。但这类集体性的参与，本质上是为了实现特定目的，按照一定方式临时组织起来的，当参与目的一经达到，这种参与集体或组织也就随之解散了。特别，还应该看到，随着社会主义市场经济体制改革的不断健全和完善，社会各个阶层为了自身利益的需要，越来越倾向于向政治系统表达各自的特殊利益和政治诉求。但现阶段我国自治性公民团体发展较为迟缓，现有政治社团的功能发挥尚不充分，不能很好地聚合和表达组织成员的利益，因而扩大和吸纳政治参与的能力不足，由此，使某些个人和群体利用自己所掌握的稀缺政治资源谋取利益，甚至于非制度化、非理性化的政治参与现象频频发生，干扰了政治体系和社会系统的正常运行，对我国的政治发展和社会稳定带来巨大挑战。

第三，政治参与渠道逐步健全，但政治参与的实效还未充分彰显出来。建国以后，特别是改革开放以来，我国民主制度不断发展并走向完善，人民代表大会制度、中国共产党领导的多党合作和政治协商制度以及民主选举、民主管理、民主监督等制度，都为公民政治参与、实现自己的政治权利提供了各种保障和途径。同时，基层自治、政务公开、村务公开、厂务公开以及工会、共青团、妇联、工商联等政治社团也为民众提供了组织化的参与渠道和条件。但是，还应该看到，我国政治体系所提供的参与渠道与条件还未产生出相应的效应。就政治社团来看，如前所述，工会、妇联、工商联等，虽然组织网络比较健全，而且发挥了重要的作用，但总体上，其组织运行的行政化、机关化倾向比较严重，不能很好地聚合和表达组织成员的利益，也难于对组织成员的各种利益诉求做出积极的回应，由此相关社会群体对其依赖感不强。同时，民众基层公共事务参与也存在形式化、表面化的流弊。正是由于现有的制度化参与渠道没有被完全激活，其制度功能未充分实现，在一定程度上造成公民正常政治参与和诉求表达的无效化，进而导致一些民众以政治冷漠消极对待，或以较为激烈的方式表达不满和反抗，以至于制度外参与、抗议性参与，乃至越级上访、群体性事件，危害社会秩序与稳定。

二、提升组织化参与是实现公民有序政治参与的重要渠道

政治参与是民主政治发展的本质要求，也是维系民主政治的基本条件和衡量民主政治的重要尺度。现阶段，进一步推进中国特色社会主义民主政治的发展，一个重要方面是不断实现公民的有序政治参与。所谓有序政治参与，其基本内涵就是"公民为了促进国家与社会关系良性互动、为提高政府治理公共事务的能力与绩效而进行的各种有秩序的活动"。[①] 而提升组织化参与是实现公民有序政治参与的重要渠道。

第一，组织化政治参与有助于社会利益的表达与整合，从而推动政治过程的有序化。改革开放以来，伴随社会主义市场经济体制的建立和发展，我国逐

---

① 魏星河：《我国公民有序政治参与的涵义、特点及价值》，载《政治学研究》，2007年第2期。

渐形成多种所有制形式、多种分配方式并存的局面。由于多种经济成分并存，必然会引起利益主体之间的迅速分化及利益重组。在一个利益分化的社会里，人们为各自的利益奔波，并期望获得有利于自己的利益分配结果，是无可非议的。但是，原子化的个人的利益要求过于分散，原子化的政治参与在很大程度上不仅无益于个体利益的表达和实现，反而可能造成利益表达的无序状态，过于分散国家的力量，同时也弱化了公民参与社会公共事物管理的能力。而经由各级各类社会组织，将每个公民纳入到他们所属或认同的社会组织，使他们的利益得以组织化的表达，不仅可以使利益主体的利益得到有效维护，同时，也有助于形成维系民主政治可持续发展所需要的社会秩序。而政治社团以特定群体为对象，以共同的政治目标位为组织纽带，充分发挥政治社团的政治参与功能，能够把特定群体的利益诉求聚合并有效地表达出来，从而在一定程度上满足和实现所代表群体的利益。

第二，组织化政治参与有助于增强公民政治参与的力度，实现政治参与的效能。社会学者孙立平指出："组织化是一个公民社会是否成熟的重要标志，也是在基层社会生活中具备自我形成秩序能力的不可缺少的形式。"[1] 现代社会的发展表明，公众既不是无区别的整体，也不是完全分离、独立的个人，而是一种认同并寻求不同利益、以不同规模组织起来的人群。社会发展的水平越高，越复杂，以组织形式出现的公众就越多。组织化的政治参与，使公民政治参与不仅具有了组织特征，而且，由于组织化的政治参与，有助于把相关社会成员团结起来，参与策划战略，进行利益综合和利益表达，从而在政治参与中发挥较大作用，实现政治参与的效能。

三、完善和发展政治社团，推动我国民主政治建设

现代政治社会体系是由国家（政府机构）、政党、政治社团、公民等不同层次的主体彼此互动而构成。政治社团既不同于一般社会组织，具有围绕国家权力而运作的政治主体性，同时，又不同于政党组织，具有不求占有政权性和公益代表上的相对狭窄性。政治社团的突出特征是一方面将社会特定利益集团

---

[1] 孙立平：《转型与断裂——改革以来中国社会结构的变迁》，清华大学出版社，2004年，第4页。

的利益诉求传达给国家或政权机构,另一方面又将国家的意志和信息传达给社会集团。政治社团在聚合特定社会群体利益诉求的基础上介入国家政治生活过程,是现代社会政治民主重要的表达和实现方式。因此,完善和发展政治社团,对于推动社会主义民主政治建设具有重要意义。

1. 进一步彰显职工代表大会在基层民主管理中的作用,提升工会在我国民主政治建设中独特作用

中国工会是共产党领导的职工自愿结合的工人阶级群众组织,是具有典型意义的政治社团,而工会所领导的企业职工自治是我国社会主义基层民主制度的重要组成。党的"十八大"报告明确提出要"完善基层民主制度","全心全意依靠工人阶级,健全以职工代表大会为基本形式的企事业单位民主管理制度,保障职工参与管理和监督的民主权利"。党的十八届三中全会《关于全面深化改革若干重大问题的决定》再次强调要"发展基层民主","健全以职工代表大会为基本形式的企事业单位民主管理制度,加强社会组织民主机制建设,保障职工参与管理和监督的民主权利"。2013年10月,习近平总书记在与全总第十六届领导班子集体谈话时明确指出:"要健全以职工代表大会为基本形式的企事业单位民主管理制度、厂务公开制度,组织职工依法实行民主选举、民主决策、民主管理、民主监督,使职工群众的知情权、参与权、表达权、监督权得到更充分更有效的保障"。

推进基层民主政治建设,实现和保障职工的民主政治权利,是发展中国特色社会主义民主政治的重要内容,是全面建成小康社会的题中应有之义。建国以后,特别是改革开放以来,工会作为党和政府联系职工群众的桥梁与纽带,坚定不移团结带领职工群众服从服务党和国家工作大局;同时,作为职工利益的代表者和维护者,始终把代表和组织职工参与企事业单位的民主管理作为重要职能予以履行,并不断扩大工会所代表的民主基础,工会成为我国基层民主政治建设的重要推动力量。进入新世纪以来,各级工会不断强化维权职能,逐步建立起利益协调、诉求表达、矛盾调处和权益保障的社会化的维权格局,推动构建社会主义新型劳动关系,促进了社会主义和谐社会的建设。但还应该看到,较之于工会作为政治社团的属性,工会职能的发挥还面临一些瓶颈,特别是以职工代表大会为基本形式的企事业单位基层民主政治建设存在形式主义的流弊，为此，要切实发挥工会在推动基层民主建设中的作用，必须从制度建设、运行模式、作用效能等方面，进一步彰显职工代表大会在基层民主管理中的作用，从而不断提升工会在我国民主政治建设中独特作用。

第一，完善职工代表大会制度的立法，以基本法的形式对职工代表大会制度作出统一的、系统的、具体的规范，切实把职工代表大会制度纳入法治轨道，提升职工民主管理的法治化水平。职工代表大会制度是我国企业民主管理的一项重要制度安排。新中国成立后，企业民主管理与企业民主改造一起进行，在国营和公营企业，建立工厂管理委员会和工厂职工代表会议。在公私合营企业，建立民主管理委员会。1957年，中共中央决定在企业实行党委领导下的厂长负责制的同时，实行党委领导下的职工代表大会制度，作为职工参加企业管理和监督行政领导的权力机构，中共中央还明确规定了职工代表大会的职权。同年召开的中国工会第八次代表大会把"准备和召集职工代表大会，监督职工代表大会决议的贯彻执行"作为工会的责任。

改革开放以后，我国不断从法律层面强化和完善职工代表大会制度。如1978年，中共中央颁布了《关于加快工业发展的若干问题的决议（草案）》，决定在工业企业恢复党委领导下的厂长分工负责制和职工代表大会或职工大会制度，同时建立工人参加管理、干部参加劳动和领导干部、工人、技术人员三结合的制度。1982年《宪法》第16条规定，国营企业依照法律规定，通过职工代表大会和其他形式，实行民主管理。1986年，国务院颁布《全民所有制工业企业职工代表大会条例》第2条明确："企业在实行厂长负责制的同时，必须建立和健全职工代表大会制度和其他民主管理制度，保障与发挥工会组织和职工代表在审议企业重大决策、监督行政领导、维护职工合法权益等方面的权力和作用。"第3条明确："职工代表大会是企业实行民主管理的基本形式，是职工行使民主管理权力的机构。"1988年第七届全国人民代表大会第一次会议通过的《中华人民共和国全民所有制工业企业法》进一步确认了职工参加企业民主管理的权利，第51条规定："职工代表大会是企业实行民主管理的基本形式，是职工行使民主管理权力的机构。"伴随社会主义市场经济制度的确立，1992年修订通过的《中华人民共和国工会法》明确："国有企业的工会委员会是职工代表大会的工作机构，负责职工代表大会的日常工作，检查、督促职工代表大会决议的执行。"1994 年第八届全国人民代表大会常务委员会第八次会议修订实施的《中华人民共和国劳动法》第八条明确:"劳动者依照法律规定,通过职工大会、职工代表大会或者其他形式,参与民主管理或者就保护劳动者合法权益与用人单位进行平等协商。"2001 年修订通过的《中华人民共和国工会法》再次明确:"工会依照法律规定通过职工代表大会或者其他形式,组织职工参与本单位的民主决策、民主管理和民主监督。"2004 年 8 月第十届全国人民代表大会常务委员会第十一次会议修订实施《中华人民共和国公司法》第十八条明确:"公司职工依照《中华人民共和国工会法》组织工会,开展工会活动,维护职工合法权益。公司应当为本公司工会提供必要的活动条件。公司工会代表职工就职工的劳动报酬、工作时间、福利、保险和劳动安全卫生等事项依法与公司签订集体合同。"2012 年 4 月,中央纪委、中央组织部、国务院国资委、监察部、中华全国总工会、全国工商联等全国厂务公开协调小组成员单位联合下发《企业民主管理规定》。这是我国首次以六部门共同颁布规章的形式全面规范以职工代表大会为基本形式的企业民主管理制度,该规定最大的突破在于明确了在社会主义市场经济条件下,所有的企业都要实行民主管理。

由上,虽然我国颁布了一系列法律法规来规范以职工代表大会为基本形式的企事业单位民主管理制度,但相关条文比较粗阔,基本是原则性的表述,特别是没有界定明确的执法主体和法律责任,因而,在实践中缺乏权威性和操作性。且由于不同的法律法规对不同所有制企业职工代表大会的职权规定不同,导致职工代表大会发挥作用的法律基础不坚实,法律的强制性不足。虽然,2012 年六部委联合下发了《企业民主管理规定》,明晰了非公有制企业也需建立职工代表大会的要求,但部委规章的法律位阶偏低,因而实践中贯彻执行的效果亦显不力。

因此,要切实发挥职工代表大会制度在基层民主管理中的作用,应当以基本法的形式对职工代表大会制度作出统一的、系统的、具体的规范,从而把职工代表大会制度切实纳入法治轨道。而以立法形式确立职工代表大会制度,应当着重解决好以下几方面问题:

(1) 明晰职工代表大会制度的适用范围。我国现有法律法规关于职工代表大会制度的适用范围主要是针对公有制的企业单位,包括国有企业和集体企业。而随着经济体制改革和经济结构调整，非公有制企业日益成为我国经济社会发展的重要支柱，非公有制企业单位的职工队伍也在迅速壮大。但由于国家对非公有制企业职工代表大会制度没有明确的规定，致使在非公有制企业推行职工代表大会制度缺乏明确的法律依据。因此，从立法层面明晰所有企业都应当建立职工代表大会制度，从而把非公有制企业纳入职工代表大会制度的框架之内，才能全方位地保障职工的民主权利，真正使职工代表大会成为所有企业实行民主管理的基本形式。

（2）强化职工代表大会的职权。如前所述，关于职工代表大会的职权，我国相关法律法规均有界定，1981年的《国营工业企业职工代表大会暂行条例》曾规定职代会有讨论、审议、决定、通过重大方案，选举企业行政领导人员等权利，并就重大问题作出相应的决议；1986年的《全民所有制工业企业职工代表大会条例》则规定职代会享有企业重大决策方案听取审议权、相关职工工资福利审议通过权、评议监督权、民主推荐企业领导权等，这里，将"选举企业行政领导人员"改为"民主推荐企业领导"。1988年的《全民所有制工业企业法》第5章明确职工代表大会具有审议建议权、审查同意或否决权、审议决定权、评议监督权、民主选举权等五项职权；2007年的《劳动合同法》第4条规定："用人单位在制定、修改或者决定有关劳动报酬、工作时间、休息休假、劳动安全卫生、保险福利、职工培训、劳动纪律以及劳动定额管理等直接涉及劳动者切身利益的规章制度或者重大事项时，应当经职工代表大会或者全体职工讨论，提出方案和意见，与工会或者职工代表平等协商确定。"2012年的《企业民主管理规定》第13条关于职工代表大会的第一项职权表述："审议企业制定、修改或者决定的有关劳动报酬、工作时间、休息休假、劳动安全卫生、保险福利、职工培训、劳动纪律以及劳动定额管理等直接涉及劳动者切身利益的规章制度或者重大事项方案，提出意见和建议"。这里没有了"劳动定额管理"，《企业民主管理规定》未能与国家基本法保持一致，在一定程度上弱化了职工代表大会的职权。由上可见，现行法律法规关于职工代表大会职权的界定既存在滞后现象，也存在下位法与上位法彼此不一致的现象，因此，应当把职工代表大会职权作为立法的重点，按照宪法、法律所赋予职工的民主权利，结合我国现代企业制度发展的结构与特点，特别是发展混合所有制经济的新趋势，从企业民主管理和维护职工合法权益的要求出发，对职工代表大会的职权进行科学设置。

（3）将协商民主纳入职工代表大会制度，不断提升职工代表大会作为基层民主制度载体的内涵与品质。党的十八届三中全会通过的《中共中央关于全面深化改革若干重大问题的决定》明确指出，协商民主是我国社会主义民主政治的特有形式和独特优势，是党的群众路线在政治领域的重要体现；要在党的领导下，以经济社会发展重大问题和涉及群众切身利益的实际问题为内容，在全社会开展广泛协商，坚持协商于决策之前和决策实施之中；强调要健全以职工代表大会为基本形式的企事业单位民主管理制度，加强社会组织民主机制建设，保障职工参与管理和监督的民主权利。同时，三中全会对积极发展混合所有制经济、推动国有企业完善现代企业制度、支持非公有制经济健康发展、形成合理有序的收入分配格局等方面提出了明确要求。协商民主，就其基本内涵是指参与者通过对话、讨论、商谈、妥协、沟通和审议等协商性的方式及机制，就重大事项进行协商讨论，达成理性共识的民主形式。协商民主是我国社会主义民主发展的重要内容，也赋予现代企业民主管理新的内涵。职工代表大会作为企业民主管理制度的基本形式，是企业协商民主的重要平台和渠道。将企业发展和涉及职工切身利益的重大事项，通过职工代表大会的形式，进行对话、讨论、商谈、沟通和审议，搭建起企业经营管理者与职工之间有序协商、互利共赢的平台，对于推动企业与职工共同发展、促进劳动关系和谐稳定具有十分重要的意义。由此，健全完善以职工代表大会为基本形式的协商民主制度体系，依据不同所有制形式、不同行业、不同规模的企业结构与特点，设计和确立协商内容、协商程序、协商流程、协商结果的运用，不断推进企业协商民主制度化、程序化和规范化。

第二，明晰工会与职工代表大会的关系，彰显工会在保障职工代表大会有效运行中的支撑作用。如前所述，职工代表大会制度是伴随我国企业民主管理实践不断发展和壮大起来的，从1956年开始实行党委领导下的厂长负责制和党委领导下的职工（代表）大会制，到1961年制定《国营工业企业工作条例（草案）》（即"工业七十条"）和1965年的修正草案，对职工代表大会的性质、职权和组织任务等都作了明确的规定。改革开放后，1988年8月1日起实施《中华人民共和国全民所有制工业企业法》，确立了企业民主管理的法律地位、法定职权。从20世纪80年代起，我国逐步建立社会主义市场经济体制，经济结构乃至产业结构的调整给企业职工代表大会制度的建设和发展带来许多新课题，回应职工代表大会制度在实践中的困境和挑战，我国制定和修改的一系列法律、法规，诸如《企业法》、《工会法》、《公司法》、《劳动法》和《集体合同规定》等都对其给予肯定或进一步的界定。但职工代表大会的制度效应还未得到充分彰显，介于此，要切实发挥职工代表大会制度在基层民主管理中的作用，就宏观层面而言，应当以基本法的形式对职工代表大会制度作出统一的、系统的、具体的规范，明晰职工代表大会制度的适用范围，强化职工代表大会的职权；就实际运行层面，则要明晰和强化工会与职工代表大会的关系，彰显工会在保障职工代表大会有效运行中的支撑作用。

《中华人民共和国工会法》明确"工会依照法律规定通过职工代表大会或者其他形式，组织职工参与本单位的民主决策、民主管理和民主监督。"这意味着，工会通过职工代表大会组织职工参与本单位的民主决策、民主管理和民主监督是法律赋予的权力，职工代表大会是企事业单位实行民主管理的基本形式，是职工行使民主管理权力的机构，而工会是职代会的工作机构。《中华人民共和国企业法》亦明确："企业工会是职工代表大会的工作机构，负责职工代表大会的日常工作。"1986年颁布《全民所有制工业企业职工代表大会条例》则进一步明确："职工代表大会闭会期间，需要临时解决的重大问题，由企业工会委员会召集职工代表团（组）长和专门委员会负责人联席会议，协商处理，一并向下一次职工代表大会报告予以确定。""上级工会有指导、支持和维护职工代表大会正确行使职权的责任"。这样就把企业工会和职工代表大会的职责和任务从组织上更加紧密地结合起来了，构成了以职工代表大会为基本形式，以工会为主体的民主管理体系。或者，更进一步分析，工会是职工自愿结合的群众性组织，工会代表职工的利益，维护职工的合法权益，而职工代表大会是企事业单位实行民主管理的基本形式，是职工行使民主权力的机构。工会是一级组织，而职代会是一项制度。一项制度在实践中的运行及其效能，需要有组织支撑和日常运作机制，因此，不断强化，全面推进建立以工会为工作机构的职工代表大会制度，是保证职工代表大会制度运行质量的基础和前提。为此，（1）工会要进一步回归组织属性，进一步提升专业化、社会化的工作思路与工作方法。长期以来，在计划经济和"单位制"的惯性影响下，我国政治社团习惯于依托行政力量，主要是党政力量和相关资源开展工作，成为所谓"行政主导型"的政治社会组织。当前，回应全面深化改革的战略目标，要求工会突出群众性，紧密联系职工群众，将自上而下的动员式工作方式与自下而上的融入式工作方式结合起来，特别要突出自下而上的融入式工作方式，这是彰显工会作为政治社团的组织属性的重要前提和基础。同时，工会组织，特别是基层工会组织要改变传统上过于倚重行政外力的工作手段，不断提高动员和运用社会资源的能力，不断提升专业化、社会化的工作方法，特别要学会运用劳动法律法规所赋予工会的法制力量，代表和维护职工利益，协助党和政府协调好劳资间利益关系，促进社会和谐。（2）切实提升工会干部队伍素质的职业化水平。伴随改革开放的深化，工会工作的重要性、复杂性、独立性显著提高，工作内容和领域不断扩展和延伸。工会工作不再是传统意义上的帮扶救助，要求工会工作人员具备一定的专业化水准，不断提升职业化水平。

2. 进一步加强基层妇联组织建设，发挥妇联在推动我国民主政治建设中独特作用

妇联是具有典型意义的政治社团，是我国最大的促进性别平等和妇女发展的非政府组织，具有广泛的代表性、群众性和社会性。建国以后，特别是改革开放以来，妇联组织通过参与、影响相关法律和政策的制定与执行，促进性别意识进入决策主流，推动社会性别平等；通过促进妇女发展提升女性群体的整体素质，特别是通过持续推进女性的政治参与水平，促进民主政治建设；通过制度化的维权体系，保障妇女群体的合法权益，其政治社会影响力不断扩大。但也应该看到，妇联作为政治社团，政治职能与维权职能的落实尚不平衡，妇联聚合、表达乃至保障女性群体利益诉求的制度化水平亟待提高；妇联组织面临"双重角色"的角色冲突，现行的组织架构及运行模式与其组织属性未能形成耦合状态，妇联的运行机制亟待完善。

党的十八大报告明确提出"坚持男女平等基本国策，保障妇女儿童合法权益"，为新时期妇女儿童事业发展提供了强大动力。2013年10月，习近平总书记在与全国妇联十一届领导班子成员集体谈话时强调，坚持党的领导，紧紧围绕党和国家工作大局谋划和开展工作，这是妇联组织发挥作用的根本遵循，是妇联工作不断前进的重要保障。妇联组织要把工作放到大局中去部署、去开展，把党的主张转化为广大妇女的自觉追求和实际行动。习近平指出，联系和服务广大妇女是妇联组织的根本任务。做好新形势下妇联工作，一定要把工作重心放在基层。要通过立体化、多层面的组织体系最广泛地把广大妇女吸引过来、凝聚起来，让广大妇女在身边就能找到妇联组织、得到及时帮助，把妇联组织当作可以信赖和依靠的地方。

贯彻落实中央对妇联工作和妇女工作的新要求新期待，并不断解决妇联工作中存在的困境，应将基层妇联组织建设作为重点。为此：

第一，健全做实基层妇联组织，为妇联工作提供坚实的基础和活力的源泉。我国的妇联组织实行地方组织和团体会员相结合的组织制度。长期以来，妇联的地方组织是按照国家的行政区划建立起来的，即按照从中央到地方，从全国到省（区、市）、市（地）、县（市）、乡镇（街道）、村（社区）六级纵向组织体系建构的。改革开放以来，伴随社会结构变迁，特别是第四届世界妇女大会在北京召开以来，各种民间妇女团体纷纷成立，如女市长协会、女知识分子协会、女企业家协会、女医师协会、女法官协会等联谊类妇女团体；女性研究中心、中外妇女研究中心、妇女运动研究会等研究类妇女团体；女性法律帮助中心、农家女文化发展中心等服务类妇女团体；以及妇女发展基金会、农村妇女发展基金会等基金会类妇女团体。可以说，妇联组织已基本实现了横向到边、纵向到底，辐射面广、延伸线长的妇女组织网络。但就妇联组织的内在结构看，明显的是上重下轻、上宽下窄、上大下小，呈倒宝塔结构，越是层级高的妇联组织，组织建制越完善，组织职能发挥的机制越充分，而越是层级低的妇联组织，组织建制单薄，职能发挥缺乏充分的机制依托，工作任务与组织结构严重失衡。如在城镇街道、社区的妇联组织和农村妇联组织中，不设专职妇联工作人员或一人身兼数职的情形甚为普遍，基层妇联干部除本职工作外，普遍兼任计生、民政、统计、信访、劳动保障等工作，工作头绪多，致使妇联工作处于被动应付状态，流于形式。同时，基层妇联普遍缺乏经费，《中华全国妇女联合会章程》规定各级妇联的行政经费、业务活动和事业发展经费主要由政府拨款，列入各级财政预算。但目前绝大多数乡镇没有将妇女工作经费纳入年度财政预算，更没有必须保障此项开支的硬性措施和规定，只有开展活动时向政府专题申请活动经费，这就对基层妇联工作造成较大的约束，基层妇联有组织无活动的现象比较普遍，使基层妇女工作缺乏生机和活力，影响了妇女群众对妇联的信任度，影响了妇联在妇女群众中的凝聚力乃至在整个社会的影响力。

妇联是具有广泛群众性和社会性的政治社团，妇联的主要工作在基层，妇女群体的主要问题也集中在基层，因此，必须健全做实基层妇联组织，目前，许多地方将妇联基层组织建设纳入了基层党建总体布局，与党的基层组织建设同步研究、同步部署、同步实施、同步考核、同步奖惩，是一个值得借鉴和推广的方法。但更重要的是，必须保证基层妇联组织建设的刚性，即具有独立的建制，具有恒定的经费，具有可持续的项目，从而切实服务于基层妇女群体，切实发挥基层妇联组织的作用。同时，基层妇联组织要善于利用和开发各种妇女民间团体资源，如前所述，改革开放以来，各类民间妇女组织如雨后春笋般地发展起来，成为联系和服务妇女群众、推动妇女发展的新生力量。基层妇联组织要善于利用和开发各种妇女民间团体资源，把有利于妇女事业发展的力量联合起来，加强合作，互利共赢。当然，全国妇联及省级妇联也应当为基层妇联组织争取更多的资源，包括政策资源、物质资源和组织资源，事实上，各级政府妇女儿童工作委员会办公室就设在同级妇联，使妇联一方面是政治社团，另一方面又具有官方和半官方机构的属性，在一定程度上具有了权威性。因此，有效发挥妇儿工委的运作机制，为基层妇联组织争取稀缺资源，将对基层妇联组织的运行和效能给予极大地支持。

第二，彰显妇联组织属性和职能定位，充分发挥基层妇联组织在推进男女平等基本国策，保障妇女群体基本权益中的影响和作用。妇联作为具有典型意义的政治社团和性别团体，是党和政府联系妇女群众的桥梁和纽带、国家政权的重要社会支柱，其基本职能是代表和维护妇女权益，通过积极参与政治过程而保障妇女群体的利益，促进男女平等。但在实践中，妇联组织常常追求平面铺展、遍地开花、职能过度延展的局面，所谓"哪里有妇女，哪里就有妇女组织与妇女工作"，理论上成立，但实践过程中难以落实。现阶段，妇联组织的行动目标与其行动能力之间的差距，已使基层妇联组织承受了巨大的结构性压力和工作压力，消耗了组织资源，挤压了工作空间，乃至于不能有效履行自身职能。伴随社会主义市场经济体制的建立与完善，同时受到经济和社会发展水平等因素的制约，我国促进性别平等和妇女发展面临许多新情况和新问题，如女性群体的社会分层日益复杂，妇女生存、发展和权益保障的需求呈现多样性；不同地区、不同阶层、不同群体妇女发展的不平衡现象比较明显；历史文化中残存的男女不平等的陈规陋习尚未完全消除，侵犯妇女权益的现象在一些地区仍然不同程度地存在。因此，基层妇联组织必须回归组织属性和职能定位，充分发挥基层妇联组织在推进男女平等基本国策，保障妇女群体基本权益中的影响和作用。

第三，改变妇联传统的工作路径，进一步提升基层妇联组织的专业化、社会化水平。我国工会、妇联、共青团等政治社团的产生和发展有着特殊的历史背景和运行规律。中国共产党在完成建党工作以后，即非常重视组建新型的政治社团。新中国成立后，与其时特定国家与社会的权利结构相关联，政治社团处于选择性发展态势，即只有工会、共青团和妇联这些官方性的政治社团有所发展。由于较长时期计划经济和"单位制"的惯性，特别妇联还担负着相关的行政职能，使其习惯于依托行政力量，主要是党政力量和相关资源开展工作，成为所谓"行政主导型"的政治社会组织。伴随改革开放的深化，妇联赖以生存发展的体制环境发生了深刻变化。就体制建构而言，妇联建立了从中央到地方再到基层的纵向组织体系，但随着城市人口大量导入和"单位人"向"社会人"转变，处于传统体制外的女性数量急剧增加，如根据上海市妇联的统计，"至2012年底，上海女性总数达到1190万，其中，来沪女性占36.8%，处于传统体制外的女性占到70%"。[①] 组织体制的行政化架构，难以覆盖体制外的妇女群体；而传统上依赖行政资源，自上而下的动员式工作方式亦难以落实，要求妇联组织打破传统路径依赖，探讨新时期群众工作、社会工作、妇女工作的规律和结合点，建立群众化、社会化、开放式的工作格局。由此，妇联工作的价值定位，应不断整合"动员式妇女参与模式"与"赋权式妇女参与模式"；在妇联组织的运行模式上，应不断整合"自上而下的执行和落实机制"与"自下而上的利益表达和广泛参与机制"，从而使妇联作为促进性别平等和妇女发展的非政府组织属性与作为党和政府联系妇女群众的桥梁和纽带的政治属性都得到充分彰显。

---

① 焦阳：《妇联应成长为枢纽型社会组织》，载《文汇报》，2013年9月18日。

3. 进一步发挥商会组织的作用，提升工商联在我国民主政治建设中独特作用

工商联是我国政治生活中的一个重要组织，也是我国经济生活中的重要成员。进入改革开放的新时期，工商联从成立初期的以私营工商业者为主体、各类工商业者联合组成的人民团体，发展成为以非公有制企业和非公有制经济人士为主体的人民团体和商会组织，工商联通过引导非公有制经济人士爱国、敬业、诚信、守法、贡献，做合格的中国特色社会主义事业建设者，促进了社会阶层关系的和谐；通过积极表达非公有制经济人士的诉求和政策建议，引导非公有制经济人士有序参与国家政治生活和社会事务，促进了我国民主政治建设；通过引导非公有制经济人士构建和谐劳动关系，促进了社会的和谐稳定。但还应该看到，工商联统战性、经济性、民间性"三性"在实践中的作用和影响尚不平衡，工商联在党的领导下，对非公有制经济代表人士实行"团结、帮助、引导、教育"的方针，进行爱国、敬业、诚信、守法教育，在非公有制经济代表人士中培养了一支坚决拥护党的领导、与党团结合作的积极分子队伍。特别在参政议政、民主监督、推荐安排代表人士方面，较好地发挥了统战性职能。但是它的经济性和民间性发挥得还不到位，为此，应充分发挥商会组织的作用，从而在充分发挥工商联统战性职能的基础上，使其经济性、民间性职能也得以充分彰显，使工商联真正成为党和政府联系非公有制经济的桥梁和纽带，成为政府管理非公有制经济的助手，成为广大非公有制经济合法权益的代言人，成为非公有制经济人士的"娘家"。

第一，健全相关法律法规，进一步理顺商会组织的运行体制。工商联作为党和政府联系非公有制经济代表人士的桥梁和纽带，有着统战工作和民间商会的两方面职能。伴随我国市场经济的繁荣发展，商会作为工商联工作的组织基础和重要依托，呈现出组织数量不断增长、会员覆盖面不断扩大、组织形态不断探索、民主办会不断加强的特点，为促进我国经济社会发展作出了积极贡献。截至2013年底，工商联所属商会组织达到32525个，从最初的同业公会、行业商会发展到包含行业商会、乡镇商会、异地商会、街道商会、市场商会、园区商会、社区商会、楼宇商会、村商会等类型的商会组织，已形成覆盖全国的组织网络。商会积极提供各种服务，帮助企业解决生产经营过程中面临的实

际困难，促进非公有制经济健康发展；积极反映企业利益诉求，为政府部门制定政策提供重要参考，维护会员合法权益；并在发展和管理会员、团结和引导会员、联系和服务企业、当好政府参谋助手等方面，商会以其综合优势发挥了重要作用。但还必须看到，目前，商会组织发展还存在无序局面，一方面，各地商会发展不平衡。我国商会的发展在政策层面上有了较好保障，政策的出台促进了各地商会得到较快发展。但由于各地落实政策的情况不一，非公有制经济发展的情况不同，商会发展也有差异；另一方面，行业商会和异地商会发展不平衡，异地商会发展迅速，而行业商会发展相对较慢，还有许多行业没有组织起来成立行业商会组织，尤其是新兴产业领域和高科技产业领域中成立行业商会较少。综合各方面的情况，异地商会之所以发展迅速，其一是各地企业家以乡情为纽带，容易组织和团结在一起；其二是各地政府为招商引资的需要，更加重视和支持成立异地商会。行业商会发展较慢的原因，其一是"一业一会"等规定制约了行业商会的发展；其二是"行业领军人物"较少，缺少组建商会的带头人；其三是受"同行是冤家"思想观念的影响，企业对成立行业商会的积极性不高，有的甚至不愿意参加行业商会组织。"目前中国商会的设立与分布没有统一的标准和要求，既有按照所有制性质划分的，也有按照行业划分的；既有全国性的，也有区域性的；既有综合性的，也有单一性质的。许多行业商会是政府从部门管理转向行业管理过程中直接在原有部门框架上换牌而来的。由于缺乏统一的设立与分布标准，导致行业商会重复设立、职能交叉等问题严重，行业活动不能很好的开展，行业商会的权威性受到损害，反而增加了工商企业的负担。"[1] 由上，由于缺乏明晰的法律与政策依据，商会与协会之间、综合性商会与行业商会之间界限不清，以致恶性竞争，而商会和政府之间关系不顺，导致商会功能无法充分发挥。

如何解决我国商会发展中的突出问题，首先是应该建立一个统一的具有中国特色的商会组织体系，对现有的商会、行业商协会组织进行必要的整合，使之趋于一体化和规范化。其次更为关键的应制定一部有中国特色的商会法，明确规定商会的性质、职能，理清商会与政府的关系，完善商会的运作模式，构建符合我国国情的商会体系，使商会有法可依，依法发展。目前，从国际视野

---

[1] 屈国平：《是什么制约着商会功能的发挥》，载《中国商人》，2010年第6期。

来看,商会立法有德、法等国的"半官半民"商会模式,有"中间型"的日本模式,有"干预型"的"台湾"模式。较之于国外以及"台湾"的商会组织,中国大陆商会组织具有鲜明的中国特色,这就如中央统战部副部长、全国工商联党组书记、第一副主席全哲洙 2011 年在全国工商联商会建设工作闭幕大会上的讲话所指出的:"工商联商会建设集中体现了统战性、经济性、民间性有机统一。'三性'彼此依存、相互促进、不可分割,是工商联商会的独特优势和中国特色所在,这也正是中国特色商会组织的具体化了的鲜明特征和本质属性。工商联必须把'三性'有机统一作为商会建设之基,把促进'两个健康'作为商会建设之本,努力为建设中国特色商会组织积累经验、探索路子。"商会立法所从根本上解决商会体系模式的选择,因而必须从中国特色社会主义商会发展的方向予以把握。

第二,加强商会的组织治理,不断提升商会的服务能力和自律水平。改革开放以来,随着我国市场经济地位的确立和政治体制改革的不断深入,我国商会组织得到了迅速发展。它们在市场活动中的作用日渐重要,不仅构成市场经济的重要体制基础,而且,商会通过沟通政府与民间之间的关系,回应会员诉求,提供政策咨询,维护企业合法权益,商会组织丰富和强化了工商联的职能作用。但也必须看到,我国商会组织总体上还不成熟,表现在:(1)商会的行政本位主义色彩明显,如商会内部的组织结构、不同层级的关系和机构设置,基本上是依照行政区划和行政关系建立起来的;商会组织内部领导人的选择与人事任免基本是上级党委和统战部门任命;商会的治理方式基本上是自上而下的行政管理模式。(2)商会内部的权力关系尚未理顺,如商会与会员企业的关系、商会内部不同组织层级之间的权力配置均未能与商会的组织属性形成耦合状态。(3)商会的制度功能还未充分实现,服务能力欠缺。由于商会的体制与运行机制的制约,商会的制度功能尚未充分实现。同时,由于基层商会工作人员普遍存在年龄偏大、文化程度偏低、知识结构不合理、整体素质不高的状况,导致商会服务能力有限。(4)商会的自律能力欠缺。现阶段由于商会发展的制度环境尚不健全,商会的运行管理缺乏监督,尤其是缺乏体外监督。一些地方商会,一味追求经济效益,甚至把发展会员作为创收渠道,极大地影响了商会的声誉和社会诚信体系的建设。根据《南方都市报》2014 年 8 月 27 日的报道:进入 2014 年以来,深圳已有至少三名行业协会负责人卷入官员违法违纪案件中。有行业协会人士指出，本应该是搭建企业与政府之间的沟通平台，却有成为利益输送平台的倾向。因此，要充分发挥工商联商会在我国经济发展和民主政治建设中的作用，必须加强商会的组织治理，不断提升商会的服务能力和自律水平。为此：（1）大力推动工商联商会回归本位，发挥应有作用。工商联商会具有统战性、经济性、民间性"三性"统一，现阶段工商联商会的统战性职能发挥得比较充分，工商联商会的积极性，特别是民间性职能的落实还有很大欠缺。党的十八届三中全会《中共中央关于全面深化改革若干重大问题的决定》明确提出"限期实现行业协会商会与行政机关真正脱钩，重点培育和优先发展行业协会商会类、科技类、公益慈善类、城乡社区服务类社会组织，成立时直接依法申请登记。"根据2014年全国民政工作会议精神，今年我国已启动行业协会商会与行政机关脱钩试点。目前，民政部在全国性行业协会、商会中选择100个左右的单位进行试点，预计到2015年底前实现从全国到地方各个层次的行业协会商会与行政机关真正脱钩。工商联商会应当以此为契机，大力推动商会去行政化，以民间团体的运作机制为基础，以非行政的职能实现方式，不断提升工商联商会服务于商会内部成员需求的能力。（2）不断提升工商联商会的自组织治理能力，提高社会公信力。传统上，我国社会团体实行"归口登记、双重负责、分级管理"的双重管理体制，也就是国家对社会团体的登记注册及日常管理，实行登记管理部门和业务主管单位双重负责的体制。根据《社会团体登记管理条例》规定，参加中国人民政治协商会议的人民团体可不进行社团登记。这类社团包括中华全国总工会、中国共产主义青年团、中华全国妇女联合会、中国科学技术协会、中华全国归国华侨联合会、中华全国台湾同胞联谊会、中华全国青年联合会、中华全国工商业联合会等。这里，全国工商联不需要进行登记，基层民间商会仍需按照条例规定予以登记。2013年，党的十八届二中全会和十二届全国人大一次会议审议通过了《国务院机构改革和职能转变方案》，方案明确社会组织改革的重点是：除成立政治法律类、宗教类等社会组织以及境外非政府组织在华代表机构，申请登记前仍需经业务主管单位审查同意外，成立行业协会商会类、科技类、公益慈善类、城乡社区服务类社会组织，可直接向民政部门依法申请登记，不再需要业务主管单位审查同意。要逐步推进行业协会商会与行政机关脱钩，强化行业自律，使其真正成为提供服务、反映诉求、规范行为的主体。在双重管理体制时代，行业协会商会的设立有着较严格的限制，一般都有"一业一会"制度规定。社会组织管理体制的重大改革突破，为商会组织的发展提供了更多的空间，但同时也对商会组织的自组织治理能力及相应监管提出了更高的要求。就全球范围来看，发达国家的民间商会一般具有良好的自组织治理能力。体现在：商会会长基本上是由本行业的知名企业的董事长或总经理担任，领导者通常具有良好的组织能力，熟悉行业业务，对社会本身有着重要的影响力；有着专业素质高的从业人员，商会提供的服务质量优质高效；内部运作机构健全，信息渠道广泛，往往能够为会员企业提供更多高端性的政策服务。适应我国商会组织发展的宏观环境及管理体制的变化，借鉴发达国家商会成功运行的经验，亟需提升我国商会自组织治理能力。为此，首先要建立科学合理的商会治理结构。商会的组织形式和治理结构在世界范围内已基本形成科学的范式，其基本特征为：商会的组织机构为会员代表大会、理事会和常务理事会。会员代表大会是最高权力机构，理事会是会员代表大会的执行机构，在闭会期间领导商会的日常工作，对会员代表大会负责。秘书处是日常工作机构。其次要提升商会组织的自律能力和水平。就组织属性而言，商会本身就是联系政府与企业的自律性服务组织，只有不断提升自律能力和水平，才能真正发挥商会在完善社会主义市场监管体制、推进社会主义现代化建设和全面建成小康社会中的积极作用。为此，应建立健全商会自律规约，加强组织的规范化建设，构建商会信用体系，从而不断提升商会的社会公信力和美誉度。

结　语

本书围绕政治社团与我国民主政治建设展开分析和探讨。

政治社团作为一种特定的社会政治组织，既不同于一般的社会团体，也不同于政党。较之于一般性社会团体，政治社团是特殊利益群体的派生物，它通过影响政府公共政策的制定来满足特定群体的利益，政治社团具有鲜明的政治属性。较之于政党，政治社团的政治目标不在于夺取或占有国家政治权利，而主要是影响旨在分配社会利益的公共政策的制定与实施。在我国政治学研究的语境中，所谓政治社团，大体上具有双重属性，它既是群众性政治团体，又具有国家政权体系组成部分的身份，这种双重身份，使其在我国政治社会运行中具有独特的地位和作用。本书以政治社团为研究主体，概念上采纳我国政治社会语境中"人民团体"的外延，并特别将参加人民政协的人民团体作为具体的研究对象，即中华全国总工会、中国共产主义青年团、中华全国妇女联合会、中国科学技术协会、中华全国归国华侨联合会、中华全国台湾同胞联谊会、中华全国青年联合会、中华全国工商业联合会。而考虑到这八个政治社团所具有的政治性、群体性、社会影响性及前瞻的发展趋势，本书选取其中的中华全国总工会、中华全国妇女联合会、中华全国工商业联合会展开分析与研究。

中国工会是中国共产党领导的职工自愿结合的工人阶级群众组织，是党联系职工群众的桥梁和纽带，是国家政权的重要社会支柱，是会员和职工利益的代表。新中国成立以后，特别是改革开放以来，工会作为党和政府联系职工群众的桥梁与纽带，坚定不移团结带领职工群众服从服务党和国家工作大局；同时，作为职工利益的代表者和维护者，始终把代表和组织职工参与企事业单位的民主管理作为重要职能予以履行，并不断扩大工会所代表的民主基础，工会成为我国基层民主政治建设的重要推动力量。特别是进入新世纪以来，各级工会不断强化维权职能，逐步建立起利益协调、诉求表达、矛盾调处和权益保障的社会化的维权格局，推动构建社会主义新型劳动关系，促进了社会主义和谐社会的建设。但较之于工会作为政治社团的组织属性，工会职能的发挥还面临许多困境。这表现为：工会双重职能的发挥尚不平衡，工会维权职能落实的实然状态与应然状态存在一定差距；以职工代表大会为基本形式的企事业单位基层民主政治建设存在形式主义的流弊，工会在推进基层民主政治建设中还面临瓶颈。

妇联是具有典型意义的政治社团，是我国最大的促进性别平等和妇女发展的非政府组织，具有广泛的代表性、群众性和社会性。新中国成立以后，特别是改革开放以来，妇联组织通过推动、参与、影响、监督相关法律和政策的制定与执行，促进性别意识进入政府决策主流；通过促进妇女发展提升女性群体的整体素质，特别是通过持续推进女性的政治参与水平，促进民主政治建设；通过制度化的维权体系，保障妇女群体的合法权益，其政治社会影响力不断扩大。但也应该看到，妇联作为政治社团，政治职能与维权职能的落实尚不平衡，妇联聚合、表达乃至保障女性群体利益诉求的制度化水平亟待提高；妇联组织面临"双重角色"的角色冲突，现行的组织架构及运行模式与其组织属性未能形成耦合状态，妇联的运行机制亟待完善。

工商联是中国共产党领导的以非公有制企业和非公有制经济人士为主体的人民团体和商会组织，是党领导的统一战线的重要组织和人民政协的重要界别，是党和政府联系非公有制经济人士的桥梁纽带，是政府管理和服务非公有制经济的助手，在我国经济、政治、文化、社会生活中有着重要影响，在促进非公有制经济健康发展、引导非公有制经济人士健康成长中具有不可替代的作用。进入改革开放的新时期，工商联从成立初期的以私营工商业者为主体、各类工商业者联合组成的人民团体，发展成为以非公有制企业和非公有制经济人士为主体的人民团体和商会组织，工商联通过引导非公有制经济人士爱国、敬业、诚信、守法、贡献，做合格的中国特色社会主义事业建设者，促进了社会阶层关系的和谐；通过积极表达非公有制经济人士的诉求和政策建议，引导非公有制经济人士有序参与国家政治生活和社会事务，促进了我国民主政治建设；各级工商联组织引导非公有制经济人士构建和谐劳动关系，促进了社会的和谐稳定。但也应该看到，较之于工商联的组织性质与职能定位，工商联作用发挥的实然状态与应然状态还有差距。工商联统战性、经济性、民间性"三性"的发挥尚不平衡，工商联的服务职能亟需加强和彰显；工商联作为人民政协的组成单位和重要界别，还需要进一步发挥其在协商民主建设中的作用和影响。

新中国成立以后，特别是改革开放以来，中国共产党成功开辟和坚持了中国特色社会主义政治发展道路，社会主义民主政治建设取得了一系列成就。当然，我国社会主义民主政治建设在取得巨大成就的同时，还有许多需要克服和解决的问题，如民主制度还不够健全，人民在社会主义市场经济条件下当家作主管理国家和社会事务、管理经济和文化事业的权利在某些方面还没有得到充分实现。特别是公民有序的政治参与还需要扩大，并逐步走向程序化、制度化。民主政治的有序推进都有赖于政治参与水平与政治制度化水平之间的关系。为此，需要进一步探索国家与社会、政府与政治社团的关系架构，探索政治社团参与政治过程的模式体系，从而使政治社团成为推动民主政治建设的积极力量。

立足本书的研究视角，要提升工会在我国民主政治建设中的作用和影响，关键在于进一步彰显职工代表大会在基层民主管理中的作用，为此，要完善职工代表大会制度的立法，包括以基本法的形式对职工代表大会制度作出统一的、系统的、具体的规范，明晰职工代表大会制度的适用范围，强化职工代表大会的职权，将协商民主纳入职工代表大会制度，不断提升职工代表大会作为基层民主制度载体的内涵与品质；同时，要明晰工会与职工代表大会的关系，彰显工会在保障职工代表大会有效运行中的支撑作用，工会要进一步回归组织属性，进一步提升专业化、社会化的工作思路与工作方法；切实提升工会干部队伍素质的职业化水平。

立足本书的研究视角，要提升妇联在我国民主政治建设中的作用和影响，关键在于进一步加强基层妇联组织建设，为此，要健全做实基层妇联组织，为妇联工作提供坚实的基础和活力的源泉；要彰显妇联组织属性和职能定位，充分发挥基层妇联组织在推进男女平等基本国策，保障妇女群体基本权益中的影响和作用；要改变妇联传统的工作路径，进一步提升基层妇联组织的专业化、社会化水平。

　　立足本书的研究视角，要提升工商联在我国民主政治建设中的作用和影响，关键在于进一步发挥商会组织的作用，为此，要健全相关法律法规，进一步理顺商会组织的运行体制；要加强商会的组织治理，大力推动工商联商会统战性、经济性、民间性"三性"统一职能的落实，不断提升工商联商会的自组织治理能力，提高社会公信力和美誉度。

　　政治社团与我国民主政治建设是一个宏观的命题，如何发挥政治社团在我国民主政治建设中的作用，还有许多需要关注和研究的议题。本书即将付梓之际，2015年7月6日至7日，中共中央召开党的历史上第一次群团工作会议，习近平总书记发表了重要讲话。习近平指出，在肯定党的群团工作取得显著成绩的同时，必须研究克服群团组织"机关化、行政化、贵族化、娱乐化"的现象，特别是要重点解决群团组织脱离群众的问题。习近平强调，群团事业是党的事业的重要组成部分，必须从巩固党执政的阶级基础和群众基础的政治高度，抓好党的群团工作。要切实保持和增强党的群团工作的政治性、先进性、群众性，把群团组织建设得更加充满活力、更加坚强有力，使之成为推进国家治理体系和治理能力现代化的重要力量。

　　就学理概念而言，群团组织即政治学研究中的政治社团。从这个意义而言，全面落实中央群团工作会议的部署要求，进一步推进政治社团运行机制与模式的创新，进一步彰显政治社团的组织属性与职能定位，进一步发挥政治社团在国家治理和民主政治建设中的独特作用，还有很多需要细化、深化的议题，这也是本研究今后的着力点。

参考文献

1. ［美］奥罗姆：《政治社会学导论》，张华青等译，上海人民出版社，2006年。

2. ［美］本尼迪克特·安德森：《想象的共同体：民族主义的起源与散布》，吴睿人译，上海世纪出版集团，2003年。

3. 常凯：《劳动关系·劳动者·劳权：当代中国的劳动问题》，中国劳动出版社，1995年。

4. 陈金罗、刘培峰主编：《转型社会中的非盈利组织监管》，社会科学文献出版社，2009年。

5. 邓正来、景跃进：《建构中国市民社会》，载《中国社会科学季刊》，1992年第1期。

6. ［法］迪尔韦热：《政治社会学——政治学要素》，杨祖功译，东方出版社，2007年。

7. 冯同庆：《中国工人的命运：改革以来工人的社会行动》，社会科学文献出版社，2002年。

8. ［意大利］葛兰西：《狱中札记》，葆煦译，中国社会科学出版社，2000年。

9. 顾昕、王旭：《从国家主义到法团主义：中国市场转型过过程中国家与专业团体关系的演变》，载《社会学研究》，2005年第2期。

10. ［美］汉密尔顿等：《联邦党人文集》，程逢如等译，商务印书馆，1980年。

11. 何增科、包雅钧：《公民社会与治理》，社会科学文献出版社，

2011年。

12. 贺力平:《让渡空间与拓展空间》,中国社会科学出版社,2007年。

13. [德]黑格尔:《法哲学原理》,范扬等译,商务印书馆,1961年。

14. [英]霍布斯:《利维坦》,黎思复等译,商务印书馆,1985年。

15. 李达军:"论政治参与中政治社团的作用",载《理论与改革》,2003年第1期。

16. 李景鹏:《权力政治学》,黑龙江教育出版社,1995年。

17. 李亮亮:《转型时期政治社团对社会管理创新的功能分析》,载《中共太原市委党校学报》,2012年第3期。

18. [美]李普塞特:《政治人:政治的社会基础》,张绍宗译,上海人民出版社,1997年。

19. [美]罗伯特·达尔:《现代政治分析》,王沪宁等译,上海译文出版社,1987年。

20. 龙卫球:《民法总论》,中国法制出版社,2002年。

21. [美]曼瑟尔·奥尔森:《集团行动的逻辑》,陈郁等译,上海人民出版社,1995年。

22. 蒋一苇:《企业本位论:论社会主义的企业模式》,广东经济出版社,1998年。

23. 孙关宏、胡春雨:《政治学》,复旦大学出版社,2002年。

24. 孙立平:《转型与断裂——改革以来中国社会结构的变迁》,清华大学出版社,2004年。

25. 孙立平:《利益关系形成与社会结构变迁》,载《社会》,2008年第3期。

26. 孙中范等编:《向社会主义市场经济转变时期的工会理论纲要与述评》,人民出版社,1997年。

27. 石永义等:《现代政治学原理》,中国人民大学出版社,2000年。

28. [美]塞缪尔·亨廷顿:《变动社会的政治秩序》,王冠华等译,上海译文出版社,1989年。

29. [法]托克维尔:《论美国的民主》,董果良译,商务印书馆,2004年。

30. 王持栋、邵玲:《在建立现代企业制度过程中必须坚持和完善职工代表大会制度》，载《工运研究》（北京），1995 年第 19 期。

31．王楷模：《论政治团体》，载《人文杂志》，1996 年第 5 期。

32．王楷模：《政治社团：生成机理与特征、功能》，载《政治学研究》2003 年第 4 期。

33．王惠岩：《政治学原理》，高等教育出版社，1999 年。

34．王能昌：《论构建和谐社会中的政治社团》，载《南昌大学学报》（人文社会科学版），2009 年第 6 期。

35．王浦劬：《政治学基础》，北京大学出版社，2005 年。

36．王信贤：《争辩中的中国社会组织研究："国家—社会"关系的视角》，韦伯文化国际出版有限公司（台湾），2006 年。

37．王云五：《云五社会科学大辞典》（社会学第 1 册），商务印书馆（台湾），1973 年。

38．王颖等：《社会中间层：改革与中国的社团组织》，中国发展出版社，1993 年。

39．张静：《利益组织化单位：企业职代会案例研究》，社会科学出版社，2001 年。

40．张静：《国家与社会》，浙江人民出版社，1998 年。

41．张勤：《中国新兴政治社团发展研究》，人民出版社，2008 年。

42．张举：《新中国初期农民协会兴起与隐退原因探析》，载《湖南农业大学学报》，2002 年第 3 期。

43．萧功秦：《选择法团主义，发展中国公民社会》，载《绿叶》2009 年第 7 期。

44．［古希腊］亚里士多德：《政治学》，秦典华等译，中国人民大学出版社，2003 年。

45．［美］伊斯顿：《政治生活的系统分析》，王浦劬译，华夏出版社，1999 年。

46．岳颂东：《市场经济条件下的社团组织》，载《中国青年科技》，1999 年第 3 期。

47．俞可平等：《中国公民社会的兴起与治理的变迁》，社会科学文献出版社，2001 年。

48. 杨光斌：《政治学导论》，中国人民大学出版社，2000 年。

49. Arthur Bentley, *The Process of Government*. Cambridge, Belknap Press of Harvard University Press, 1967.

50. Hovell, J., *In Search of Civil Society: Market Reform and Social Change in Contemporary China*, Clarendon Press, 1996.